LA PSYCHOLOGIE SOCIALE

Couverture : W. M. Thackeray, *Paris Sketch Book* « Ludovicus Rex » (*photo Flammarion*).

JEAN STOETZEL
Professeur à la Sorbonne

LA PSYCHOLOGIE SOCIALE

FLAMMARION

ISBN 2-08-081065-0

PRÉFACE

Quinze années avant que ces lignes soient écrites, sur la suggestion de mon maître et ami Jean Laporte, dont ce m'est un devoir d'inscrire pieusement le nom en tête de ce livre, le regretté Jules Gaultier, directeur de la collection Flammarion, m'invitait à venir le visiter à son bureau de l'avenue de Villiers et, après m'avoir accueilli avec sa courtoisie et sa bienveillance coutumières, me proposait de donner à sa collection un volume qui serait intitulé *La Psychologie sociale.* Bien que conscient de la difficulté de la tâche, je ne pensais pas, en acceptant cette offre, qu'il me faudrait quinze années pour m'acquitter de cet engagement.

Si elle jouissait déjà, aux États-Unis, du statut de branche indépendante dans la famille des sciences humaines, et même de discipline universitaire enseignée sous ce nom dans les programmes de sociologie et de psychologie, la psychologie sociale, sous l'un et l'autre de ces deux aspects, était encore très méconnue en Europe, et singulièrement en France. Je pense avoir été le premier, à partir de 1947, à donner un enseignement régulier sous ce nom, dans le cadre de mon enseignement de « science sociale », c'est-à-dire en réalité de sociologie, à la faculté des lettres de l'université de Bordeaux. Il s'agissait donc dans mon esprit, quand je pensais au projet de ce livre, de présenter non seulement à titre de complément pour les étudiants de nos facultés des lettres, mais encore à l'usage du public cultivé, un panorama rapide mais exact d'une science qui comportait déjà une bibliographie étendue, au moins deux revues portant ce nom pour titre, et plusieurs manuels, dont quelques-uns incontestablement excellents. La difficulté, déjà à l'époque, résidait dans le fait que le domaine apparaissait à la fois très vaste et très dispersé, que les divers auteurs touchaient à des problèmes souvent très différents d'un ouvrage prétendument d'ensemble à un autre, dont l'articulation ne se laissait pas voir aisément, tout en laissant le sentiment qu'ils œuvraient à une œuvre commune, s'inspirant du même esprit, préparant les voies pour une science indépendante qui, en conservant évidemment des liens intimes avec ses voisines, et notamment la psychologie, la sociologie et l'ethnologie, ferait un jour prochain aussi bien reconnaître son originalité que, disons, la physique à côté de la mécanique et de la chimie.

La difficulté n'est peut-être pas moins grande aujourd'hui, avec l'accumulation d'une documentation nouvelle dans de vastes proportions. Mais, en France comme ailleurs, la psychologie sociale s'est de plus en plus institutionnalisée. Dans ce pays, la création d'une licence de psychologie d'abord (en 1948), de sociologie ensuite (en 1957), comportant chacune organiquement un certificat d'études supérieures de psychologie sociale, a officialisé non seulement l'existence même de la psychologie sociale comme discipline universitaire, mais encore, par la nécessité d'arrêter les programmes d'examen, le contenu de cette discipline. La responsabilité de dire ce qu'est la psychologie sociale est donc passée, de l'auteur de ce livre, aux professeurs comme enseignants et comme membres consultatifs des commissions.

En fait, la conception de ce livre résulte du travail et de l'expérience de quinze années d'enseignement dans les facultés des lettres. La dimension modeste des ouvrages de la collection conduisait à limiter les ambitions : ceci n'est ni un traité, ni même un manuel. Mais nous avons cherché au moins à présenter un guide, qui attirerait l'attention sur les problèmes qui se posent à la psychologie sociale ou, mieux encore, sur l'esprit avec lequel la psychologie sociale les aborde, c'est-à-dire ce qui à notre avis constitue l'originalité de cette science et ce qui constitue son intérêt propre dans le concert des efforts entrepris par les diverses sciences humaines, sur les points de vue auxquels elle se place pour considérer les comportements des hommes. L'architecture générale que nous avons tentée, les articulations que nous avons recherchées entre les différentes parties, résultent, nous ne le dissimulons pas, de notre conception propre. Nous tenons seulement à faire ressortir que cette construction n'est nullement fondée sur une doctrine *a priori*, issue de je ne sais quel idéal personnel relatif à ce que devra être la psychologie sociale. Nous considérons au contraire que la littérature psychosociale récente et les préoccupations des psychologues sociaux dont elle est le produit, constituent un fait culturel, et que ce fait culturel est ce qui définit objectivement la psychologie sociale au moment où nous avons à l'exposer. La psychologie sociale dont il s'agit dans ce livre est donc seulement cette psychologie sociale culturellement et empiriquement constituée.

L'étendue limitée de l'ouvrage n'a pas permis d'aborder les questions de méthodologie. De même ont été laissés de côté les aspects, à vrai dire de plus en plus nombreux, de la psychologie sociale appliquée. Les références bibliographiques se bornent naturellement à l'essentiel et sont adaptées, dans la mesure du possible, aux commodités du lecteur de langue française.

INTRODUCTION

GÉNÉRALITÉS

CHAPITRE PREMIER

LE PASSÉ DE LA PSYCHOLOGIE SOCIALE

Toute science considérée dans son état présent plonge ses racines dans la totalité de la tradition. Le développement de la tradition n'a pas été forcément progressif et continu ; les progrès ont pu présenter une allure discontinue et saccadée ; malgré tout, tout se tient dans l'histoire intellectuelle de l'Occident, et d'abord parce que nos systèmes d'éducation ont pieusement transmis les traditions d'idées de génération en génération. Le cas de la psychologie sociale ne fait pas d'exception à cette règle.

On pourrait, il est vrai, se demander quel intérêt présente une telle plongée dans les origines. La simple préoccupation de se chercher des ancêtres, non rare, est puérile. S'il s'agit de recourir, d'une manière occulte, à la méthode d'autorité, la chose est grave, et cela pour deux raisons. D'abord, les opinions des maîtres du passé n'ont droit, quand il s'agit des sciences de l'expérience, à aucun crédit particulier comme tels. Mais aussi, d'autre part, on commet des injustices et des erreurs. Un auteur éminent a pu proposer, dans le passé, une remarque ou même un ensemble de remarques, qui s'accordent avec ce que nous savons empiriquement, qui l'exprimeraient parfois fort bien ; nous ne devons pas pour cela le considérer automatiquement comme le premier initiateur de ces connaissances. C'est une chose de faire une remarque en passant, et une autre chose d'affirmer une proposition en lui assignant une place bien précise dans un corps de vérités établies. Ou, si l'on veut des expressions plus énergiques, c'est une chose d'avoir produit, sans relations avec les faits, des intuitions brillantes, mais arbitraires et irresponsables, qui se trouvent ultérieurement coïncider avec les vérités solides de la science, et c'est une autre chose d'avoir fourni le labeur qui aboutit à cette science. « Une science est perdue si elle ne renie ses fondateurs [1]. »

Il reste cependant un double intérêt à retracer les origines de la psychologie sociale. Pour comprendre l'esprit d'une science, les directions dans lesquelles elle s'est engagée, il est utile de la voir se développer depuis ses racines. Ainsi ressortent les tâtonnements et les malentendus, aussi bien que les éclaircissements et les mises au point, parfois fort prosaïques, par lesquels elle s'est dégagée de la confusion originaire. C'est en ce sens que le passé et le présent s'éclairent réciproquement. D'un autre côté, les rappels historiques font ressortir le caractère anachronique de réflexions contemporaines trop apparentées au passé. Si l'on ressemble aujourd'hui à Platon ou à Hume, ce n'est pas par la possession d'un égal génie, c'est par la date de leur pensée.

1. Les deux thèmes de la psychologie sociale préscientifique

La réflexion psychosociale remonte très haut dans la tradition philosophique et scientifique occidentale. Avec persistance, on y rencontre deux idées : 1) les dispositions psychologiques individuelles produisent les institutions sociales ; 2) les conditions sociales influencent les comportements des individus.

La première idée, qui cherche en somme à expliquer l'organisation sociale et les processus sociaux par les dispositions individuelles et, au fond, par ce qu'on appelle la « nature humaine », ou encore « l'Homme », a dans l'ensemble fait plus de mal que de bien à la psychologie sociale. C'est elle qui a inspiré l'illusoire « psychologie des foules » de Gustave Le Bon, qui a longtemps paralysé toute recherche scientifique dans ce domaine. Durkheim a protesté légitimement contre cette interprétation psychologiste de la sociologie. On la

1. Citation de A.N. Whitehead qui constitue l'épigraphe de Robert K. MERTON, *Social theory and social structure*, trad. fr., *Éléments de méthode sociologique*. Paris, Plon, 1953.

retrouve actuellement sous une forme atténuée dans la théorie de A. Kardiner : les institutions « secondaires » seraient produites par la « structure fondamentale de la personnalité » (M. Dufrenne traduit cette expression par « personnalité de base »; cf. plus loin, p. 79).

Cette idée que les dispositions individuelles produisent et expliquent les caractères de la société est déjà présente chez Platon : il existe un parallélisme entre individu et société, c'est le même texte, écrit tantôt en petits caractères, tantôt en grands (*République*, II, 368 d). Or, ce parallélisme n'est pas accidentel, il est produit par des relations de cause à effet : « Chacun de nous porte en lui les mêmes espèces de caractères et les mêmes mœurs que la société; *car elles n'y peuvent provenir que de nous* » (*Rép.*, IV, 435e). Reprise par Aristote (*Pol., IV* [VI], VI, I), cette idée se retrouve dans toute la théorie de Hobbes, comme aussi chez Ch. Fourier.

La seconde idée, à savoir que les conditions sociales agissent sur les individus, est autrement féconde. Elle apparaît, dès le Ve siècle avant J.-C., chez Hippocrate (*Traité des airs, des eaux et des lieux*, chap. XII-XXIV) : on connaît sa théorie des climats ; ce qu'on connaît moins, c'est l'idée pourtant indiquée nettement chez lui et à plusieurs reprises, que les institutions jouent un rôle pour fixer le caractère national d'un peuple. Platon et Aristote utilisent cette idée pour insister sur le rôle de l'éducation et de la législation. Rousseau est le premier sans doute qui ne se soit pas contenté d'affirmer, et ait cherché à analyser cette influence des institutions sociales sur la psychologie des individus. A l'époque contemporaine, dans la période qui précède immédiatement l'établissement scientifique de la psychologie sociale, la même idée a inspiré souvent les philosophes américains.

2. Quelques précurseurs dans la philosophie moderne

Il est naturellement impossible, pour justifier les remarques précédentes, d'entrer ici dans un examen détaillé des textes et des systèmes. On se contentera de renvoyer sommairement à quelques précurseurs modernes, choisis à titre d'illustration. Un des plus intéressants de ces précurseurs est le philosophe anglais Thomas Hobbes (*Leviathan*, 1651).

Hobbes s'oppose d'abord à ce qui fut une des prémisses de la réflexion politique de Platon et d'Aristote; il ne pense pas que la société découle immédiatement de la nature de l'homme. Bien au contraire : tous les hommes sont égaux par nature, les hommes n'ont aucun plaisir à se réunir, l'état naturel est la guerre de tous contre tous.

En un autre sens, cependant, la constitution des sociétés résulte de la constitution psychologique des hommes, car elle est déjà psychosociale : leurs passions et leurs inclinations sont dirigées vers les autres hommes. Il y a d'abord, chez tous les hommes, un désir de puissance, perpétuel et infatigable, qui ne cesse qu'à la mort. Or, cette puissance, définie comme étant ce qui permet actuellement d'acquérir des biens futurs, est certes naturelle quand il s'agit de la supériorité du corps et de l'esprit, mais elle est aussi « instrumentale », quand il s'agit de celle qu'apportent la richesse, la réputation, les amis. Cela est social. Les hommes sont dans un processus constant de compétition pour les richesses, les honneurs, le commandement. Nous essayons sans cesse d'abaisser autrui.

Toute la psychologie de Hobbes est presque exclusivement une analyse des passions et des processus interpsychologiques relatifs à l'ambition, à la domination, au sentiment d'insécurité. Hobbes a ainsi jeté les bases de l'analyse psychosociale. Gardner Murphy (*A historical introduction to modern psychology*, 3e ed. 1932) le considère comme le premier psychologue social.

L'apport de J.-J. Rousseau, avec le recul du temps, n'apparaît pas moins original. Pour Hobbes, la société humaine, qui n'est pas naturelle, est cependant nécessaire : elle résulte d'un contrat rendu nécessaire par la nature de l'homme. Rousseau veut montrer que si la société résulte d'un contrat, cela ne se passe pas dans les conditions qu'indique Hobbes. Car, bien que le contrat social soit légitime, il ne sort pas de la nature de l'homme. Au contraire, le contrat social change la nature de l'homme. C'est par là, avec précision, que Rousseau se trouvera être le premier à étudier les modifications que la société impose à la psychologie, et c'est là l'idée qui ressort le plus fortement du *Discours sur l'origine de l'inégalité* (1755).

On peut sommairement résumer l'analyse de Rousseau de la manière suivante :

1. Il n'est pas vrai que la nature ait fait l'homme sociable :

> Quoi qu'il en soit de ces origines, on voit du moins, au peu de soin qu'a pris la nature de rapprocher les hommes par des besoins mutuels et de leur faciliter l'usage de la parole, combien elle a peu préparé leur sociabilité et combien elle a peu mis du sien dans tout ce qu'ils ont fait pour en établir les liens.

La société résulte de causes fortuites, qui pouvaient ne jamais se produire :

> ... La perfectibilité, les vertus sociales et les autres facultés que l'homme naturel avait reçues en puissance ne pouvaient jamais se développer d'elles-mêmes, elles avaient besoin pour cela du concours fortuit de plusieurs autres causes étrangères, qui pouvaient ne jamais naître et sans lesquelles il fût demeuré éternellement dans sa condition primitive...

Ici Rousseau, par conséquent, est d'accord avec Hobbes.

2. Mais les qualités naturelles de l'homme ne sont pas celles que dit Hobbes. L'homme sauvage a peu de passions, et des passions peu actives. Il est vrai qu'il a de la pitié – la pitié est un sentiment naturel – et que de la pitié peuvent sortir les vertus sociales ; mais ce n'est qu'une virtualité, qui demande des conditions sociales fortuites pour se développer. En réalité, le sauvage vit en lui-même.

3. La société étant constituée, l'homme se transforme ; car la société exigera de lui des qualités différentes de ses qualités primitives. Ainsi, l'affection familiale ne peut naître que dans la famille, qui n'est pas une institution naturelle. L'amour comme passion et comme sentiment est un pur produit social, un produit « factice » ; il n'a pris sa force que dans la société, et c'est la société qui l'a compliqué, de jalousie, de normes morales, et par suite de vices et de crimes : la débauche et l'avortement. Il y a surtout les sentiments sociaux, que Hobbes croit primitifs, et qui demandent en réalité un cadre social pour apparaître : vanité et mépris, honte et envie, avarice et ambition. C'est l'institution de la propriété qui a produit les processus psychosociaux de la concurrence, de la rivalité, de l'opposition des intérêts, dans lesquels se forment ces

sentiments. D'une manière générale, la société a développé la mémoire et l'imagination, animé l'activité rationnelle, perfectionné l'esprit. Rousseau se rend même compte que ce sont les conditions sociales qui ont transformé, et formé, la personnalité :

> Le sauvage vit en lui-même ; l'homme sociable, toujours hors de lui, ne sait vivre que dans l'opinion des autres et c'est pour ainsi dire de leur seul jugement qu'il tire le sentiment de sa propre existence.

On a l'impression que Rousseau a failli découvrir la notion si importante du statut et du rôle dans la personnalité.

4. En tout cas, il y a une chose que Rousseau a vue et dite explicitement : le comportement des hommes, tel que nous le connaissons, est d'origine sociale :

> Ce n'est point là l'état originel de l'homme, et c'est le seul esprit de la société et l'inégalité qu'elle engendre qui changent et altèrent ainsi toutes nos inclinations naturelles.

Suivant l'état social, la psychologie des hommes variera :

> Le genre humain d'un âge n'est pas le genre humain d'un autre âge... L'âme et les passions... changent pour ainsi dire de nature... l'homme sauvage et l'homme policé diffèrent... par le fond du cœur et des inclinations.

Le *Discours sur l'origine de l'inégalité* apparaît ainsi comme une réserve quasi inépuisable d'épigraphes pour les divers chapitres d'un traité contemporain de psychologie sociale.

Dans cette très brève revue, on nous permettra enfin d'évoquer le nom de Charles Fourier (*Théorie des quatre mouvements*, 1808; *Théorie de l'unité universelle*, 1822). Comme précurseur de la psychologie sociale, Charles Fourier occupe une place très marginale : il n'est pas reconnu [2] et apparem-

2. F.B. Karpf ne cite même pas son nom dans son ouvrage – au titre trompeur – qui est en réalité une histoire qui veut marquer soigneusement la place des écrivains européens, depuis Hegel, Comte et Spencer, dans le développement précoce de la psychologie sociale (*American social psychology*, New York, McGraw-Hill, 1932, 461 p.).

ment il n'a pas exercé d'influence, au moins directement. Cependant, il a eu nettement l'idée d'une psychologie sociale, et même l'ensemble de son système repose sur une intuition qu'on ne peut définir que comme psychosociale.

Ce que Fourier cherche, c'est à constituer un système social satisfaisant : or, l'étude de l'homme peut seule fournir des données sûres pour cette entreprise. Mais les philosophes ont omis d'étudier l'homme. Pour connaître l'homme, il faut étudier les passions, l'attraction passionnelle. C'est ce qu'entreprend Fourier.

Les passions se répartissent en trois groupes; sauf dans le premier où elles sont biologiques, toutes les passions sont sociales. La liste des douze passions selon Fourier est la suivante : cinq passions sensuelles, sens actifs du goût et du tact, sens mixte de l'odorat, sens passifs de la vue et de l'ouïe; quatre passions affectives, ambition, amour, amitié, familisme (c'est-à-dire passion de la famille); enfin trois passions distributives, cabaliste (ou passion de l'intrigue), composite (entraînement des sens et de l'âme), et enfin papillonne (besoin de varité périodique). En mécanique sociale, cette dernière passion tient le plus haut rang parmi les douze qui ont été analysées. Les passions se colorent de nuances variées, on en dénombre en tout huit cent dix.

Le socialisme de Fourier se construit sur cette psychologie sociale. Il ne s'agit pas de corriger ou de réprimer les passions, ce qu'il faut, c'est s'en servir. C'est ce que notre société ne comprend pas. De là résulte par exemple l'absurdité de l'éducation des enfants : les enfants jeunes, ne connaissant pas la génération, ne peuvent pas savoir ce qu'ils doivent à leurs parents; plus tard, s'ajoute l'abus de l'autorité des parents; enfin, les enfants comparent les prétentions des parents à leurs vrais mérites. L'éducation doit donc être réorganisée. L'organisation de l'amour n'est pas moins absurde. Elle conduit au « quadrille du conflit érotique » et à la « hiérarchie du cocuage ». Il faut donc restructurer la société, à partir d'une connaissance que nous appellerions aujourd'hui psychosociale, et dont Fourier a eu clairement l'idée, pour amener l'harmonie psychologique.

3. Les débuts de la psychologie sociale américaine

Quelque intéressantes que nous paraissent aujourd'hui ces intuitions des précurseurs, leurs relations avec la science contemporaine qui porte le nom de psychologie sociale sont très indirectes et même contingentes. Aucun de ces auteurs qui ont été évoqués n'a, à aucun moment, conçu l'idée d'une telle science, comme discipline indépendante, dont le système des connaissances présenterait un intérêt pour lui-même. La psychologie sociale, telle que nous pouvons l'exposer actuellement, est presque uniquement une discipline américaine, dans ses origines historiques immédiates, et dans l'essentiel de ses développements jusqu'à ce jour. Une vue panoramique des débuts de la psychologie sociale américaine permet d'y retrouver, exprimées en termes modernes et sous forme de deux courants parallèles, les deux idées qui ont été mises en lumière précédemment : d'une part, une psychologie du « fait social » qui prend souvent la forme d'une théorie des motivations humaines, d'autre part, une étude de la socialisation de la personnalité.

Le premier nom que l'on doit mentionner, celui de Lester F. Ward, est celui d'un auteur qui se rattache très particulièrement à la première tendance : la vie sociale peut s'expliquer à partir de la psychologie individuelle. Lester F. Ward ne paraît pas très connu en France. Aux États-Unis, où il a joué un rôle historique certain dans le développement de la psychologie sociale, il est couramment considéré comme ayant eu la même influence et méritant la même place que Comte et Spencer. La vie de Ward vaudrait d'être racontée. Cet autodidacte a débuté dans une ferme, puis travaillé comme charron ; employé plus tard comme géologue par le gouvernement fédéral, il devint, à soixante-cinq ans, professeur de sociologie à Brown College et le resta pendant sept ans, jusqu'à sa mort (1913). La doctrine de Ward est à la fois utilitariste et évolutionniste. La loi fondamentale de la nature humaine est la recherche de l'avantage maximum ; l'homme, originairement isolé, s'est groupé et a développé l'état social où il se trouve actuellement, par un processus d'évolution. Seulement, cette évolution n'a pas des sources uniquement biologiques ; elle est l'effet de « forces sociales » dont Ward fait ressortir l'aspect psychologique. Ces forces sont de deux sortes : forces essentielles, qui sont les forces préservatrices, telles que le désir de nutrition, dont découlent la ruse, le besoin d'acquérir, l'amour de l'argent, le vol, la violence et les forces reproductrices ; et les forces non essentielles, à savoir : forces esthétiques, forces émotionnelles (relatives à la vie sociale) et forces intellectuelles. Ce sont là des désirs qui s'expriment par des actions dans la vie sociale. Il est donc indispensable, pour la science sociale, d'analyser ces désirs. Par là, l'intention d'étudier et de diriger l'évolution sociale conduit finalement Ward à des réflexions et des recherches de psychologie (cf. *Psychic factors in civilization*, 1893).

Dans le même temps (1898), un ouvrage allemand, *Die soziologische Erkenntniss*, de Gustav Ratzenhofer, présentait des idées très voisines de celles de Ward. Il introduisait en sociologie la considération des individus et de leurs motivations, à côté de celle des structures sociales, objet traditionnel de la philosophie sociale allemande ; et il cherchait dans les « intérêts humains » les faits de base pour l'explication sociologique. Pour une partie de son livre, Ratzenhofer introduisait même comme titre le nom de « Social-Psychologie ». Par là, Ratzenhofer a sa place dans cet exposé[3], et aussi parce que, ayant eu très peu d'influence en Allemagne, il en eut au contraire une grande aux États-Unis.

En effet, ses idées furent directement reprises par Albion W. Small. Déjà, en 1894, dans un livre écrit en collaboration avec G.E. Vincent *(An introduction to the study of society)*, Small avait consacré une partie à des questions de psychologie sociale. Dans sa *General sociology* (1905), Small, s'inspirant de Ratzenhofer, présentera une classification des intérêts humains destinée à jouer un rôle important dans la suite de l'histoire américaine de la psychologie sociale. Cette liste d'intérêts était la suivante : santé, richesse, sociabilité, beauté, savoir, vérité *(rightness)*.

Ces différents travaux préparent et expliquent McDougall,

3. On remarquera cependant que la même année (1898) Gabriel Tarde publiait un ouvrage qu'il intitulait *Études de psychologie sociale.*

qui symbolise, et même incarne l'apogée de la théorie de l'instinct dans la psychologie sociale préscientifique. La destinée intellectuelle de William McDougall, Britannique fixé aux États-Unis, est digne d'un commentaire. Sur bien des points, ses efforts et son œuvre apparaissent comme une méprise obstinée, comme un énorme échec. Il a voulu édifier une psychologie sociale qui serait une sociologie psychologique : nous pouvons le considérer comme un pur psychologue d'ailleurs déjà dépassé par son temps, qui devient celui d'une psychologie expérimentale et de laboratoire. Il va déchaîner contre lui des tempêtes de controverses, où il ne sera pas vainqueur. Il apparaît comme un attardé. Mais par le fait même de ces critiques, il a attiré l'attention sur des phénomènes restés inaperçus et, négativement, il a eu une influence de précurseur. Ultérieurement, quand il apparaîtra comme définitivement battu, bien des psychologues viendront prendre sa défense et montreront que sa théorie conserve beaucoup de solidité.

Le livre le plus important de McDougall a paru en 1908 ; c'est une « Introduction à la psychologie sociale ». Le titre doit être pris avec son sens strict d'introduction : McDougall a voulu préparer une introduction psychologique à la sociologie, en montrant comment les faits sociaux se fondent sur la psychologie. Car, dit-il, on néglige trop la psychologie dans les sciences sociales. Comte et Durkheim la rejettent; d'autres lui rendent un hommage qui n'est que verbal. De leur côté, les psychologues se sont trop cantonnés dans l'étude de la conscience, sans pousser assez l'étude de la conduite, qui en aurait montré l'aspect social. McDougall veut remonter ce double courant, et pour cela il exposera successivement dans les deux parties de son livre les bases innées de la psychologie humaine, et le rôle des tendances primitives et des instincts dans la vie des sociétés.

Il y a en effet, c'est là une des thèses essentielles de McDougall, une nature humaine, composée d'instincts spécifiques et de tendances générales. A chaque instinct correspond un aspect affectif, qui s'appelle une émotion primaire; ainsi, à l'instinct de fuite correspond l'émotion de peur, à l'instinct de répulsion l'émotion de dégoût. McDougall dénombre dix instincts spécifiques, complétés par quatre tendances générales, innées également, à savoir : sympathie et induction sympathique des émotions, suggestion et suggestibilité, imitation, tendance au jeu. Les émotions primaires se développent en émotions complexes et en sentiments. Ce développement est très important car sans lui la conduite serait un chaos. L'un de ces sentiments est la conscience de soi et le sentiment de respect de soi-même : il conditionne la vie sociale et par là la vie morale. Le développement de la conduite comporte quatre niveaux, qui correspondent à des stades parallèles du développement de la conscience de soi : 1) le comportement est d'abord instinctif; 2) les impulsions instinctives sont modifiées par l'effet des récompenses et des punitions; 3) la conduite est influencée par l'anticipation du blâme et de la louange; 4) l'individu agit d'après un idéal de conduite. Le troisième stade est encore insuffisant pour l'établissement de la moralité, car il suppose encore des motifs égoïstes et un conformisme social; seul le quatrième la réalise; toutefois, du premier stade au dernier, la continuité est complète.

Ainsi – et l'idée de la continuité des stades de développement l'exprime bien – toute la conduite repose sur les instincts et les tendances dérivées. C'est sur eux que reposera toute la vie sociale. Par exemple, l'instinct de reproduction, aidé par l'instinct parental, en fondant la famille, fonde la société; l'instinct combatif, qui est souvent celui de la lutte pour la lutte, produit la civilisation et le progrès; l'instinct grégaire amène, en dépit de toute logique et de toutes les difficultés économiques, les grands rassemblements humains; on fera ressortir de même les rôles des instincts d'acquisition, de construction, de jeu. L'habitude stabilisera ces comportements et transformera les moyens en fins. Finalement, toute la sociologie se fonde sur la psychologie, parce que la vie sociale repose sur les instincts.

La théorie de McDougall, reçue d'abord avec une grande faveur, suscita aussi très rapidement des critiques. Les plus vives vinrent des behavioristes. E.L. Thorndike, peu de temps après la publication de l'*Introduction à la psychologie sociale*, avait montré le rôle de l'éducation et de l'apprentissage dans la formation des habitudes; il ne niait pas l'existence de certains éléments innés dans l'homme mais, en pédagogue, il insistait sur l'action du milieu et de l'éducation. J.B. Watson va aller beaucoup plus loin. S'appuyant sur les travaux et les idées des Russes Pavlov et Bechterev, il introduit la notion de réflexe conditionné, qui expliquera, objectivement, l'imitation, la sympathie, tout un ensemble de comportements jusque-là tenus pour instinctifs. Certes, il y a des instincts; chez tout animal, les dispositions instinctives et la faculté de contracter des habitudes sont des fonctions associées. Mais elles sont en raison inverse l'une de l'autre. Or, l'homme excelle à contracter des habitudes, et c'est même ce qui fait que certaines activités apparues précocement chez les enfants passent pour des instincts ; en fait, elles sont acquises. Ainsi, avec Watson, la perspective établie par McDougall se renverse : ce n'est pas le comportement inné de l'homme qui est premier, et qui pourra expliquer la vie sociale. C'est au contraire l'éducation, la tradition, qui vont apparaître comme pénétrant précocement dans l'homme, pour conditionner, pour canaliser ses impulsions indéterminées à l'action; cela « sur la base de la plus petite activité instinctive existante ». En fait, Watson ne va pas jusqu'au renversement de perspective, il est seulement psychologuc et ne cherche pas à expliquer la vie sociale. Mais il a préparé la voie pour une interprétation nouvelle des relations entre individu et société.

C'est donc seulement implicitement que des pédagogues comme Thorndike, des behavioristes comme Watson affaiblissaient la théorie de McDougall. Vers 1920, se déclenche une offensive générale, qui porte des attaques frontales; elle est restée historique, nous en rappelons l'essentiel. En 1919, Knight Dunlap affirme, d'une manière retentissante, qu'il n'y a aucun instinct. Kantor, Hunter, Kuo, Faris, Bernard partagent ces vues. F.H. Allport systématise la doctrine nouvelle dans sa *Psychologie sociale* (1924) : il existe six groupes de réflexes prédominants (tels que la lutte, les réactions de faim, les réactions sexuelles) sur quoi se construit la vie sociale. Une manifestation extrême de cette attitude behavioriste apparaît dans l'article de A.P. Weiss en 1926 (« Un groupe de postulats pour la psychologie sociale », *J. abnorm. soc. Psychol.*) : le comportement de l'individu et de ses semblables n'est plus considéré que comme un cas particulier des phénomènes de l'univers physique. C'est en somme la position radicalement antithétique par rapport à celle des instincts et de l'innéité. La réflexion sur les phénomènes de comportement individuel en relation avec le milieu physique et social a conduit à faire ressortir le caractère dynamique et formateur du milieu.

Le premier courant, qui orientait les recherches de la psychologie sociale dans le sens d'une analyse des motivations se raccorde donc avec le second, qui s'attache à l'étude de la personnalité et du comportement individuel en milieu social. A vrai dire, il serait peu légitime de rechercher ici un privilège d'antériorité : le second courant n'a pas cessé de se développer parallèlement avec le premier. On pourrait, s'il était nécessaire, en montrer la source commune dans les *Principes de psychologie* (1870) de William James : si James, d'une part, découvre qu'un grand nombre d'instincts humains ont des incidences immédiates sur la vie sociale, il s'aperçoit en même temps que la personnalité qui découle de ces instincts, et notamment sous la forme du moi social, se développe aussi dans des conditions sociales, dans ce que nous pourrions appeler aujourd'hui ses statuts et ses rôles, à partir de l'attention qui lui est accordée par les autres hommes, par la « recognition » sociale qu'il reçoit. Ces dernières observations de James, présentées en passant, vont être prolongées dans les œuvres de philosophes tels que Baldwin, Cooley et Mead.

James Mark Baldwin, en sociologie, est expressément antibiologiste, antidarwinien. La société ne ressemble pas à un organisme biologique, mais bien plutôt à une organisation psychologique. On pourrait donc s'attendre à trouver chez Baldwin une théorie psychologisante de la société. Mais ce n'est pas le cas : pour Baldwin, le psychologique ne produit pas le social, pas plus que le social ne produit le psychologique; la dichotomie personne-société n'a pas de fondement dans la réalité, l'individu et le groupe sont parties du même ensemble. C'est ce qu'on voit bien en étudiant chez le jeune enfant les divers stades de la formation du moi : au premier stade, objectif, la personne de l'individu et des objets ne donnent lieu qu'à des réactions impersonnalisées, comme si tous les stimuli étaient des choses impersonnelles ; au stade projectif, l'enfant se projette sur les réactions des personnes, qui lui représentent l'imprévisible; au stade subjectif, l'enfant prend conscience des réactions des autres à lui-même; il commence à s'imiter lui-même comme s'il était un autre; la conscience de soi, qui apparaît, se construit donc sur l'image qu'on se fait des conduites des autres à l'égard de soi-même; au stade éjectif enfin, le processus se retourne : l'enfant se fait des autres une image d'après son propre modèle. – L'intérêt de cette théorie de Baldwin, c'est qu'elle ne prend plus la conscience de soi pour un donné et qu'elle ne se donne pas non plus la conscience des personnes des autres. Conscience de soi et conscience des autres se construisent dans l'interaction. Et l'on voit même que l'existence des autres est perçue avec l'apparition de la conscience de soi. La troisième personne grammaticale servira de modèle pour construire la première, qui produira enfin la seconde (stade éjectif). La théorie de Baldwin est déjà authentiquement psychosociale : elle tranche sur la psychologie classique, qui prend l'individu dans un vide social.

Comme Baldwin, Charles Horton Cooley affirme que société et individu forment un tout indissociable (*The individual and society,* 1911). L'erreur commune de la psychologie et de la sociologie est d'avoir considéré séparément d'une part l'individu, d'autre part les institutions et les mécanismes sociaux. Dans *La Nature humaine et l'ordre social* (1902), Cooley montre comment les habitudes et les attitudes de base, qui commandent les choix ultérieurs et l'ensemble de la conduite, sont produits dans la famille par les relations de personne à personne qui s'y exercent. Nos idées, nos valeurs, ne nous viennent pas d'une réflexion abstraite, d'une philosophie rationnelle, mais de la vie réelle dans les groupes primaires, la famille, les groupes de jeu. Il faut ajouter que la personnalité reçoit aussi, ultérieurement, une empreinte profonde de la vie industrielle, qui substitue les relations secondaires aux relations primaires (cf. *L'Organisation sociale,* 1909). Cooley, en somme, prolonge et précise Baldwin en évoquant l'influence que la personnalité, une fois constitué le sentiment du moi, reçoit des institutions sociales dans les relations complexes avec les autres.

L'analyse réflexive sur l'origine et la nature sociale de la personnalité et de la conscience de soi atteint son point culminant dans la doctrine de George Herbert Mead (1863-1931), dont le texte principal est un ensemble de notes de cours pieusement rassemblées et publiées par ses disciples [4]. Le moi, dit Mead, naît dans la conduite, quand l'individu devient un objet social pour sa propre expérience. L'enfant agit à l'égard de lui-même comme il agit à l'égard des autres. Pour l'individu, le moi est une troisième personne. L'expression du moi dans la conduite à l'égard des autres est un rôle; quand nous agissons, nous jouons des rôles, c'est-à-dire que nous agissons comme on attend que nous agissions, ou plutôt comme nous pensons qu'on attend que nous agissions. Selon Mead, par conséquent, le moi est, pour l'individu, en grande partie un donné social : se comporter personnellement, c'est jouer un texte qui a été donné, et comme on l'a compris.

Le jeu de l'enfant est important pour la compréhension de cette notion de rôle et pour la pratique du même rôle. En effet, le jeu permet de jouer le rôle d'une manière suivie, et même rigoureuse, à cause des règles qu'il comporte. Sur le modèle de ces règles s'introduisent l'ordre, l'organisation dans la personnalité. De plus, le jeu apprend à mener simultanément plusieurs rôles; il met en œuvre, dans l'individu, l'interaction sociale elle-même, il permet de se mettre à la place de l'autre.

Les rôles qu'assume un individu sont multiples, dans la mesure où l'on attend de lui différents systèmes d'action. Mais une multiplicité de rôles ne constitue pas une personnalité. Pour y parvenir, il faut que ces rôles s'intègrent. L'intégration du moi dépend de l'aptitude de l'individu à développer des idées et des attitudes générales, en prenant comme point de départ ses expériences concrètes et les rôles spécifiques qu'il assume. L'enfant ne dépasse pas le niveau des rôles multiples et spécifiques. L'adulte arrivé à maturité, au contraire, a intégré dans sa personnalité les concepts généraux qui sont ceux de son groupe, plus ou moins étendu, classe, nation, humanité :

> Il y a deux stades dans le développement complet du moi. Au premier de ces stades, le moi individuel est constitué simplement par une organisation des attitudes particulières des autres indivi-

4. G.H. MEAD, *Mind, self and society*, éd. par Charles Morris, Chicago, University of Chicago Press, 1934, 401 p. Cf. trad. fr., *L'Esprit, le soi et la société*. Paris, Presses Universitaires de France, 1962, 329 p.

> dus à son égard et les uns envers les autres dans des actes spécifiques auxquels il participe avec eux. Mais au second stade, dans le développement complet du moi individuel, ce moi est constitué, non seulement par une organisation de ces attitudes particulières, mais aussi par une organisation des attitudes sociales d'autrui en général, ou du groupe social dans sa totalité, auquel il appartient... Le moi atteint son plein développement en organisant ces attitudes individuelles des autres, en en faisant des attitudes sociales ou du groupe, et en devenant ainsi une réflexion individuelle du système général du comportement social ou du groupe, dans lequel lui et les autres sont impliqués : système qui s'incorpore comme un tout à l'expérience de l'individu... (*Op. cit.*, p. 158.)

En d'autres termes, la personnalité intégrée n'est pas moins sociale, par son contenu, que celle de l'enfant. On pourrait même dire qu'elle l'est davantage, dans la mesure où elle englobe, non seulement les attitudes sociales de ses proches, mais encore celles des groupes de plus en plus vastes qui l'entourent.

Certes, la personne ne consiste pas seulement dans le moi. Elle est aussi constituée par le Je. Le Je est en nous ce qui a conscience du moi, et ce qui agit, ce qui réalise le moi. Nul de nous ne connaît vraiment son Je, car nous ne pouvons nous saisir que par la mémoire, et dans la mémoire, le Je se transforme en moi. Notre Je nous est donc partiellement inconnu, partiellement imprévisible. Mais il n'est pas impossible de comprendre ce qui le constitue : le Je a sa racine dans les différents aspects de l'individu, dans l'organique, dans l'inconscient, et aussi dans le conscient, formé de nos associations mentales incontrôlées, qui dépendent de l'immense variété de nos expériences sociales. Le Je ne se trouve pas seulement dans la pensée intime, mais aussi dans toute action qui n'est pas simplement réflexe, c'est-à-dire au premier chef dans l'action sociale. La personne n'est donc pas sociale seulement par son moi, objectivement, et par la conscience de son moi, par sa conscience de soi, subjectivement; elle l'est encore, au moins en partie, par son Je, si unique, si nouveau, si imprévisible qu'il s'apparaisse, parce qu'il agit dans le monde social.

4. Du passé au présent

Cette esquisse historique sommaire donne sans doute le sentiment de la récurrence de certains courants de réflexion, c'est-à-dire de la rencontre de certains problèmes. Ce qu'un exposé plus détaillé montrerait mieux, c'est la lenteur et la peine avec lesquelles ces préoccupations se sont différenciées. Philosophie politique et philosophie morale, et, plus encore, philosophie sociale et philosophie de la personne (sans parler de ces intermèdes éphémères, dont nous avons omis l'exposé, qui sont connus sous les noms de psychologie des peuples et de psychologie des foules) ont longtemps constitué une sorte de milieu fertile pour l'éclosion et le développement d'une pensée psychosociale. Mais, par les points de vue adoptés, par les questions posées et leur finalité intellectuelle, par les techniques de recherche, cette pensée ne se dégagea que lentement de la confusion d'une très générale science de l'homme, d'une « anthropologie » au sens classique du terme.

Historiquement, le facteur qui a eu la plus grande part dans l'établissement d'une science psychosociale indépendante a été l'apparition, au cours de la première moitié et surtout du deuxième quart de ce siècle, d'une méthodologie originale. Toutefois, que l'on comprenne bien que le mérite d'avoir amené la psychologie sociale au statut de science revient moins à l'ingéniosité inventive dans la production des techniques spécialisées (par exemple, au niveau du laboratoire, la technique des échelles d'attitudes, ou, dans le domaine des recherches sur le terrain, la technique des sondages) qu'à l'audace intellectuelle qui a fait concevoir la possibilité de soumettre tous les domaines du comportement humain, individuel ou collectif, même les plus chargés d'affectivité, à l'observation empirique et même à l'expérimentation : par exemple le comportement dans les catastrophes.

Il faut dire aussi que les progrès de la psychologie sociale ont été longtemps gênés par la lenteur avec laquelle les disciplines apparentées se sont elles-mêmes constituées en sciences : notamment la psychologie, la sociologie et l'ethnologie. Ce fait apparaît mieux à présent que nous pouvons, en connaissance de cause, juger combien elle leur est redevable. Il est vrai que les services rendus sont, dans une grande mesure, réciproques. C'est pourquoi il y a lieu d'examiner maintenant les interrelations de ces sciences.

CHAPITRE II

RELATIONS AVEC LES SCIENCES APPARENTÉES

Toutes les sciences humaines sont évidemment en relation les unes avec les autres. Sans préjudice des services qu'elle peut leur rendre en retour, il n'est probablement pas une discipline à laquelle la psychologie sociale n'ait fait, effectivement et précisément, quelque emprunt profitable. L'archéologie et l'histoire de l'art mettent en évidence ce que la perception des formes et des mouvements doit aux traditions esthétiques; la linguistique fait rencontrer des types de pensée dépourvus de catégories temporelles ; l'étude du droit du travail montre la consécration dans la législation positive de la structure sociale spontanée des statuts à l'usine, surimposée aux exigences de l'organisation technologique. Ces collaborations ne sont pas l'effet de simples rencontres. Les diverses sciences humaines travaillent sur une matière commune, elles se distinguent surtout par les points de vue et on peut se flatter de l'idée qu'un jour elles se rejoindront dans un système unifié de la « science de l'homme », parallèle au rêve d'une science unifiée de la nature.

Trois sciences toutefois entretiennent avec la psychologie sociale des rapports particulièrement étroits et, à proprement parler, quotidiens : la psychologie, la sociologie et l'ethnologie. Ce sont leurs relations avec la psychologie sociale qui sont examinées dans ce chapitre.

1. Psychologie sociale et psychologie

Il est tout à fait significatif que les psychologues aient très peu parlé des rapports de leur spécialité avec la psychologie sociale ; la raison en est que, pendant longtemps, ils ont ignoré cette dernière. Le directeur du premier Traité français de psychologie n'en a eu que plus de mérite à solliciter un logicien d'aborder la question des rapports de la psychologie avec d'autres sciences, et d'avoir choisi un homme qui, dès cette époque (1923), pressentit qu'il y avait là un problème [1]. Les psychologues sociaux eux-mêmes paraissent embarrassés pour préciser leurs relations avec la psychologie générale [2]. Pour les uns, la distinction n'est pas nette : « C'est une division arbitraire, inventée par les spécialistes, qui s'intéressent à divers problèmes dans l'étude de l'homme » (Katz et Schanck, 1938, p. 1). Pour d'autres (cf. Klineberg, 1940, p. 3), c'est surtout en fait que la distinction est difficile à maintenir. Certains considèrent la psychologie sociale comme une simple branche de la psychologie générale (Gurnee, 1936, p. 10), d'autres tendraient plutôt à absorber toute la psychologie.

Il ne paraît pourtant pas impossible de marquer les frontières entre la psychologie sociale et la psychologie générale, à la fois au point de vue des domaines, des méthodes et de l'esprit. Il est certainement difficile de contester que ces deux sciences aient un très vaste domaine en commun : c'est celui

1. A. LALANDE, « La psychologie, ses divers objets, ses méthodes », *in* G. DUMAS, dir., *Traité de psychologie*, Paris, Alcan, 1923, t. I, p. 1-56. Lalande écrit, p. 39 : « Tandis que l'ancienne psychologie se proposait essentiellement l'étude d'un sujet, on s'aperçoit aujourd'hui que la plupart des fonctions de l'esprit ne peuvent être analysées d'une manière acceptable sans faire entrer en ligne de compte les rapports des individus entre eux et la société dont ils font partie. » Lalande évoque ici le langage et les fonctions supérieures, les autres dépendant de la physiologie, selon l'idée de Comte.

2. Voir Herbert GURNEE, *Elements of social psychology*, New York, Farrar and Rinehart, 1936, 467 p. ; Daniel KATZ and Richard L. SCHANCK, *Social psychology*, New York, Wiley, 1938, 700 p. ; Otto KLINEBERG, *Social psychology*, New York, Holt, 1940, 570 p. (trad. française sur la 2e édition revue, 1954, Paris, Presses Universitaires de France, 2 vol., 1957-1959, 656 p.); W.J.H. SPROTT, *Psychologie sociale*, Paris, Payot, 1954, 282 p. (trad. de *Social psychology*, London, Methuen, 1952, XIV-270 p.).

notamment des diverses « fonctions psychologiques », dont il apparaît de plus en plus, comme le pressentait Lalande en 1923, qu'on ne peut entreprendre l'explication sans se référer à des éléments sociaux. Mais la psychologie sociale laisse à peu près totalement de côté tout ce qui concerne les problèmes psychophysiques et surtout psychophysiologiques. En même temps, elle s'intéresse en détail aux processus de l'interaction et aux comportements en groupe, que la psychologie générale a coutume de négliger. On peut donc dire que les domaines de ces deux disciplines, tout en comportant une importante partie commune, débordent l'une et l'autre par les côtés.

L'originalité de la psychologie sociale est encore plus apparente quand on se place au point de vue des méthodes. Assurément, la psychologie sociale ne néglige ni la méthode clinique, ni les tests, ni les expériences de laboratoire. Murphy et Newcomb faisant, dès 1937, la revue des résultats atteints en psychologie sociale expérimentale, rencontraient en abondance de tels travaux [3]. Mais la caractéristique originale de la psychologie sociale est ailleurs. En 1934, un auteur notait que beaucoup de psychologues sociaux estimaient les expériences de laboratoire trop limitées et artificielles. Il est certain que la psychologie sociale a fait un effort considérable pour étendre ses recherches au « terrain » et, d'une manière générale, à des situations concrètes et réelles. A cet égard, on doit rappeler que c'est dans le cadre de la psychologie sociale qu'ont été instituées les techniques suivantes : échelles d'attitudes, construction, cotation, analyse hiérarchique ; — enquêtes représentatives, théorie et technique de l'échantillonnage, règles de l'interview, formation des enquêteurs ; — étude des « panels » ; — analyses sociométriques ; — technique de l'analyse de la communication sociale et de l'information, notamment analyse du contenu ; — interview non dirigé. La contribution apportée ainsi par la psychologie sociale est certainement importante, dépassant peut-être même en intérêt les résultats et les théories qu'elle a apportés.

C'est enfin par l'esprit et par la finalité que se différencient

3. Gardner MURPHY, Lois Barclay MURPHY and Theodore M. NEWCOMB, *Experimental social psychology*, New York, Harper, rev. ed., 1937, 1121 p.

la psychologie sociale et la psychologie individuelle ou générale. Le premier trait qui paraît caractériser la psychologie générale comme science, c'est de limiter sa recherche et ses explications à son propre domaine. Dès 1874, Brentano notait que, à la suite de J.S. Mill, la psychologie scientifique s'est assigné « comme tâche générale, la détermination des lois qui règlent la succession de nos états psychiques, c'est-à-dire l'étude des lois d'après lesquelles l'un de ces états produit l'autre [4] » ; à quoi il faut, il est vrai, ajouter que « il incombe également au psychologue de rechercher jusqu'à quel point la production d'un état psychique par un autre est influencée par un état physique discernable » (p. 35). Le fait que les « états psychiques » sont aujourd'hui essentiellement observés dans leurs manifestations ne change rien à cette attitude épistémologique fondamentale : la psychologie tend à rester sur son propre terrain, qui est celui des comportements et de leurs concomitants, physiques et physiologiques. D'autre part, comme certains l'ont bien noté (cf. Sprott, p. 10), la psychologie générale tend à se placer dans une perspective aussi abstraite et aussi générale que possible, en étudiant par exemple « les perceptions », « les souvenirs », « les tendances ». Au risque de forcer les choses, on pourrait presque opposer trait pour trait la psychologie sociale à la psychologie générale. C'est en effet dans des conditions beaucoup plus concrètes que la psychologie sociale étudie et interprète les comportements : conditions culturelles, d'abord ; conditions interpersonnelles et de groupe en second lieu ; conditions personnelles enfin, tendant le plus possible à rattacher les comportements aux individus qui les agissent, en soulignant qu'ils ne sont pas seulement des actions de personnes, mais aussi qu'ils sont pour les personnes, qu'ils ont leur finalité dans leur auteur. Et c'est pourquoi l'explication en psychologie sociale n'est pas étroite mais large, rapportée à la fois au système culturel environnant, à la situation sociale concrète des sujets qui réagissent, et à la personnalité même de leur auteur. La différence de mise en perspective est probablement ce qui différencie le plus les deux disciplines.

4. Franz BRENTANO, *Psychologie du point de vue empirique*, trad. fr. Paris, Aubier, 1944 (1874), 461 p., p. 33.

La recherche de frontières, nécessaires pour légitimer les prétentions de la psychologie sociale, dernière venue, à l'indépendance, ne doit cependant pas faire oublier que, dans le travail scientifique, les rapports des deux sciences sont très intimes. On a déjà fait remarquer l'existence de chevauchements entre leurs domaines. Il ne s'agit pas seulement de l'intitulé des chapitres « perception », « mémoire », « langage » ; dans le détail, les mêmes problèmes et les mêmes techniques sont repris, bien qu'à des points de vue différents. Ainsi Sprott (p. 10) note que l'analyse de l'intelligence et la technique du Q. I. appartiennent à la psychologie générale ; mais la psychologie sociale en fait son objet d'étude propre quand elle recherche les conditions sociales des variations des performances (voir ci-après le chapitre « Hérédité et milieu »). Bien plus, il y a ce que Sprott appelle les « transferts de territoire ». Si, dit-il, le complexe d'Œdipe était universel, il serait du domaine de la psychologie générale ; mais comme il est le produit d'une certaine culture, il devient matière de psychologie sociale. C'est d'ailleurs, plutôt que de « transferts », de fluctuations qu'il faudrait parler. Les problèmes de l'apprentissage, de l'instinct, de la motivation, par exemple, ont franchi, au cours d'une histoire récente, plusieurs fois dans les deux sens la frontière qui sépare – ou unit – les deux disciplines.

Il faut surtout souligner que la psychologie sociale, constituée comme science postérieurement à la psychologie, a fait à celle-ci, et continue à lui faire des emprunts essentiels : des théories, comme celle de la forme, sont passées à la psychologie sociale soit comme donnée, soit comme problème [5] ; des techniques, très nombreuses, ont été, soit directement utilisées, soit plus ou moins aisément transposées, notamment les tests (questionnaires, épreuves projectives) et les instruments statistiques (étalonnages, épreuves de signification, analyse factorielle). Bien plus, comme le remarquait Gurnee (p. 10), beaucoup de faits qui concernent des processus importants au point de vue social, comme l'apprentissage, l'intelligence ou la motivation, sont passés dans la matière

5. Voir par exemple *infra*, p. 114, l'expérience de Schafer et Murphy sur le rôle de la sanction dans le passage du fond à la forme.

même de la psychologie sociale. Il est littéralement vrai de dire que c'est sur la base de la psychologie que la psychologie sociale s'est constituée ; on ne conçoit pas un spécialiste de cette dernière science qui n'ait reçu une formation plus ou moins complète de psychologue.

On voudrait pouvoir dire que les services ont été réciproques. Assurément, depuis longtemps, les exposés généraux de psychologie font une place au « facteur social ». Mais ces mentions restent peu centrales, elles manifestent davantage chez leur auteur le souci d'être complet que l'intention de repenser les théories ou de reposer les problèmes. C'est dans le domaine de la psychologie appliquée, sur ses diverses branches, que la psychologie sociale a jusqu'ici exercé l'influence la plus directe. Qu'il s'agisse de psychotechnique, de psychologie du travail, de psychologie commerciale ou militaire, on peut dire que c'est l'esprit de la plus jeune des deux sciences qui l'a définitivement emporté sur celui de la plus ancienne.

2. Psychologie sociale et sociologie

Abstraitement, la psychologie sociale et la sociologie apparaissent d'abord comme peu discernables et certainement leurs domaines se chevauchent dans une proportion importante. L'une et l'autre étudient les comportements des individus en groupe, ou par rapport à des cadres de groupe, ou dans ce contexte collectif que précisément la psychologie générale tend à mettre entre parenthèses. C'est ainsi que la psychologie sociale et la sociologie s'intéressent aux situations, telles que l'âge ou l'habitat, aux institutions, sous leur forme régulatrice : la famille, ou sous leur forme opératoire : le deuil — aux processus sociaux, par exemple à la concurrence.

La différence, cependant, saute aux yeux quand on considère les points de vue adoptés. La sociologie ne s'intéresse pas aux comportements en tant qu'ils sont ceux d'individus singuliers ; elle les prend en masse ou, au mieux, dans leurs déterminations sociales. Ce que la psychologie sociale, par contre, étudie dans les comportements, c'est la manière dont ils sont produits par un individu, ou, mieux encore, si possible, par une personne, c'est-à-dire par un sujet pris avec ses déterminations et se connaissant comme tel. Cette différence est très apparente dans le traitement des problèmes familiaux par la sociologie et par la psychologie sociale. – Il en résulte que, même dans les cas, qui sont malgré tout davantage l'exception que la règle, où l'objet apparaît comme rigoureusement commun au sociologue et au psychologue social, il reste encore facile de distinguer le rôle de l'un et de l'autre. Par exemple un processus sociologique, tel que la compétition, est en fait observable au niveau des comportements ; et la psychologie sociale s'intéresse aussi à ces comportements. Mais les intérêts et les perspectives diffèrent beaucoup. Le psychologue social observera la compétition des frères et sœurs au sein de la famille pour l'attention et l'affection des parents; dans l'accomplissement des tâches, il notera que la compétition tend à augmenter l'effort, avec souvent un gain dans la rapidité au détriment de la qualité de l'exécution; le sentiment d'infériorité, certaines formes d'insécurité personnelle pourront être rattachées à l'existence fréquente de situations de compétition. Pour le sociologue, la compétition se présente tout autrement. Dans notre culture la compétition économique, par exemple, joue un rôle considérable, et c'est par ce processus que les premiers économistes ont essayé d'expliquer l'ensemble des phénomènes économiques; certaines institutions (au sens d'institutions opératoires), comme les bourses, les marchés, se fondent sur l'idée de compétition; la compétition elle-même ressemble à une institution régulatrice, en ce sens qu'elle est un schéma de nombreuses conduites, schéma reconnu et admis, désirable même à l'occasion, norme en tout cas. On y reconnaît – à une exception près – tous les traits qui définissent une institution : des organisations de personnes (celles qui, dans les divers domaines, politique, économique, scolaire, esthétique, sont définies socialement comme susceptibles de se concurrencer); des sentiments et des attitudes; des règles de fonctionnement; un rituel (c'est-à-dire des règles de fonctionnement particulièrement solennelles : collation de diplômes, distribution de prix, etc.); seul manque l'équipement matériel qui achève de caractériser les institutions au sens strict, telles que la famille, la religion, l'État.

Peut-on dire maintenant que la sociologie et la psychologie sociale se différencient aussi par les méthodes? A vrai dire, si l'on donne au mot *méthode* le sens de techniques de recherche, pendant longtemps la sociologie n'a pas développé de méthodes propres. Le célèbre ouvrage de Durkheim, *Les Règles de la méthode sociologique* (1895) se contente de donner des conseils pour identifier les faits sociaux, les classer, les expliquer, en les traitant objectivement et à l'intérieur du domaine de la sociologie. Jusqu'à une époque récente, la sociologie est allée emprunter tous ses faits aux disciplines voisines, au droit d'abord, qui recueille tous les textes organisant expressément certaines institutions, à l'histoire ensuite et à l'ethnologie, occasionnellement enfin à ces sous-produits de l'activité administrative que sont les statistiques. On peut le dire, pendant une longue période, les sociologues, quand ils n'ont pas été des philosophes de la société et quand ils ont voulu travailler sur des données concrètes, ont dû se contenter des sous-produits des recherches de leurs collègues. Mais visiblement, ces autres disciplines laissent en dehors de leur champ d'observation et d'investigation ce qui est peut-être le plus intéressant pour le sociologue : les comportements réguliers, et cependant non officiels, non prescrits par les textes, des sociétés occidentales contemporaines.

Par conséquent, la méthode qui devient de plus en plus caractéristique de la sociologie actuelle, c'est l'enquête sur le terrain. Ici, la sociologie a d'une part beaucoup emprunté à l'ethnologie pour les observations qualitatives, d'autre part elle a dû recourir au sondage, c'est-à-dire à l'enquête partielle représentative, utilisant souvent le véhicule du questionnaire. Or, on le sait, ce sont là des techniques qui ont fait leur apparition et se sont développées au sein de la psychologie sociale. C'est là un premier élément bien visible de la contribution apportée par la psychologie sociale à la sociologie scientifique contemporaine [6].

6. Dans un ouvrage récent de méthodologie sociologique (P.F. Lazarsfeld et M. Rosenberg eds., *The language of social research*, Glencoe, 111, Free Press, 1955, 590 p.), les auteurs, insistant sur ce qu'il y a de plus spécifique et de plus valable dans les méthodes propres des diverses sciences sociales, mettent ensemble sociologie et psychologie sociale, et leur font hommage, comme méthode originale, de la construction des questionnaires d'enquête (p. 10). Pour la science économique, ils notent l'analyse raffinée du processus social dans l'étude des cycles, et la logique de la construction des indices; pour les historiens, la critique historique; ils mettent aussi en valeur les techniques de l'analyse du contenu, sans en rendre hommage à aucune science particulière.

Ce qui est peut-être encore plus important, c'est que la psychologie sociale a apporté à la sociologie la révélation d'aspects nouveaux d'étude pour son propre domaine. Quand il s'agit des institutions, des processus, des situations sociales, les sociologues ne manquent plus d'être frappés par les aspects psychologiques des phénomènes, et étudient désormais les attitudes qui en accompagnent le déroulement (quand elles n'en constituent pas l'essentiel), les relations interindividuelles, les effets générateurs de tensions et les mécanismes psychothérapiques. On peut dire que désormais, à l'intérieur même du champ de la sociologie, quand il s'agit de décrire, d'analyser, d'expliquer ou de prédire, la perspective psychosociale n'est plus jamais absente.

Réciproquement, la psychologie sociale tend à s'imprégner de plus en plus de l'esprit de la sociologie. S'il est vrai que la notion d'institution est encore essentielle et centrale en sociologie, on peut juger de l'influence que cette science a prise en psychologie sociale par la place croissante que cette notion y occupe : progressivement les psychologues sociaux sont conduits à remarquer la part de l'institutionnalisation dans les comportements en apparence les plus individuels, et dans les stimuli ou situations qui commandent ces comportements. D'un autre côté, il est bien certain que la psychologie sociale a besoin des données de la sociologie, de ses descriptions et de ses théories, comme cadres pour ses recherches. La remarque est particulièrement importante en ce qui concerne les différentes branches de la psychologie sociale appliquée : c'est dans des cadres sociologiques bien définis que se déroulent les phénomènes étudiés par la psychologie industrielle, la psychologie politique, la psychologie économique, la psychologie militaire, la psychologie de la santé et de la maladie.

En conclusion, on peut dire que dans leur existence institutionnelle, psychologie sociale et sociologie sont deux sciences bien distinctes. On surprendrait et sans doute on mécontenterait les spécialistes de chacune de ces deux sciences, si on leur assurait qu'ils travaillent en somme à la même chose. Il est hors de doute, cependant, qu'ils collaborent de plus en plus, et même que leurs recherches se recoupent et s'identifient en bien des points : bien souvent on ne sait plus si l'on fait de la sociologie ou de la psychologie sociale. Que l'on pense aux recherches sur l'assimilation des étrangers : est-ce une étude sociologique ou psychosociale? Prenons un autre exemple, les travaux relatifs aux âges : certains se considèrent comme psychologiques, d'autres comme sociologiques; presque tout y est commun, mais quand la perspective choisie est sociologique, certaines parties prennent l'aspect d'une introduction ou d'un supplément psychosocial, et inversement la psychologie des âges comporte une introduction et des conséquences sociologiques. Ainsi, le fossé qui a paru séparer la psychologie et la sociologie est maintenant comblé. Certes, ce qui est proprement psychologique en psychologie sociale reste très distinct de la sociologie et réciproquement. Mais ce qui est important, c'est qu'on passe désormais d'une manière insensible de la psychologie proprement dite à la sociologie, par la voie de la psychologie sociale. La psychologie sociale, qui fonctionne comme une institution autonome, n'en établit pas moins un pont entre chacune des deux sciences auxquelles elle emprunte une partie de son nom.

3. Psychologie sociale et ethnologie

Il y a encore un quart de siècle, de bons esprits pouvaient opposer l'ethnologie, comme science de la culture, à la psychologie, comme science des esprits individuels. La psychologie, disait Lowie (*Culture and ethnology*, 1929, p. 16). « traite en principe exclusivement des traits *innés* de l'*individu* »; cette proposition, remarque Klineberg qui la rappelle (*Social psychology*, 1940, p. 5), a maintenant pour nous une sorte de parfum archaïque. Si elle paraît en effet tellement inacceptable, c'est qu'elle se réfère implicitement à une conception dépassée de la nature humaine. Or, c'est d'abord à l'occasion de ce problème de la nature humaine que l'ethnologie et la psychologie sociale se rencontrent. La distinction traditionnelle entre l'individu et la société a été interprétée d'une manière trop rigide; les comportements individuels et les coutumes de la culture se perdent les uns dans les autres, et jamais on ne les rencontre isolément. Dans les sociétés très différentes de la nôtre, les conduites que nous observons (et que nous appelons des traits culturels), sont des actions individuelles; des comportements d'individus que nous constatons en nous et autour de nous, ne prennent un sens que par rapport aux traits culturels spécifiques et à l'esprit général de notre civilisation.

A cet égard, ce que la psychologie sociale recherchera dans l'expérience ethnologique, c'est l'étendue des variations du comportement humain. L'étude des différences individuelles du comportement, dans l'expérience psychologique classique, s'est limitée à la culture occidentale, qu'il s'agisse des temps de réaction, des possibilités de l'attention, de la mémoire, de la perception, de l'affectivité, même avec les additions et amplifications que la psychologie de l'enfant ou la psychologie pathologique peuvent apporter. Il faut bien convenir aujourd'hui que, comparée à l'expérience ethnologique, l'expérience psychologique d'une société nous présente une gamme bien limitée de variations de la « nature humaine ».

De son côté, l'ethnologie s'est trouvée conduite pour différentes raisons à prendre conscience de l'importance que possèdent pour elle les aspects individuels de la « nature humaine ». Certes, sa finalité propre est l'étude différentielle des cultures des diverses sociétés, et notamment des sociétés d'une technologie non mécanique. Mais le temps est passé où l'on imaginait les cultures « primitives » comme « naturelles », simples, harmonieuses, uniformes. Les comportements individuels, en chaque société, même « sauvage », sont diversifiés, il y existe des originaux, des anormaux, des déviants; l'éducation dans l'enfance, le statut accordé aux jeunes, n'empêchent pas les adultes d'être tout différents. Margaret Mead l'a montré pour les Manus des îles de l'Amirauté (*Growing up in New Guinea*, New York, William Morrow, 1930, 384 p.) : le problème de l'intégration culturelle posé devant les ethnologues s'exprime largement en termes psychologiques. Mais c'est aussi le cas du problème de la dynamique culturelle, sous son double aspect des changements culturels et de la socialisation de l'individu. Comment expliquer, sans faire appel aux ressources de la psychologie, l'absence de troubles psychologiques dans l'adolescence chez les jeunes filles des îles Samoa, ou le retournement des rôles masculins et féminins en Nouvelle-Guinée? C'est ce que Margaret Mead encore faisait remarquer en 1928 dans *Coming of age in Samoa*, en 1935 dans *Sex and temperament in three primitive societies* [7].

Les étapes de ce double mouvement de rapprochement appartiennent à une histoire très récente. Il est inutile de s'attarder à une préhistoire qui ne remonte guère à plus d'un demi-siècle. Il est certain qu'avant la constitution de l'ethnologie et de la psychologie sociale en sciences, on ne peut trouver que des développements arbitraires. Mais il faut regretter qu'encore en 1924, un ouvrage sérieux comme le *Traité de psychologie* de Georges Dumas contienne, sous le titre de « Psychologie ethnique », un article aussi irresponsable que celui de F. Challaye (t. II, p. 728-735).

Les premiers symptômes de relations régulières entre la psychologie et l'ethnologie sont présentés par les tentatives pour offrir des explications ethnologiques aux psychologues, psychologiques aux ethnologues. Le premier type est illustré par C.G. Jung (par exemple *Wandlungen und Symbole der Libido : ein Beitrag zur Entwicklungsgeschichte des Denkens*, Leipzig u. Wien, 1913, trad. *Métamorphoses et symboles de la libido*, Paris, éd. Montaigne, 1931), le second par S. Freud (*Totem und Tabu*, 1913, trad., Paris, Payot, 1924, 223 p.). Chez Jung, la libido est un inconscient collectif qu'on retrouve dans les mythes des peuples; chez Freud, au contraire, ce sont des processus psychologiques individuels qui expliquent la prohibition de l'inceste et le totémisme. Freud déclare expressément qu'il se propose de créer un lien entre ethnologues et psychanalystes (préface, p. VII).

Ces premiers essais frappent par leur arbitraire. Une deuxième phase s'ouvre, entre 1920 et 1930, marquée à la fois par des recherches effectives et par des affirmations d'auteurs doctrinaires. C'est ainsi que, à peu près simultanément, C.G. Seligman en Angleterre, M. Mauss en France, ont préconisé une collaboration des ethnologues et des psychologues. C'est dès 1923 que Seligman, dans son allocution présidentielle au Royal anthropological Institute, insistait sur les relations entre l'ethnologie et la psychologie; il a repris souvent cette idée chère, et notamment dans un texte de 1936 : « Le

7. *Coming of age in Samoa*, New York, W. Morrow, 1928, 304 p.; *Sex and temperament in three primitive societies*, New York, W. Morrow, 1935, 335 p.

progrès le plus fécond – peut-être à vrai dire le seul moyen qui peut amener l'ethnologie à son rang légitime comme branche du savoir et en même temps lui donner dans les affaires humaines tout le poids auquel elle a droit – est l'élucidation croissante de la connaissance psychologique sur le terrain, et son intégration à l'ethnologie [8]. » Quant à Mauss, dans son introduction au recueil posthume *Sociologie et anthropologie* (Paris, Payot, 1950, 389 p.), Levi-Strauss a montré quel rôle de précurseur, ou plutôt de prophète, il a joué précisément avec les écrits qui constituent ce volume.

Vers la même époque, d'autres auteurs œuvraient effectivement sur le terrain. B. Malinowski, après un séjour aux îles Trobiand, posait en 1928 [9] la question de savoir si le complexe d'Œdipe peut exister dans une société matriarcale et matrilinéaire, et y répondait par la négative; Margaret Mead, dans le travail précédemment cité (1928) établissait que la crise juvénile reconnue comme un dogme par les psychologues de l'adolescence dépend étroitement des statuts sociaux faits par la culture aux adolescents. Un guide sommaire des auteurs qui ont effectivement travaillé depuis cette époque au rapprochement de la psychologie et de l'ethnologie inclurait au minimum les noms de G. Bateson, R. Benedict, G. Devereux, J. Dollard, C. Dubois, E.H. Erikson, A.I. Hallowell, A. Kardiner, R. Linton, M. Mead, E. Sapir, J.W. Whiting.

Les rapports, très concrets et positifs, qui se sont ainsi établis entre les deux sciences, s'expriment d'abord en termes de besoins réciproques. La psychologie sociale recherche avant tout dans l'ethnologie des données documentaires. C. Kluckhohn [10] cite un grand nombre de chapitres de psychologie pour lesquels l'ethnologie fournit maintenant de nombreuses informations pertinentes : comportement biologique

8. Introduction à J.S. LINCOLN, *The dream in primitive cultures;* cité par A. HALLOWELL, « Culture, personality and society », *in* A.L. KRŒBER (ed), *Anthropology today*, Chicago, The University of Chicago Press, 1953, 966 p., p. 597-620, p. 598, n. 2. Déjà cité dans KLINEBERG, 1940, p. 6.

9. Bronislaw MALINOWSKI, *Sex and repression in savage society*. London, Kegan Paul, 1927. Trad. fr. : *La sexualité et sa répression dans les sociétés primitives*. Paris, Payot, 1932, 215 p.

10. Voir « Culture and behavior », *in* Gardner LINDZEY (ed.), *Handbook of social psychology*. Cambridge, Mass., Addison-Wesley, 1954, 2 vol., 1226 p., t. II, p. 921-976.

interne [11], comportement sexuel, habitudes motrices, perception, pensée, affectivité, imagination et processus inconscients, comportements « anormaux ». Dans le domaine des traits de personnalité, les différences abondent. Dès 1937, A.H. Maslow faisait remarquer [12] combien l'Arapèche moyen est moins agressif que l'Occidental, combien l'Arunta moyen l'est davantage ; le Dobuan moyen apparaît comme un personnage paranoïaque. Ce qui varie d'une culture à l'autre, ce n'est d'ailleurs pas seulement la personnalité idéale, le modèle, ni même la personnalité moyenne, mais encore les traits de personnalité s'attachant aux divers statuts : parmi les Arapèches aimables, affectueux, dociles, certains individus sont considérés comme des chefs-nés, et dans ce cas il leur incombe de devenir un personnage important, avec une personnalité violente et agressive.

L'ethnologie de son côté cherche dans la psychologie des méthodes qui lui sont indispensables. En premier lieu, elle lui demande des tests, tests d'intelligence, tests de personnalité. L'étude de Leighton et Kluckhohn sur les enfants navajos [13] utilise les résultats de sept tests psychologiques divers. Henry et Spiro [14] ont pu dénombrer vingt-quatre études ethnologiques faisant usage de un ou plusieurs des cinq tests projectifs. Bien entendu, l'application des tests psychologiques, et notamment des tests d'intelligence dans le domaine ethnologique pose des problèmes délicats, en raison de leur relation implicite ou explicite à des données culturelles spécifiques. C'est pourquoi des adaptations en sont étudiées, mais c'est là un travail qui incombe spécialement aux psychologues. En

11. Chez les Indiens Pilagà de la rivière Pilcomayo, dans le Gran Chaco argentin, la maladie ne ralentit pas l'appétit. Voir J. HENRY, « The inner experience of culture », *Psychiatry*, 1951, *14*, 87-103, p. 93 ; cité par Kluckhohn, p. 926.

12. « Personality and patterns of culture », *in* R. STAGNER, *Psychology of personality*, New York, McGraw-Hill, 1937, 1re éd., 465 p., p. 408-428. Le chapitre de Maslow a disparu de la 2e édition, 1948.

13. D. LEIGHTON et C. KLUCKHOHN, *Children of the people*. Cambridge, Mass., Harvard University Press, 1948, 277 p.

14. J. HENRY et M.E. SPIRO, « Psychological techniques : Projective tests in field work » *in* A.L. KRŒBER (ed), *Anthropology today*. Chicago, The University of Chicago Press, 1953, 966 p., p. 417-429. Ces études sont toutes américaines, mais les bibliographies des auteurs américains ne citent que très exceptionnellement des travaux étrangers.

second lieu, l'ethnologie se tourne aussi vers la psychologie à l'occasion de ses problèmes d'interview. L'interview est la technique fondamentale de l'ethnologie; mais c'est aussi une technique essentielle de la psychologie sociale. Plutôt que de parler en cette occasion d'emprunts d'une discipline à l'autre, il vaut mieux évoquer les cas de coopération consciente. Le récent exposé de Benjamin D. Paul [15] est tout imprégné d'esprit psychosocial et souligne notamment les problèmes de relations de personnes qui accompagnent l'interview : définition du rôle de l'enquêteur pour les enquêtés; formes et limites de la participation de l'enquêteur à la vie locale; psychologie sociale de la conversation. La bibliographie proposée combine à juste titre les travaux ethnologiques et les travaux psychosociaux. Il est intéressant de comparer cet exposé d'un ethnologue avec ceux des psychologues sociaux (par exemple : E. et N. Maccoby, « The interview : a tool of social science », *in* Lindzey (ed.) 1954, *op. cit.*, t. I, p. 449-487).

On doit enfin noter que l'ethnologie devra tôt ou tard se trouver entraînée à emprunter à la psychologie sociale ses méthodes d'échantillonnage. Dans une publication concernant les relations de ces deux sciences, un ethnologue rencontra ce problème [16]. « Si, dit-il, les sociétés choisies par les ethnologues étaient aussi étendues et complexes que les nôtres, décrire une coutume entraînerait le recours à des techniques d'échantillonnage extrêmement raffinées. » Mais, continue-t-il, « les populations étudiées sont petites et relativement homogènes, et si ce n'est pas le cas, on choisit un seul village ». Ainsi, dans son étude des Kwoma de la Nouvelle-Guinée centrale, population qui compte environ 900 individus, Whiting s'est limité « au hameau de Rumbina qui est la branche Hayamakuo de la sous-tribu Hongwam de la tribu Kwoma; le hameau de Rumbina comportait trente-deux adultes et trente-deux enfants. » Cette argumentation est loin de nous paraître convaincante : elle substitue en fait une méthode monographique à la méthode représentative, mais elle ne

15. « Interview techniques and field relationships », *in* A.L. KRŒBER (ed , 1953, *op. cit.*, p. 430-451.

16. J.W.M. WHITING, « The cross cultural method » *in* LINDZEY (ed.), 1954, t. I, p. 523-531. Whiting est l'auteur de *Becoming a Kwoma*, New Haven, 1941.

nous dissuade pas de désirer voir utiliser les méthodes d'échantillonnage en ethnologie. Nous nous permettrons de renvoyer à notre article paru dans le *Bulletin international des Sciences sociales* (1953, 5, 527-536).

Quoi qu'il en soit de cette question précise, mais après tout mineure, le fait relativement récent de la coopération étroite entre la psychologie sociale et l'ethnologie entraîne des conséquences pour ces deux sciences. La psychologie sociale devient comparative, mais il faut souligner que ce souci nouveau d'étendre le champ de l'information conduit moins à rechercher un « dénominateur commun » des conduites, qui serait la nature humaine (préoccupation qui demeure, en ethnologie, celle d'un certain nombre d'auteurs) que de faire ressortir l'étendue des possibilités de cette nature humaine. Whiting (*op. cit., in* Lindzey, p. 524-525) donne un excellent exemple de l'avantage qu'apporte l'ethnologie à la psychologie sociale en étendant son expérience. Il s'agit des relations entre l'âge du sevrage et les troubles émotionnels chez l'enfant. Une étude faite à Kansas City montre que les troubles émotionnels sont d'autant plus fréquents que l'âge au sevrage a été plus élevé. Mais l'observation s'arrête à un an. Trente-sept sociétés non occidentales permettent de constater qu'avec des âges plus élevés les troubles émotionnels diminuent au contraire de fréquence avec l'âge. Ainsi, la généralisation, tirée d'une expérience trop courte, était fausse. L'expérience ethnologique ne fait d'ailleurs pas qu'augmenter l'étendue des variations dans les situations et les comportements; elle en change aussi le caractère. Étant donné qu'en chaque société le champ des variations est faible, les cas extrêmes, à la marge de l'étendue des variations en chaque société, sont des cas exceptionnels, anormaux, ce sont des déviations. Mais la cumulation des expériences ethnologiques augmente le domaine des cas normaux. Maslow *(op. cit.)* y insistait déjà en 1937 : beaucoup de groupes acceptent comme normal ce que nous appellerions des illusions, des hallucinations, de l'hystérie ou de la névrose. Des talents que nous considérons comme exceptionnels sont normaux ailleurs : dans l'Inde, l'autosuggestion, l'hypnose, marcher sur des charbons ardents, entrer en transes pour des semaines, se rendre maître de fonctions physiologiques que nous jugeons involontaires. Whiting analyse très pertinemment la différence qu'apporte l'information ethnologique : dans les études psychologiques limitées à une société, la norme sociale est constante, on étudie les variations individuelles ; dans la méthode comparative, on maintient constantes les variations individuelles, mais on fait varier la norme sociale. Les variations ne sont donc plus des déviations, même les cas extrêmes deviennent des cas normaux. La nouvelle perspective que l'ethnologie apporte à la psychologie sociale est donc totalement différente de celles qu'apportaient les études de psychologie pathologique.

L'ethnologie n'est pas moins affectée que la psychologie, mais on se bornera à noter d'une manière rapide ces conséquences. D'une manière très générale, on peut dire qu'en apercevant les possibilités que la psychologie sociale lui offre, l'ethnologie étend considérablement le domaine de ses intérêts. Disons en premier lieu que le souci d'expliquer par la psychologie n'a jamais été absent chez les ethnologues. Un manuel classique d'ethnologie comme celui de Ralph Linton (*The study of man*, New York, Appleton, 1936, 503 p.) discute longuement des relations entre comportement instinctif et comportement appris, et des qualités inhérentes à la nature humaine. Dans ce domaine, il ne paraît guère que la psychologie sociale soit déjà en état de donner à l'ethnologie des réponses définitives. Mais des possibilités s'ouvrent d'un autre côté. On convient généralement qu'entre comportement individuel et normes culturelles de comportement, la causalité est circulaire, et qu'une explication du comportement par la culture, ou de la culture par le comportement est trop simpliste. Toutefois, s'il y a quelque chose de fondé dans l'intuition de Kardiner [17] distinguant les institutions primaires qui produisent la structure personnelle fondamentale (organisation familiale, disciplines fondamentales, tabous sexuels, techniques de subsistance, etc.), et les institutions secondaires qui sont le produit de la réaction de cette structure personnelle fondamentale sur la culture (systèmes de tabous, religion, rituels, mythes folkloriques, techniques de pensée), on voit s'ouvrir de nouvelles et très importantes possibilités d'explication psychologique en ethnologie.

17. Voir *infra*, ch. IV, p. 69, la théorie de la personnalité de base.

D'autre part, et probablement avec pour origine cette notion de structure personnelle fondamentale, l'ethnologie a vu récemment se développer une branche nouvelle de ses recherches, qu'elle possède désormais en commun avec la psychologie sociale, celle du « caractère national ». Les manuels récents d'ethnologie, comme ceux de psychologie sociale, comportent désormais un tel chapitre [18].

De nouvelles branches de l'ethnologie se développent en même temps. Les recherches sur l'ethnologie des fonctions psychologiques, dont les aspects historiques sont représentés par les œuvres de Lucien Lévy-Bruhl, sont encore en retard. Mais l'étude ethnologique du développement de l'enfant est poussée de plus en plus. On en trouvera des échantillons, avec bibliographies, dans M. Mead, « Recherches sur les enfants primitifs », *in* L. Carmichael (ed.), *Manuel de psychologie de l'enfant,* trad., Paris, Presses Universitaires de France, 1952 (1946), 3 vol., t. II, p. 1054-1114, et dans M. Mead and M. Wolfenstein, eds., *Childhood in contemporary cultures*, Chicago, University Chicago Press, 1955, 473 p.

On peut dire en conclusion que l'introduction de la psychologie sociale a considérablement élevé le niveau des ambitions de l'ethnologie. Cette science prétend désormais arriver à des explications totales dans le domaine de la connaissance de l'homme. Il est bon, à cet égard, de rappeler un texte écrit dès 1939 par Margaret Mead [19] : « L'ethnologue s'intéresse aux relations entre la nature humaine de l'homme, son milieu naturel, ses inventions technologiques, son organisation sociale et les structures symboliques de la religion, de l'art et de la philosophie. En tant qu'il étudie comparativement de nombreuses cultures humaines, l'ethnologue est dans une situation qui lui permet de discuter des systèmes totaux et de voir les gains et les pertes qui résultent, chacun de leur côté, des diverses intégrations culturelles. »

18. Cf. A.L. Krœber (ed), 1953, *op. cit.*, Paris, p. 642-667 ; G. Lindzey (ed.), *op. cit.*, t. II, p. 977-1020. Voir aussi O. Klineberg, *Tensions sociales et compréhension internationale,* Paris, Médicis, 1951, 250 p. ; et M. Mead, « L'étude du caractère national », *in* Lasswell et Lerner, dir., *Les « sciences de la politique » aux États-Unis*, Paris, Colin, 1951, 305 p., p. 105-132.

19. *From the South seas.* New York, William Morrow, 1939, préface, p. xxv.

PREMIÈRE PARTIE

L'INDIVIDU ET LA CULTURE

CHAPITRE III

HÉRÉDITÉ ET MILIEU

Il existe une très abondante littérature se réclamant du nom de la psychologie sociale. Elle ne s'est pas développée d'une manière systématique, mais au contraire, comme toute autre branche de la science, au hasard des intérêts de chaque chercheur, dans la ligne des influences d'école, ou sous les pressions des intérêts de la pratique. La structure que l'on peut essayer d'imposer aux matières de la psychologie sociale est donc rapportée après coup. Il faut admettre qu'elle comporte une bonne part d'arbitraire. En fait, il n'existe aucun auteur qui ait réparti l'ensemble de la psychologie sociale exactement comme nous le faisons. Le temps n'est sans doute pas encore venu pour un accord général de tous les spécialistes.

Quoi qu'il en soit, et en mettant à part, d'un côté les prolégomènes historiques et épistémologiques, d'autre part la question des applications qui sont nombreuses et importantes, il semble qu'on peut avantageusement répartir l'ensemble du champ étudié actuellement par les psychologues sociaux en cinq grands secteurs d'intérêts :

I. Problème des rapports de l'individu et de la culture.

II. Étude des comportements psychologiques dans les conditions sociales.

III. La personnalité au point de vue psychosocial.

IV. Étude des aspects divers de l'interaction entre les personnes.

V. Comportements dans les groupes de grandes dimensions, ou, si l'on veut, psychologie des masses.

Un tel plan permet de localiser les différents intérêts qui se sont manifestés dans l'histoire de la pensée psychosociale; toutes les questions actuellement traitées y trouvent assez naturellement leur place – bien qu'il ne soit pas toujours possible d'éviter les redites, et bien que certaines questions se trouvent fragmentées ou même écartelées entre plusieurs parties ou chapitres; par exemple le thème général du chef et de l'autorité se retrouve dans les parties III, IV et V; le thème des attitudes, sous ses divers aspects, reparaît non seulement dans ces trois parties, mais aussi dans la partie II. Nous nous efforcerons de rendre ces obstacles que nous n'avons pu supprimer, aussi peu gênants que possible.

Ajoutons encore un mot sur les variations récentes qui se sont produites dans les intérêts des psychologues sociaux. L'examen d'une quinzaine d'exposés d'ensemble, c'est-à-dire de manuels, répartis sur une période d'une vingtaine d'années, semble justifier un certain nombre de remarques. Aucun manuel ne traite de la totalité du domaine, qui est pourtant, d'un manuel à l'autre, largement couvert (à l'exception des exposés historiques et des discussions épistémologiques, le plus souvent délaissés). La partie la plus négligée est l'étude du fonctionnement psychologique dans les conditions sociales. En particulier le thème des comportements de mémoire et celui des comportements intellectuels sont presque complètement négligés; quand on y touche, c'est seulement pour évoquer ces questions, mais sans les traiter. Plusieurs manuels renoncent à un exposé pluraliste, qui juxtapose les secteurs d'intérêt (de même qu'en physique on juxtapose optique, chaleur, électricité, etc.); ils recherchent un point de vue unifiant, qui peut être le point de vue personnaliste (par exemple le manuel de T.M. Newcomb, *Social psychology*, Dryden, 1950) ou encore le point de vue sociologisant (cf. W.J.H. Sprott, *Social psychology*, London, Methuen, 1952, 270 p., trad. fr., Paris, Payot, 1954) : on reconnaît là les deux sources historiques de la pensée psychosociale.

D'autre part, si l'on compare l'économie des manuels parus avant 1949 et depuis cette date, on observe assez nettement un déplacement des intérêts. L'intérêt a décru en ce qui concerne la question hérédité-milieu; longtemps posée en termes doctrinaires, elle touche moins aujourd'hui les psychologues sociaux sous cet aspect. On peut faire la même observation pour les mécanismes de l'interaction : sans doute s'agit-il là de notions un peu générales, trop directement empruntées à la psychologie et à la psychanalyse. L'intérêt a en revanche notoirement augmenté sur plusieurs points, notamment en ce qui concerne la personnalité, sur le statut et le rôle; il apparaît bien qu'ici ce sont les « applications », et notamment les recherches de psychologie industrielle, qui sont venues enrichir un chapitre qui manquait un peu de matière. L'intérêt s'est accru aussi pour l'interaction dans les petits groupes; une masse considérable de recherches a été effectuée depuis une vingtaine d'années, dont la substance se retrouve dans les divers manuels récents. Un intérêt croissant s'est enfin porté sur la question des communications, aussi bien entendue entre personnes (échanges interpersonnels, petits groupes, analyse psycholinguistique) qu'au sens de la diffusion collective (moyens d'information des masses et propagande). Dans l'ensemble, la place faite dans les manuels aux applications de la psychologie sociale a diminué. Ce fait ne doit absolument pas être interprété comme une décroissance de l'intérêt. En réalité, des branches nouvelles de la psychologie sociale se sont développées dans le sens de l'indépendance : on va commencer à voir apparaître des manuels spécialisés de psychologie sociale industrielle, politique, économique, militaire, médicale, etc. La psychologie sociale se différencie en même temps qu'elle devient encore plus empirique et moins doctrinaire.

***

Le premier groupe de problèmes que rencontre la psychologie sociale, c'est celui des rapports des individus avec la société dans laquelle ils se trouvent placés. En effet, on constate un accord, satisfaisant au moins en général, entre les individus et le milieu social où ils se meuvent. Abstraitement, cet accord devrait pouvoir s'expliquer soit par l'action causale du comportement individuel sur les institutions, soit par l'effet inverse. Mais les cas plus ou moins bien observés d' « enfants sauvages », auxquels Rousseau se réfère déjà dans la note 3 du *Discours sur l'origine de l'inégalité* et dont le plus célèbre est probablement Victor, « l'enfant sauvage de l'Aveyron », observé au début du siècle dernier par le Dr. Jean Itard, paraissent bien suggérer que c'est la seconde hypothèse qui est la bonne : si un individu grandit et se développe en dehors de la société humaine, il ne présentera dans son comportement aucune des caractéristiques réputées être celles de l' « homme ». Comme toutefois il est bien certain que l'éducation ne produit pas tout (et ici il faudrait rappeler des expériences comme celles des Kellogg élevant un singe en même temps que leur propre enfant), le premier aspect sous lequel se présente le problème des rapports entre l'individu et la culture, est la question « hérédité-milieu » (en anglais *nature-nurture*) : quelle est la part relative du biologique et du social dans l'équipement psychologique d'un individu?

Cette question a longtemps été passionnément discutée. Elle était déjà abordée par la théorie des climats d'Hippocrate. Marco Polo l'a retrouvée au cours de ses voyages en Perse, au XIIIe siècle : dans son premier chapitre, il raconte l'expérience entreprise par le roi de Kerman pour montrer que la brutalité de ses voisins d'Isfahan est due en réalité à l'influence du sol. On peut dire que la question « hérédité-milieu » suscite aujourd'hui des attitudes beaucoup plus calmes.

1. Le problème hérédité-milieu

Sous sa forme populaire, le problème hérédité-milieu suppose d'un côté un individu enfermé dans sa nature propre, de l'autre un environnement indépendant de lui, qui peut exercer sur lui une influence puissante. La forme philosophique de la question est une opposition doctrinaire, l'innéisme opposé à l'empirisme.

Posé en termes scientifiques, le problème apparaît comme très complexe. Car ni l'hérédité, ni le milieu ne sont donnés à l'enfant individuel sous la forme d'attitudes ou de traits corporels ou psychologiques. D'une part, ce qui est à l'œuvre, dans un individu, c'est, du côté biologique et héréditaire, une combinaison de gènes, du côté social une situation complexe. D'autre part, dans un individu, ces deux ensembles de facteurs, qui ne sont pas de même nature, ne fonctionnent jamais isolément, mais forment eux-mêmes une combinaison véritablement indissociable. Comment donc, opérationnellement, pourrait-on poser le problème de la part qui est due à l'hérédité et de celle qui est due au milieu dans les caractéristiques d'un individu? On ne peut en parler que par abstraction s'il s'agit d'un individu déterminé.

La seule manière d'aborder le problème scientifiquement, c'est donc au niveau des groupes : on pourra seulement étudier la variabilité des performances (seuls éléments susceptibles de mettre objectivement en évidence les attitudes et les aptitudes) dans les groupes d'individus, quand on y fait varier séparément les conditions d'hérédité et de milieu.

2. L'identité et la différence des performances

Un bon nombre d'études se sont attachées à faire ressortir l'effet des facteurs héréditaires et de milieu sur la similarité ou la dissimilarité des performances des individus. L'instrument de mesure de la similarité ou de la dissimilarité est généralement le coefficient de corrélation; les performances analysées sont presque toujours des performances intellectuelles obtenues par administration d'un test d'intelligence. On peut classer ces études en trois groupes, selon qu'elles s'attachent à l'effet de l'identité plus ou moins grande de l'hérédité, avec identité de milieu, l'effet de l'identité de milieu avec hérédité différente, l'effet de la différence de milieu avec hérédité identique.

On fait varier la proximité héréditaire (sans trop se préoccuper du milieu, mais en impliquant qu'il reste identique) en considérant des individus plus ou moins apparentés, en commençant par des jumeaux vrais et en allant jusqu'aux individus sans lien de parenté. Les possibilités d'observation offertes par le cas des jumeaux ont frappé beaucoup d'auteurs qui s'intéressent à la question hérédité-milieu. On trouvera une bibliographie complète jusqu'à 1950 des études de toute nature sur les jumeaux dans Bronson Price, « Primary bias on twin studies : a review of mental and natal difference producing factors in monozygotic pairs », *Amer. J. hum.*

Genet., 1950, 2, p. 293-352. Une étude française récente est celle de L. Tabah et J. Sutter [1]. Cette étude a porté sur 375 paires de jumeaux rencontrés dans une vaste enquête ayant touché 95 000 enfants choisis au hasard et soumis au test mosaïque de Gille. L'effet de la parenté gémellaire comparé à celui de la parenté simplement fraternelle apparaît nettement sur le tableau I :

TABLEAU I

Corrélation entre les performances selon la parenté

NATURE DES PAIRES	*r*
Jumeaux, deux garçons	0,74
Jumeaux, deux filles	0,68
Jumeaux, un garçon et une fille	0,58
Non jumeaux, dans les fratries entières de deux enfants :	
Non jumeaux, deux garçons	0,45
Non jumeaux, deux filles	0,41

(TABAH et SUTTER, *op. cit.*,, p. 153.)

Tabah et Sutter n'ont pas pu distinguer les jumeaux vrais des jumeaux simplement fraternels. Dans le cas des jumeaux identiques les corrélations sont encore plus élevées ; c'est ce qu'ont trouvé Newman, Freeman et Holzinger [2] :

TABLEAU II

Corrélation entre les performances des jumeaux vrais

INSTRUMENT DE MESURE DES PERFORMANCES	INDICE DE CORRÉLATION
Age mental	0,92
Quotient d'intelligence (Binet)	0,91
Quotient d'intelligence (Otis)	0,92

(D'après PIÉRON, 1949, *op. cit.*, p. 19.)

1. « Le niveau intellectuel des enfants d'une même famille, B. Étude des jumeaux », *in: Le Niveau intellectuel des enfants d'âge scolaire*, t. II, 1954. Paris, Presses Universitaires de France, p. 139-157.

2. H.H. NEWMAN, F.N. FREEMAN et K.J. HOLZINGER, *Twins : a study of heredity and environment*, Chicago, 1937, 369 p. ; cité par H. PIÉRON, *Traité de psychologie appliquée*, t. I, *La Psychologie différentielle*, 1949, Paris, Presses Universitaires de France, 122 p., p. 19 et par Leona E. TYLER, *The psychology of human differences*, New York, Appleton-Century, 1947, 420 p., p. 309 sq.

Les résultats probablement les plus spectaculaires sont ceux qui ont été publiés en 1929 par Wingfield et Sandiford [3]. Les sujets, soumis à un test d'intelligence, comportaient notamment 45 paires de jumeaux identiques, 57 paires de jumeaux fraternels et 29 orphelins ayant passé au moins 25 % de leur vie dans le même orphelinat. Le tableau présente une exceptionnelle régularité de la décroissance de la corrélation avec un éloignement croissant de la parenté :

TABLEAU III

Corrélation entre les performances selon la parenté

NATURE DES PAIRES	*r*
Jumeaux identiques	0,90
Jumeaux du même sexe	0,82
Jumeaux fraternels	0,70
Jumeaux de sexes différents	0,59
Frères et sœurs	0,50
Parents-enfants	0,31
Cousins	0,27
Grands-parents - Petits-enfants	0,16
Enfants et orphelins sans parenté	0,00

D'après MURPHY, etc., 1937, *op. cit.*, p. 35.)

Il apparaît ainsi qu'il existe des corrélations élevées entre les performances des personnes de la même famille, plus grande chez les jumeaux que chez les frères et sœurs, et plus grandes encore chez les jumeaux vrais que chez les jumeaux simplement fraternels. Ceci est généralement interprété comme signifiant que l'hérédité a une grande part dans ces similitudes. Thorndike estimait en 1928 [4] que la part de la parenté était la même pour les caractéristiques psychologiques que pour les caractéristiques physiques, évaluée dans ce dernier cas par Pearson à 0,52 ; le rôle de la communauté de milieu – existant évidemment en même temps dans les familles – serait faible.

3. A.H. WINGFIELD et P.S. SANDIFORD, « Twins and Orphans », *J. educ. Psychol.*, 1929, *19*, 410-423 ; cité par G. MURPHY, L.B. MURPHY et T.M. NEWCOMB, *Experimental social psychology*, New York, Harper, 1937, 1121 p., p. 34-35.

4. E.L. THORNDIKE, « The resemblance of siblings in intelligence », *27th Yearbook of the National Society for the Study of Education*, 1929, I, p. 41 sq. ; cité par PIÉRON, *op. cit.*, p. 9.

On peut chercher à évaluer directement l'influence du milieu en étudiant la ressemblance d'enfants adoptifs avec les parents adoptants. Un certain nombre d'études de ce genre ont été entreprises. Celle de Burks [5] passe pour une des meilleures. Burks étudie 214 enfants adoptifs et 105 enfants dans leur famille, à titre de cas témoins, et les membres des familles de tous les sujets, ainsi que les milieux des uns et des autres. Cette étude, très complexe au point de vue psychosociologique et au point de vue statistique, a donné les résultats suivants : les enfants adoptifs montrent encore une réelle ressemblance avec leurs parents adoptants, mais moins forte que la ressemblance entre enfants et parents vrais ayant vécu ensemble. Les corrélations entre le niveau mental des parents et des enfants sont les suivantes :

TABLEAU IV

Corrélation entre niveau mental des parents et des enfants

NATURE DES FAMILLES	*r*
Familles adoptives	0,20
Familles vraies	0,52

(D'après PIÉRON, *op. cit.*, p. 10.)

Mais Burks pousse plus loin l'analyse. Elle calcule des coefficients de corrélation multiple – faisant intervenir le niveau mental des parents adoptifs, l'indice de culture et le niveau du milieu – avec le niveau mental des enfants adoptés. Elle trouve alors que l'effet du milieu sur l'enfant adopté peut être mesuré par un coefficient de corrélation multiple de 0,42 ; ou encore que le milieu adoptif contribue pour 17 % (c'est le carré de 0,42) à la variance du quotient d'intelligence. La variance due à l'hérédité (débordant de beaucoup l'action des deux parents) serait donc supérieure à 80 %. L'effet maximum du milieu serait de faire varier le Q.I. de 20 points.

5. Barbara Stoddard BURKS, « The relative influence of nature and nurture upon mental development : a comparative study of foster parent-foster child resemblance and true parent-true child resemblance. Comment on the Chicago and Stanford studies of foster children », *27th Yearbook of the National Society for the Study of Education*, 1928, part I, p. 219-316.

Les observations vraiment cruciales sur la question hérédité-milieu sont celles des jumeaux vrais élevés à part. Ces observations sont évidemment de beaucoup les plus difficiles et les plus rares, et il faut convenir qu'elles dépendent beaucoup du hasard. Newman, Freeman et Holzinger ont ainsi observé 19 paires (une vingtième ultérieurement) et leurs travaux sont très généralement rappelés dans la littérature [6]. Les résultats généraux de cette étude sont rassemblés dans le tableau suivant (recalculé, après corrections, par Woodworth) :

TABLEAU V
Corrélations entre jumeaux

NATURE DES JUMEAUX	TAILLE	POIDS	Q. I.
Identiques élevés ensemble	0,932	0,917	0,881
Identiques élevés à part	0,969	0,886	0,767
Fraternels	0,645	0,631	0,631

(D'après Tyler, p. 310.

Ainsi, les jumeaux vrais élevés à part sont moins semblables que les jumeaux vrais élevés ensemble, mais ils se ressemblent plus que les jumeaux simplement fraternels. Le milieu a donc une influence perceptible, et elle est encore plus grande sur les performances intellectuelles que sur le développement physique. Malgré tout, il ressort de ce tableau, comme des études de Burks, que cette influence du milieu n'est pas très grande.

Cependant, on ne peut s'arrêter sur ces remarques pour une conclusion définitive. Piéron souligne à plusieurs reprises (1949, *op. cit.*, p. 11 et p. 20) que dans les limites de nos observations, à l'intérieur de notre société, les inégalités de milieu ne sont jamais bien grandes, et il suggère que pour cette raison on risque de surévaluer dans tous les cas l'influence de l'hérédité. Il propose de considérer que « dans la

6. Voir Piéron, *op. cit.*, p. 19. Nous nous servons ici de Tyler, *op. cit.*, *p. 309-312*, qui tient compte des corrections introduites par R.S. Woodworth, « Heredity and environment », *Soc. Sci. Res. Council Bull.*, N° 47, 1941, 91 p., p. 29.

marge des petites différences de milieux familiaux d'un même pays », on peut attribuer aux variations dues au milieu « une responsabilité d'un cinquième dans la variance » (p. 11). On peut, de plus, faire remarquer que dans toutes ces études, ce qui est mesuré en fait d'influence du milieu, c'est l'influence du milieu familial, et non pas l'influence du milieu social en général. Le milieu social général, c'est l'école, l'influence des camarades, des adultes, les normes multiples de la vie courante, rencontrées dans les lectures et expérimentées dans la vie, qui constituent probablement une expérience très homogène, et dont l'effet commun sur les individus de la société étudiée peut être pris pour un héritage biologique, pour la nature humaine. A l'intérieur d'une société, il n'existe aucun moyen pour évaluer la part de cette influence.

3. Les facteurs de variation des performances

Une autre manière d'aborder le problème « hérédité-milieu », c'est d'étudier non plus l'identité ou la différence des performances en fonction de l'identité ou de la différence de l'hérédité ou du milieu; mais de classer hiérarchiquement les performances et de comparer les résultats atteints par les sujets à leurs caractéristiques d'hérédité et de milieu. En d'autres termes, ce qu'on propose maintenant, c'est d'étudier les influences favorables ou défavorables du milieu et du patrimoine héréditaire sur les performances. Dans cet esprit, on pourra examiner ce qu'on appelle le « problème des races », les facteurs économico-sociaux qui accompagnent des niveaux divers de performances, et aussi l'effet des relations interpersonnelles des enfants dans la famille.

La philosophie populaire paraît pencher facilement vers la croyance qu'il existe des différences innées dans les capacités psychologiques des individus appartenant aux différents peuples. Par exemple, on admettra assez volontiers que les « sauvages » l'emportent sur les « civilisés » dans les aptitudes sensorielles, tandis que les capacités intellectuelles de ceux-ci seraient supérieures. On est porté aussi, dans certains pays d'immigration, à penser que les immigrants sont inférieurs intellectuellement à la population qui les accueille ; ou si l'ensemble de la population peut être considéré comme ayant immigré, que les groupes qui envoient des immigrants depuis le temps le plus long, ont des capacités psychologiques supérieures. Il peut se faire que les apparences justifient certaines de ces vues ; dans l'ensemble, on ne peut pas dire qu'il soit possible d'avancer aucune conclusion définitive légitime sur la « psychologie des races ».

Les premières recherches systématiques de psychologie sur les peuples de technologie primitive remontent au début de ce siècle : la première fut faite sur le terrain [7] ; dans la seconde, Woodworth étudia 300 sujets présentés à l'Exposition universelle de Saint Louis en 1904, Indiens d'Amérique, Négritos des Philippines, Ainu du Japon, Esquimaux, Patagons, Indiens Cocopa [8]. Tous les résultats sont d'accord : on trouva très peu de différences avec les Blancs dans les fonctions sensorielles élémentaires. Quant aux tests d'intelligence administrés par Woodworth, ils ne mirent pas non plus de différences en évidence, sauf dans le cas des Négritos des Philippines et des Pygmées du Congo. – Plus récemment (1933), Eels a étudié en Alaska des Esquimaux, des Indiens et des Aléoutiens, et les a trouvés inférieurs aux Blancs (cf. Piéron, *op. cit.*, p. 112) ; mais avec des tests d'intelligence dont certains sont les mêmes, Dennis a trouvé que les enfants Hopi réussissaient mieux que les Blancs (1942, d'après Tyler, *op. cit.*, p. 119). Quant à Leighton et Kluckhohn (*Children of the people*, 1948), travaillant sur les Navajos, ils ont trouvé inférieurs les enfants non scolarisés, mais non les scolarisés. Le tableau VI résume ces données plus récentes :

7. McDougall, C.S. Myers, W.H.R. Rivers, *Report of the Cambridge anthropological expedition to the Torres straits*. Cambridge, 1901 et 1903, vol. II.

8. R.S. Woodworth, « Racial differences in mental traits », *Science*, 1910, *31*, 171-186.

TABLEAU VI

Évaluation du niveau intellectuel d'enfants appartenant à diverses populations

POPULATION	AUTEUR	TEST	Q. I.
Esquimaux	Eels	Goodenough	89,6
Indiens d'Alaska	Eels	Goodenough	89,6
Aléoutiens	Eels	Goodenough	80,3
Hopi	Dennis	Goodenough	108,3
Navajos non scolarisés	Leighton et Kluckhohn	Grace Arthur	79,8
Navajos scolarisés	Leighton et Kluckhohn	Grace Arthur	102,5
Blancs	Grace Arthur	Grace Arthur	102,5
Autres Navajos	Havighurst	Grace Arthur	94,0
Blancs	Havighurst	Grace Arthur	113
Autres Navajos	Havighurst	Goodenough	110
Blancs	Havighurst	Goodenough	101

(D'après Piéron, p. 112 ; Tyler, p. 119 ; Leighton et Kluckhohn, p. 152 et 154.)

On laissera ici entièrement de côté la question du niveau mental des Noirs aux États-Unis [9]. Mais on s'arrêtera un instant aux résultats obtenus en administrant des tests d'intelligence à des enfants nés d'immigrants. Aux États-Unis, les études faites, nombreuses, donnent des résultats concourants [10]. Par exemple, Hirsch a testé plus de 5 000 enfants nés aux États-Unis de parents immigrants, dans quatre localités industrielles du Massachusetts :

TABLEAU VII

Évaluation du niveau intellectuel d'enfants nés de parents d'origines nationales diverses

NATIONALITÉS	Q. I.	NATIONALITÉS	Q. I.
Juifs polonais	102,8	Canadiens anglais	93,8
Suédois	102,1	Russes	90,0
Anglais	100,7	Polonais	89,6
Juifs russes	99,5	Grecs	87,8
Allemands	98,5	Italiens	85,8
Américains	98,3	Canadiens français	85,3
Lithuaniens	97,4	Nègres	84,6
Irlandais	95,9	Portugais	82,7

(HIRSCH, d'après Tyler, p. 122.)

On voit que, à l'exception des Juifs, tous les immigrants récents, de l'Europe de l'Est et du Sud, ont des notes inférieures à la moyenne des enfants nés d'Américains. – Il est inutile de noter que la grande enquête française sur 95 000 enfants, à laquelle on s'est déjà référé (cf. *supra*, p. 54) a

9. Ce problème a naturellement été très étudié ; on trouve que les notes des Noirs sont à peu près constamment inférieures à celles des Blancs, mais meilleures dans le Nord que dans le Sud, et d'autant meilleures que le temps de résidence y a été plus long. Cf. O. KLINEBERG, *Negro intelligence and selective migrations*, New York, Columbia University Press, 1935, 66 p. Voir aussi Audrey M. SHUEY, *The testing of negro intelligence*, Lynchburg, Va., Bell, 1958, 351 p.

10. Cf. R. PINTNER, *Intelligence testing*, Holt, 1931, chap. XX, p. 459-462 ; voir aussi TYLER, *op. cit.*, p. 122. On trouve une bibliographie partielle dans J. SUTTER, « Problèmes sanitaires posés par l'immigration » *in : Documents sur l'immigration*. Paris, Institut national d'études démographiques, 1947, p. 220-223.

fourni des résultats analogues; les 2 060 enfants fils de migrants d'origine étrangère rencontrés dans l'échantillon choisi au hasard ont présenté, à tous les âges, dans les deux sexes, et pour toutes les professions des parents, des résultats inférieurs en moyenne aux enfants français [11].

Pour tester le caractère vraiment national de telles différences, Otto Klineberg entreprit, dès 1930, une étude en trois pays d'Europe [12]. Dans chaque pays, il testait les enfants d'une grande ville, et des enfants ruraux pris dans des régions géographiques différentes. Dans chaque groupe, 100 enfants furent testés. Les résultats de cette étude ont été reproduits bien des fois (Anastasi, *Differential psychology*, 1937, p. 529 et 559 ; Piéron, p. 115 ; Tyler, p. 125) ; ils se présentent comme suit :

TABLEAU VIII

Niveau intellectuel d'enfants de pays, régions et habitats divers

GROUPE	PROVINCE OU VILLE	NOTE MOYENNE
Français urbain	Paris	219,0
Français méditerranéen	Pyrénées-Orientales	197,4
Français alpin	Auvergne et Velay	180,2
Français nordique	Flandre	178,8
Allemand urbain	Hambourg	216,4
Allemand nordique	Hanovre	198,2
Allemand alpin	Bade	193,6
Italien urbain	Rome	211,8
Italien alpin	Piémont	188,8
Italien méditerranéen	Sicile	173,0

(KLINEBERG, 1931, p. 27.)

On constate aisément que les notes réparties à l'intérieur de chaque nationalité chevauchent celles des autres nationalités;

11. *Le Niveau intellectuel des enfants d'âge scolaire*, Paris, presses Universitaires de France, t. II, 1954, p. 232; voir aussi les tableaux et graphiques.

12. « A study of psychological differences between " racial " and " national " groups in Europe », *Arch. Psychol.*, 1931, n° 132, 58 p.

qu'il est impossible d'accorder la supériorité au Nord ou au Sud, les résultats étant contradictoires ; que les différences les plus importantes sont celles qui opposent les villes et les campagnes et non les nationalités. La conclusion est donc, en tout état de cause, que les différences dues à l'habitat sont bien plus importantes que celles qu'on voudrait concevoir comme « raciales » ou « nationales ».

A la notion rudimentaire et fausse de « races supérieures », on est donc conduit à substituer l'idée que les performances intellectuelles dépendent, au moins dans une certaine mesure mais qu'on peut estimer grande en ce qui concerne les moyennes, de facteurs de milieu ; on peut concevoir ces facteurs à la fois comme matériels, et comme culturels dans un sens strict. L'existence de facteurs littéralement matériels a été mise en évidence en France, par l'effet des restrictions dues à la guerre mondiale sur les performances [13]. Les auteurs ont constaté un affaiblissement marqué des capacités psychologiques, déjà existant en 1942, plus fort encore en 1944 ; en particulier l'attention, la mémoire et la vitesse d'apprentissage ont été atteintes très tôt. Fait peut-être digne de remarque, les garçons se sont montrés plus vulnérables que les filles. L'intelligence, dans les deux sexes, a été atteinte la dernière, mais a fini par l'être.

Trois facteurs de milieu, dans toutes les études entreprises, produisent des effets constamment observés : l'habitat, le niveau économico-social exprimé par la profession des parents, et la dimension des familles [14]. On se limitera ici aux résultats parfaitement décisifs, obtenus par l'enquête française de 95 000 enfants [15]. A tous les âges, les enfants ruraux réussissent moins bien que les autres ; ce sont les enfants des grandes villes qui réussissent le mieux ; et jusqu'à onze ans (âge après lequel les meilleurs élèves quittent l'école primaire,

13. René BINOIS et Camille NONY, « Influence de la guerre sur les capacités psychologiques des écoliers », *Cahiers de la Fondation française pour l'étude des problèmes humains*, n° 4, 1945, p. 18-34.

14. J. SUTTER, « La valeur de l'intelligence suivant le milieu : état présent des connaissances », *in: Le Niveau intellectuel des enfants d'âge scolaire.* I.N.E.D., Paris, Presses Universitaires de France, t. I, 1950, p. 41-62 ; cf. la bibliographie, p. 60-62.

15. *Le Niveau intellectuel des enfants d'âge scolaire.* Paris, Presses Universitaires de France, 2 vol., 1950-1954.

surtout dans les grandes villes, produisant une sélection qui trouble la représentativité des résultats) l'écart entre les petites villes et les villes moyennes et grandes ne cesse de s'accroître (cf. t. I, p. 145). La profession du père aussi est associée d'une manière certaine avec le niveau des notes obtenues : en combinant certaines professions avec l'habitat, on peut obtenir par âges sept répartitions étagées de notes qui ne se chevauchent pas, au niveau inférieur les notes des enfants de cultivateurs, au niveau supérieur les enfants dont les pères exercent des professions libérales ou intellectuelles (t. I, p. 148). Le nombre des enfants dans la famille produit également des effets significatifs : plus il est grand, plus les notes, en moyenne, sont faibles, comme le montre le tableau IX, donné à titre d'illustration.

Une analyse plus poussée permet de constater que l'effet différentiel de la dimension de la famille se combine avec le facteur précédent d'une manière indépendante : pour une profession donnée du père, les moyennes de notes atteintes tendent à être d'autant plus basses qu'il y a davantage de frères et sœurs.

Il est important de noter, dans une perspective psychosociale, que les individus ne doivent pas être considérés comme recevant passivement ces influences. Les conditions de milieu sont pour les individus un véritable milieu, c'est-à-dire des conditions dans lesquelles ils se comportent, ou si l'on veut auxquelles ils s'adaptent, en tout cas dans lesquelles ils interagissent. Nous ne connaissons pas le détail précis des processus de cette adaptation et de cette interaction, mais dans des cas limités et précis, nous en connaissons les effets. A partir de l'enquête des 95 000 enfants, on a pu étudier les performances à l'intérieur des familles [16]. Cette étude a porté sur les fratries de deux enfants, ayant entre eux des différences d'âge grandes ou petites, de même sexe ou de sexes différents, ou jumeaux. Les auteurs distinguent le cas de l'intervalle intergénésique (différence d'âge) long, c'est-à-dire égal ou supérieur à deux ans, de l'intervalle court. Dans tous les

16. Cf. L. Tabah et J. Sutter, « Le niveau intellectuel des enfants d'une même famille », *A. hum. Genet*, 1954, *19*, p. 120-150 ; « Le niveau intellectuel des enfants d'une même famille », *in: Le Niveau intellectuel..., op. cit.* t. II, 1954, p. 97-186.

TABLEAU IX

Notes obtenues selon le nombre d'enfants dans la famille

AGE (années)	1 ENFANT	2 ENFANTS	3 ENFANTS	4 ENFANTS	8 ENFANTS ET PLUS
6 à 6 1/2	56,8	53,8	51,7	46,5	43,9
7	70,4	69,1	67,1	60,0	53,5
8	92,5	90,0	86,2	83,4	71,2
9	109,0	108,4	104,2	99,9	87,1
10	124,1	122,6	119,0	115,1	100,1
11	135,0	134,5	130,7	126,5	114,3
11 1/2 à 12	139,7	139,5	135,4	132,5	124,1

(*Le Niveau intellectuel des enfants d'âge scolaire*, t. I, p. 180.)

cas, qu'il s'agisse d'urbains ou de ruraux, d'aînés ou de cadets, l'intervalle long est associé à des performances supérieures; (par contre, l'ordre de naissance semble avoir peu d'effet). La différence de sexe produit de même, en général, un effet favorable. La combinaison de ces facteurs produit des effets plus grands encore : toutes choses égales d'ailleurs, les moyennes de notes sont les plus élevées dans les fratries de sexes différents avec intervalle long, elles sont les moins élevées dans les fratries de sexe identique avec intervalle court. La conséquence de ces faits se vérifie dans le cas des jumeaux : c'est chez eux que les performances sont les plus médiocres.

***

Il résulte des analyses précédentes, qui ont essentiellement porté sur des performances intellectuelles au sein de groupes différemment définis, que les apparences expérimentales peuvent difficilement s'expliquer si l'on ne fait pas appel à l'idée de deux groupes de facteurs, l'hérédité et le milieu. Une identité d'hérédité, à l'intérieur d'une famille, entraîne des ressemblances de comportement, mais une identité de milieu en entraîne aussi. De plus, une diversité de milieu entraîne des différences dans les performances, différences que l'on peut même hiérarchiser d'une manière régulière. En somme, si l'on s'exprime en ces termes généraux, on peut bien dire que l'expérience confirme la philosophie vulgaire : ce qui détermine la conduite d'un homme, c'est la combinaison de ses dispositions natives et des influences auxquelles il a été soumis.

A première vue, il semble difficile de dépasser ces remarques très banales. Dans certains cas, qui demandent beaucoup de chance, et beaucoup d'ingéniosité de la part des observateurs, comme dans les études de Burks sur les enfants adoptifs, ou celle de Newman sur les jumeaux identiques précocement séparés, on essayera de mesurer la part réciproque du milieu et de l'hérédité, et on pensera pouvoir conclure que la part de l'hérédité est de beaucoup la plus forte. Mais, on l'a fait remarquer, dans les limites de l'expérience occidentale, les différences de milieu restent assez faibles et on n'a certainement pas exploré jusqu'à leurs limites les possibilités des facteurs de milieu.

Il faut dire aussi que la notion d'hérédité reste bien vague. On la postule, à juste titre sans doute, chez les apparentés. Mais quand on l'applique à la notion de race, elle disparaît progressivement. Klineberg a conclusivement démontré qu'en Europe occidentale les facteurs écologiques sont en tout cas plus importants que les facteurs raciaux, si la notion garde un sens. Quand, d'autre part, il s'agit de peuples non européens, les résultats inférieurs que l'on a pu observer en administrant les tests, peuvent s'expliquer, très plausiblement, par une différence dans les cultures fondamentales. Même avec des tests non verbaux, comme le test de Florence Goodenough qui consiste à dessiner un « bonhomme », l'action même que l'on exige (dessiner), et l'idée du « bonhomme » dessiné en plan, sont très liées à une culture de base. Actuellement, on ne voit guère comment donner un contenu psychologique concret à la notion de race.

Ainsi, la notion de patrimoine psychologique inné, indispensable pour l'interprétation des faits, reste une notion sans contenu. C'est à elle cependant qu'il faut se référer si l'on veut comprendre les influences du milieu. Certes, on peut admettre que le milieu apporte lui-même des éléments matériels qui contribuent à produire les performances intellectuelles. C'est notamment et évidemment le cas des connaissances. Mais, dans l'ensemble, l'action du milieu doit être conçue comme surtout négative ou, au mieux, permissive. La plupart des facteurs analysés par Tabah et Sutter dans leur étude des fratries semblent avoir surtout pour effet d'affaiblir les performances ; c'est quand ces facteurs agissent peu que le dommage est minimum, par exemple lorsque la différence d'âge est grande dans une fratrie ; alors, les notes atteintes par les frères et sœurs sont meilleures et voisines de celles des enfants uniques (cf. p. 134). Tyler de même (*op. cit.*, p. 325-326) conclut que beaucoup d'individus ne peuvent développer leurs virtualités à cause des restrictions apportées par le milieu.

On est donc conduit à concevoir l'hérédité comme un ensemble de virtualités positives d'un individu, marquant la limite maximale de ses performances concevables; mais ces limites ne seront que très exceptionnellement atteintes, dans les cas rares où le milieu social (et avant tout familial) est entièrement favorable.

CHAPITRE IV

LA SOCIALISATION DE L'INDIVIDU

Posé en termes d'hérédité-milieu, le problème des rapports de l'individu et de la culture ne quitte guère le plan de la psychologie générale. On considère sans doute que les individus ou les groupes au sujet desquels on se pose le problème, ont été soumis à des influences de milieu différentes; mais, et c'est là une caractéristique essentielle de la manière dont le problème est posé, on entend comparer leurs comportements dans des situations identiques, les soumettre aux mêmes épreuves.

Cette manière de voir les choses, aux yeux de la psychologie sociale, reste bien abstraite et artificielle. En fait, si les conditions sociales dans lesquelles sont placés les individus sont différentes, il en résulte d'abord que les problèmes de comportement qu'ils auront à résoudre, que les performances qu'on attend d'eux, différeront aussi, non seulement en degré, mais en nature. C'est une constatation accessible déjà à l'expérience vulgaire que les conduites, à l'intérieur d'une culture et en moyenne, sont adaptées; et elles le sont évidemment parce que leurs auteurs, les sujets psychologiques, sont eux-mêmes adaptés aux conditions culturelles qu'ils rencontrent, ils sont « socialisés », ou, si l'on veut, « acculturés », ce sont des personnes psychosociales.

Le but de ce chapitre est de donner un sens et un contenu plus précis à cette formule : la socialisation (ou acculturation) de l'individu.

1. Nature sociale du champ de comportement concret

Il importe d'abord de bien comprendre que les aspects sociaux et culturels de la situation dans laquelle se comporte réellement et concrètement un sujet psychologique, n'ont pas un caractère accessoire ou complémentaire, dont on pourrait la dépouiller sans grand inconvénient, pour n'en retenir que les constituants physiques [1]. C'est ce que tend à faire la psychologie générale en raison de ses attaches avec la science et la philosophie physiques et biologiques, et ce que font même certains psychologues sociaux, de formation trop purement psychologique (cf. Krech et Crutchfield, *Theory and problems of social psychology*, New York, McGraw-Hill, 1948, 639 p., p. 8-9 ; trad. fr., Paris, Presses Universitaires de France, 1952, t. I, p. 7-8). En réalité, le champ du comportement concret est entièrement social et culturel. Non seulement un grand nombre de comportements concernent des situations interpersonnelles, et à ce titre c'est tout le système social différentiel de la définition des personnes, de leurs statuts et de leurs rôles qui est en jeu et qui définit le champ du comportement concret; mais encore il est vrai que l'univers physique même dans lequel se meut un individu d'une société donnée, n'est perçu et compris par lui que par l'intermédiaire des interprétations qu'en donne sa culture.

L'idée que l'environnement physique d'un individu est entièrement acculturé à la société dont il fait partie, que décrire le monde physique tel qu'il est perçu au sein d'une société et comme objet des conduites d'adaptation dans cette société, c'est décrire la culture même de cette société – cette idée, Durkheim l'avait déjà pressentie dans *Les Formes élé-*

1. Un exemple caricatural de ce dépouillement est donné par Marc Aurèle, VI, 13 : « On peut se faire une représentation de ce que sont les mets et les autres aliments de ce genre en se disant : ceci est le cadavre d'un poisson ; cela le cadavre d'un oiseau ou d'un porc ; et encore en disant du falerne qu'il est le jus d'un grappillon ; de la robe prétexte, qu'elle est du poil de brebis trempé dans le sang d'un coquillage ; de l'amour, qu'il est le frottement d'une muqueuse et l'émission spasmodique d'une sécrétion ». Il est vrai que le but de la réduction stoïcienne n'est pas la science, mais l'établissement d'un système de sécurité interne, une psychothérapie.

mentaires de la vie religieuse (1912); et c'est pourquoi, à juste titre, on retient son nom parmi les fondateurs de la psychologie sociale [2]. Durkheim, toutefois, n'a pas tiré de son intuition les conséquences qu'elle pouvait comporter sur le terrain scientifique et il s'est rapidement évadé dans la philosophie générale de l'entendement. Pour illustrer le caractère social du monde physique dans lequel vit un peuple, nous nous tournerons vers le cas des Yurok qui habitent le fleuve Klamath, en Californie du Nord [3].

Dans cette vallée étroite et très boisée, ces Indiens vivent essentiellement de la pêche du saumon. Leur monde est un monde clos, défini par eux-mêmes comme un cercle de quelque deux cents kilomètres de diamètre, coupé en deux par le Klamath. Toutefois ce monde, petit et limité, est ouvert, il a « la bouche ouverte » sur l'océan. Tous les ans un événement prodigieux et paroxystique se produit : dans des conditions mystérieuses, un nombre énorme de saumons venus du Pacifique remontent la rivière, viennent se faire prendre par milliers dans les filets des Yurok, tandis que les rescapés continuent leur chemin pour aller frayer en amont et mourir. Quelques mois plus tard, de jeunes saumons redescendent la rivière et disparaissent dans l'océan. Ce que les Yurok ont remarqué aussi, c'est qu'avant de remonter le cours d'eau, le saumon cesse de manger et par conséquent se fait prendre l'estomac vide. Pendant la remontée du Klamath, ses organes reproductifs se développent, sa graisse disparaît, et ainsi à l'apogée de sa forme physique, le saumon est à jeun et n'a pas encore commencé à procréer. C'est pourquoi, sans doute par identification à sa proie, le Yurok partant pour la pêche se purifie de tout contact sexuel et s'abstient de manger.

On insistera seulement ici sur les aspects spatiaux de la culture et de la philosophie des Yurok. Ce sont aussi des

2. Cf. Georges DAVY, *Éléments de sociologie*, I. *Sociologie politique*, 1924, 2e édit. Paris, Vrin, 1950, 235 p., p. 8.

3. Cf. Erik Homburger ERIKSON, « Childhood and tradition in two American Indian tribes », *in* C. KLUCKHOHN et H.A. MURRAY (ed.), *Personality in nature, society and culture*, New York, Knopf, 1948, p. 176-203, réimpr. de *The psychoanalytic study of the child*, vol. I, 1945 ; voir aussi : « Observations on the Yurok : childhood and world image », *Univ. Calif. Public. in American Archaeology and Ethnology*, 1943, *35*, 257-302.

aspects essentiels : la disposition géographique et les conditions même de vie des Yurok leur donnent l'idée d'un univers à structure tubulaire; le centre de leur monde est évidemment la rivière, où les choses s'écoulent et circulent sans obstacle. Il faut donc que les choses soient disposées comme un canal, un tube, ouvert aux deux bouts, pour permettre les passages. Par opposition à cette disposition, la structure de sac est mauvaise. Ainsi, un bateau est un sac : on ne doit pas manger en bateau, cela déplaît à la rivière et au poisson. Il y a deux sortes de maisons, celles des femmes, avec une seule ouverture, comme il convient; mais il y a aussi l'étuve, maison des hommes, qui, elle, comporte deux ouvertures, la seconde plus étroite, car il faut être svelte, ne pas trop manger, et surtout ne pas obstruer la circulation des aliments dans le corps. Et de même, il ne faut pas trop se servir des femmes.

Une contre-épreuve de cette interprétation est apportée par la nature des fêtes en pays Yurok. On connaît l'une des fonctions de la fête [4] : la fête a pour but de renouveler la force, en faisant revenir le monde au chaos primitif. Cette cure festive de rajeunissement utilise le procédé des actes à rebours et du monde à l'envers. C'est précisément ce qui se passe chez les Yurok, après la capture des saumons, quand a lieu la fête annuelle. On construit une digue en travers du Klamath, on bouche le tube, et on se livre à des orgies de ridicule et de liberté sexuelle. Naturellement, le monde physique ne se ramène pas entièrement à la préoccupation de la « structure de tube ». Ainsi, les directions géographiques sont exprimées en termes différents. Mais elles restent conditionnées par le fleuve. On a les directions suivantes « vers l'amont », « vers l'aval », « vers la rivière », à « l'opposé de la rivière » et, au bout du monde, on a « en arrière » et « autour ». L'observation de la perception spatiale et de la géométrie des Yurok n'a pas été poussée davantage par les ethnologues ; ce qui est exposé ici reste donc très impressionniste. On dira au moins qu'on a le sentiment d'une réelle différence avec notre propre intuition et conceptualisation de

4. Cf R. Caillois, *L'Homme et le sacré.* Paris, Presses Universitaires de France, 1939, 147 p., p. 88-127 et notamment p. 120.

l'espace : nos rectangles viennent de notre hérédité d'agriculteurs, qui perçoivent en pensant dans le plan. Combien doit être différente à vivre une géométrie tubulaire !

Si donc le champ spatial du comportement est donné à l'individu, ce n'est pas au sens physique du terme, c'est au sens culturel. Il en va de même des autres aspects de ce champ. Tous les développements que l'on retrouvera dans la deuxième partie de ce livre, relative aux fonctions psychologiques considérées dans leurs relations sociales, trouvent leur aboutissement à cette place. L'espace n'est pas euclidien pour les hommes de toutes les cultures ; à plus forte raison, ce qui est triste, ou effrayant, ou respectable dans une société, ne l'est pas forcément dans une autre.

2. Nature de l'acculturation, ses aspects psychologiques

Il en résulte que, si l'on veut étudier les individus se conduisant dans les conditions concrètes que présente naturellement l'expérience, il faut d'abord reconnaître que ces individus sont adaptés à leur société et à leur culture ; ils sont « socialisés » ou, pour mieux dire, « acculturés ». Et si, pour revenir sur des discussions antérieures, il se trouve que les réussites à un test psychologique sont différentes selon qu'elles sont le fait d'individus venant de cultures différentes, cela peut signifier, non pas seulement des différences dans les aptitudes des individus, mais aussi des différences dans le sens donné à ces épreuves par chaque diverse culture.

On est donc conduit à poser des questions sur ce phénomène d'acculturation. Quelle en est la nature ? Est-ce avant tout une contrainte, exercée sur les individus par la société, comme le pensait Durkheim, contrainte devant se transformer ultérieurement en intériorisation des concepts et des valeurs [5] ? Est-ce le résultat d'une activité spontanée de l'individu, d'une volonté d'imitation, comme l'a soutenu Tarde [6] ?

Sans avoir perdu tout intérêt, ces discussions laissent

5. Voir *L'Éducation morale* (posthume, 1925). Cette doctrine pointe déjà dans *Les Formes élémentaires de la vie religieuse*, 1912, cf. p. 638.
6. *Les Lois de l'imitation*, 1890.

davantage la place aujourd'hui à l'analyse psychologique des processus de l'acculturation [7]. Le monde qui, on l'a vu, est avant tout social, se présente d'abord à l'individu, doué de tendances et d'impulsions à agir, comme un ensemble de prohibitions et de coercitions. Ces prohibitions et coercitions présentent un double aspect, physiologique et psychosocial. Trois processus physiologiques sont intéressés par l'apprentissage de l'enfant : le métabolisme, processus de réduction du sucre contenu dans le sang, l'accumulation dans le corps des matières fécales et de l'urine, la capacité de réagir organiquement aux stimulations dites émotionnelles (cf. L.K. Franck, [b], p. 113). C'est d'une manière très concrète que l'enfant abandonnera son autonomie et acceptera la domination culturelle : en se soumettant à une périodicité de l'alimentation, en acceptant des intervalles plus longs entre les repas (sans parler de la question du sevrage, qui demande un traitement à part) ; en réadaptant son élimination à la fois en se retenant et en fonctionnant sur ordre ; en apprenant quelles situations admettent une réaction émotionnelle et de quel ordre (cf. [b], 114). Ainsi, l'abandon de l'autonomie physiologique est déjà une transformation du comportement en conduite *(ibid.)*. Mais il y a un autre aspect des prohibitions qui est au moins aussi important pour la suite de l'action de l'individu ; c'est ce que L.K. Franck appelle « les inviolabilités ». L'inviolabilité est une généralisation de la notion de tabou ; dans toute société, on enseigne à respecter la sainteté de la personne d'autrui, la propriété privée, certains animaux et certains lieux qui sont l'objet d'un tabou général. Or, en même temps qu'elle apporte des privilèges (qui iront en grandissant pour l'individu car dans sa petite enfance on ne respecte guère son corps ni ses biens), l'inviolabilité comporte surtout un aspect négatif ; car précisément les choses et les personnes interdites étaient des stimuli à agir (cf. [a], 143). Il faut donc que l'indi-

7. On pourra se reporter aux analyses de L.K. FRANCK, et plus particulièrement à : (a) « The Concept of inviolability in culture », *Amer. J. Sociol.*, 1931, 36, 607-615, réimprimé in *Society as the patient*, New Brunswick, 1948, p. 142-150 ; (b) « Cultural control and physiological autonomy », *Amer J. Orthopsychiatry*, 1938, 8, 622-628, réimp. in KLUCKHOHN et MURRAY (ed), *Personality in nature, society and culture*, New York, Knopf, 1948, p. 113-116 ; (c) « Cultural coertion and individual distortion », *Psychiatry*, 1939, *2*, 11-27, réimp. in *Society as the patient*, 166-192.

vidu s'adapte à ces prohibitions. L.K. Franck souligne que l'apprentissage social indique les pratiques sociales qui permettent de contourner ces prohibitions : les manières, la politesse, les rôles, les rituels, ou encore l'argent, le crédit, le vote (cf. [a], 144, 178 ; [b], 115).

L'acculturation ne consiste donc pas seulement à subir de ces contraintes paralysantes, auxquelles d'abord pensait Durkheim, ni à imiter sans but, comme le pensait Tarde : elle consiste dans une adaptation sociale très fortement motivée, puisque l'individu a des besoins, qui sont d'abord bloqués. Par suite, qu'il s'agisse de l'un quelconque des aspects du comportement, perception et connaissance, affectivité, activité, l'individu perçoit que ses échecs résultent d'inadaptations sociales, ses succès d'adaptations. L'observation du développement d'un enfant montre que, loin qu'il reçoive les normes avec répugnance dans tous les cas, bien souvent il attend avidement qu'on les lui fasse connaître. L'éducation n'est donc pas toujours imposée du dehors par la violence : l'individu la recherche, la sollicite ; il existe une adaptation sociale délibérée. – Mais il existe aussi ce qu'on peut appeler une adaptation sociale silencieuse. Le sujet ne se borne pas à demander expressément à l'entourage de lui faire connaître les normes. En un sens, on peut dire qu'il imite, mais cela signifie qu'il observe, qu'il interprète, pour assimiler et reproduire, en se servant des instruments culturels déjà possédés : le langage, les concepts pour penser les perceptions, les normes auxquelles il convient de se référer, qui sont des points de repères ; c'est là l'une des fonctions des adjectifs, exprimant des qualités et des valeurs : ce qui est grand, pour un objet d'une certaine nature, ce qui dure longtemps (acculturation aux conduites de patience), ce qui est raisonnablement chaud, ce qui est bon, ce qui est méprisable. Une part très considérable de l'acculturation se produit ainsi dans l'expérience de la vie quotidienne, sans même que le sujet s'en rende compte, à plus forte raison sans que nulle pression explicite ne soit exercée sur lui. La question de la socialisation doit donc être considérée dans une perspective générale biosociale, comme une fonction ayant une finalité d'adaptation.

Il ne faudrait cependant pas croire que les processus individuels d'acculturation se déroulent entièrement sans crise. Le bloquage d'une tendance, chez un être vivant, produit un état de tension, et aboutit d'abord à une réaction normale, « naturelle » pourrait-on dire, qui est une conduite d'agression. Si l'agression est elle-même bloquée, la tension s'intensifie ; les psychiatres appellent anxiété de tels états de tension. Les prohibitions et coercitions d'ordre physiologique produisent certainement de graves frustrations, encore qu'il faille remarquer, dès à présent, que la manière de traiter les enfants à cet égard varie beaucoup selon les sociétés. Il en va de même dans le domaine de l'inviolable ; ne pas avoir directement accès aux personnes et aux choses produit aussi des états d'anxiété, non seulement ressentis fortement dans l'instant, mais laissant aussi des traces durables. Bien plus, ces effets ne sont pas isolés, mais s'intègrent. L'apprentissage des inviolabilités se combine avec l'acquisition des modes primitifs de comportement. Un enfant qui a été très fortement frustré dans ces occasions, et qui par conséquent se sentira privé, craintif et soupçonneux, recevra l'apprentissage des inviolabilités, avec toutes les frustrations qu'elles impliquent, avec une attitude et dans un esprit tout différent de l'enfant qui a d'abord perçu le monde comme bon et généreux (cf. L.K. Franck, [c], 184).

On peut donc s'attendre à trouver, comme effet de l'acculturation, dans certaines sociétés, une attitude dominante envers la vie qui sera faite d'anxiété et de peur, de ressentiment et d'hostilité, avec une forte tendance à la vengeance (*ibid.*, 178). Mais les traumatismes dus à l'acculturation peuvent produire certains effets bien plus spécifiques, dont on peut esquisser quelques exemples dans une intention d'illustration. – Un de ces effets est la réaction ultérieure à l'autorité. L'autorité n'est pas une entité, mais consiste dans la manière dont les situations et les personnes éveillent des réponses affectives apprises. Si l'expérience d'un enfant l'a mis en contact avec des adultes qui ont adouci la sévérité des privations qu'ils imposaient, qui ont infligé les frustrations avec bienveillance, l'enfant n'éprouvera pas de ressentiment envers l'autorité. Il refoulera ce qui est interdit et exécutera ce qui est exigé sans compliquer la réaction apprise d'une réaction émotionnelle. En revanche, un enfant élevé brutalement conservera à l'égard de toute autorité le ressentiment aigu qu'il a éprouvé à l'égard de ses parents et des adultes en général. Il s'exécutera avec hostilité et répugnance, et chaque action produira en lui un conflit. Selon son tempérament, il saisira toutes les occasions d'exprimer son hostilité ; ou, s'il est trop faible ou trop lâche pour lutter, il ruminera ses griefs et tâchera de s'en libérer dans des activités fourbes et obstructives qui apparaissent futiles et incompréhensibles aux non-psychologues, mais qui lui donnent des satisfactions détournées (cf. *ibid.,* 176-179).

Dans le domaine du sexe, les frustrations de l'apprentissage dans l'enfance peuvent avoir d'immenses effets. Les tendances sont ici si fortes qu'elles s'expriment d'une manière détournée dans une multitude de directions. Mais cette activité s'accompagne de beaucoup d'anxiétés et de sentiments de culpabilité (*ibid.,* 179). La recherche de la richesse et du pouvoir sont souvent un simple substitut aux satisfactions sexuelles qui ne peuvent pas être satisfaites. C'est ce qui fait que dans le domaine de l'activité économique, notamment, la conduite s'écarte si souvent du calcul hédoniste rationnel qu'ont postulé les théoriciens. L'acquisition de la propriété, la conquête d'un revenu élevé, compris par certains psychologues des anciennes écoles comme la satisfaction d'instincts spécifiques, n'est qu'un symbole pour l'individu frustré, qui cherche dans la compétition agressive le prestige qui lui permettra de se faire reconnaître comme puissant (cf. *ibid.,* p. 180).

L'acculturation produit ainsi dans l'individu des effets complexes, qui ne sont pas contenus expressément dans le contexte culturel.

3. Le caractère national et la « personnalité de base »

L'acculturation se manifeste, aux yeux de l'observateur étranger, par le fait que l'appartenance d'un individu à une nation déterminée entraîne des traits originaux dans son comportement : il existe des « caractères nationaux ». Notre littérature traditionnelle est remplie de cette idée, qui se rencontre déjà chez Hippocrate (cf. *supra,* p. 13) qui est reprise abondamment par Hérodote (né vers 490 av. J.-C.), qu'on retrouve par exemple chez Végèce (IVe siècle A.D.)[8]. Pour vive qu'elle soit, l'idée du « caractère national » n'est cependant pas claire. Tous les hommes d'une nation ne présentent pas des comportements identiques ; par suite, notre expérience des hommes étant limitée, ne prenons-nous pas pour des différences nationales ce qui n'est en réalité que des différences individuelles ? C'est ce que faisait observer Malebranche, en 1674 (cf. *La Recherche de la vérité*, III, II, chap. XI).

Les auteurs modernes ont donc cherché à préciser la notion. Une très intéressante tentative est celle de Ruth Benedict, en 1934 [9]. Les traits culturels d'une société, pense Benedict, en se référant aux petites sociétés sans écriture des ethnologues, ne sont pas simplement juxtaposés, ils sont liés, ils forment un système, une configuration culturelle, ils ont un sens, et ce sens, quand on l'aura dégagé, définira l'esprit de la culture de cette société. Benedict prend quelques exemples : la petite société des Indiens Zuñi, dans le sud-ouest des États-Unis, coopérative, douce, aimable, ritualiste et cérémonielle, où le fait d'exceller dans quelque chose serait une conduite inconvenante, un témoignage de mauvais goût, est tout inspirée d'esprit apollinien ; ses membres bienveillants, paisibles, courtois, modestes, sont guidés par un sentiment de mesure ; les Kwakiutl de la côte occidentale du Canada, inventeurs du *potlatch,* ivres d'une volonté de prestige et de domination personnelle, perdus dans les entreprises compétitives, les Dobouans de la Mélanésie, féroces sorciers, sont conduits au contraire par une fureur dionysiaque. Or, qu'est-ce que c'est ce *pattern of a culture,* cet esprit d'une civilisation, sinon la notion même du caractère national appuyée sur

8. « L'ordre naturel demande que j'examine d'abord d'où il faut tirer des soldats ; quoiqu'il naisse en tous pays des gens braves et des lâches, on voit cependant des nations l'emporter sur d'autres... A ce sujet, je n'oublierai pas ce qu'ont dit de très doctes hommes. Les nations voisines du soleil ont, selon eux, plus de jugement mais moins de sang ; ce qui fait qu'elles manquent de fermeté et de hardiesse pour combattre corps à corps... Les peuples septentrionaux, au contraire, éloignés des ardeurs du soleil, ont moins de jugement ; mais emportés par le sang dont ils abondent, ils vont aux coups avec plus d'intrépidité. Il faut donc tirer les levées de ces pays tempérés... » (VÉGÈCE, *Art militaire*, livre I, chap. II. Paris, Berger-Levrault, 1948, p. 5).

9. *Patterns of culture,* Houghton Mifflin, 1934. Trad. fr. : *Echantillons de civilisations,* Paris, Gallimard, 1950.

l'expérience ethnologique ? Par ce livre persuasif et brillant, Benedict renouvelait l'intérêt pour les recherches sur le caractère national, suggérait une méthode, reposait le problème platonicien des rapports entre les dispositions de la personne et les institutions et la société. Pendant la guerre des États-Unis avec le Japon, elle s'attaquait au problème, encore bien plus difficile, du caractère national japonais [10] ; mais dès 1937, sa collègue Margaret Mead, reprenant l'idée que le niveau de coopération ou de concurrence est un bon critère de l'esprit des cultures, engageait une vaste enquête sur une douzaine de sociétés sans technologie industrielle ; poussant l'analyse socio-ethnologique jusque dans ses prolongements psychologiques, elle montrait combien l'inspiration coopérative ou compétitive d'une société est liée aux valeurs du moi et à la sécurité personnelle [11].

La théorie de Kardiner, connue en français sous le nom de « personnalité de base » [12], entend renouveler la notion de caractère national [13] ; il y a lieu de la replacer dans le contexte historique qui vient d'être évoqué [14]. Les éléments principaux qui constituent la personnalité de base sont au nombre de quatre : 1. les techniques de pensée, c'est-à-dire la manière

10. *The Chrysanthemum and the sword,* Boston, Houghton Mifflin, 1946, 324 p.

11. *Cooperation and competition among primitive peoples,* New York, McGraw-Hill, 1937, 531 p.

12. En anglais, *Basic personality structure,* c'est-à-dire « structure fondamentale de la personnalité ». L'expression raccourcie française est peut-être à regretter, comme risquant d'entraîner des malentendus chez les utilisateurs séparés du contexte ; il est vrai que l'ethnologue associé principal de Kardiner, Ralph Linton, n'attache pas beaucoup d'importance à la précision du terme ; selon lui, on aurait aussi bien pu dire : caractère tribal, caractère national, personnalité ethnique, personnalité modale (cf. R. LINTON, *Culture and mental disorders,* Springfield, 1956 (posthume), 139 p., p. 15 et 26).

13. A condition de n'appliquer la notion de personnalité de base que dans les cas pour lesquels elle a été construite, c'est-à-dire dans les petites sociétés traditionnelles qu'on appelle primitives ou sauvages, où semble exister un accord entre la culture et les comportements individuels, et une uniformité générale de ces comportements individuels ; il est imprudent de l'étendre aux grandes nations modernes (cf. LINTON, *op. cit.,* p. 40-41).

14. Voir A. KARDINER et R. LINTON, *The individual and his society,* Columbia University Press, 1939, 503 p. ; *The psychological frontiers of society, ibid.,* 1945, 476 p. ; M. DUFRENNE, *La Personnalité de base,* Paris, Presses Universitaires de France, 1953, 345 p. Le sens de la notion est partout présenté sans équivoque, mais l'exposé le plus clair est sans doute dans LINTON, 1956, *op. cit.*

dont l'individu pense la réalité et par laquelle il peut agir sur elle ; 2. les systèmes de sécurité, consistant dans les défenses institutionnalisées auxquelles l'individu a recours pour résister aux anxiétés produites par les frustrations de la réalité, physique et sociale ; 3. le surmoi, dont le sens ne doit pas être limité à celui qu'il a dans la psychanalyse classique, mais qui repose sur le désir de jouir de l'estime et de l'amitié d'autrui ; 4. les attitudes religieuses, notion qui n'a pas besoin ici d'un commentaire particulier (cf. Kardiner, 1939, *op. cit.*, p. 132). Ces quatre éléments de la personnalité de base sont en relation avec les institutions ; d'une part, ils sont produits par certaines institutions, qu'on appellera les « institutions primaires », mais d'autre part ils en produisent d'autres à leur tour : ce seront les « institutions secondaires » ; Kardiner malheureusement n'est jamais très net ni très définitif sur le contenu précis de cette distinction entre institutions primaires et institutions secondaires, ni même, il faut bien le dire, entre éléments de la personnalité de base et institutions (cf. ibid., p. 471). En tout cas, pour définir la personnalité de base dans chaque cas particulier, on cherche, au moins au début, en prenant la culture particulière dans son ensemble, c'est-à-dire sans distinguer les cas individuels ni même les divers statuts, à définir le type de personnalité qui se trouverait à son aise dans cette culture, qui y éprouverait le minimum de frustrations et le maximum de satisfactions (cf. Linton, 1956, *op. cit.*, p. 15 et p. 24-25).

Un exemple illustrera la théorie de Kardiner, celui des îles Marquises, possessions françaises du Pacifique Sud, que Linton avait visitées en 1920-1922, et qu'il décrit au présent en se reportant à cette époque. Les conditions de la vie marquisienne sont dominées par deux grands faits : le risque de disettes, produites par des sécheresses terribles, qui peuvent enlever jusqu'à un tiers de la population, et la dominance exceptionnelle et considérable du nombre des hommes sur celui des femmes (le *sex-ratio* est de 2,5). Deux grandes données sociales doivent aussi être marquées immédiatement : les Marquisiens pratiquent l'anthropophagie, et la famille est polyandrique. Sur l'anthropophagie il n'y a pas lieu de s'étendre, sinon pour dire que les expéditions anthropophagiques sont l'affaire des hommes, que les enfants savent ce qu'ils risquent s'ils s'écartent et que la religion comporte des sacrifices humains. Dans la famille polyandrique, il y a un mari principal, qui est aidé dans ses tâches économiques par les maris secondaires. Le père réel d'un enfant est en général connu, mais il n'en retire aucun prestige ni aucune autorité particulière. Mais ce sont les hommes qui ont la responsabilité économique, qui jouissent du prestige et des honneurs. Les femmes, qui ont l'initiative dans les matières sexuelles, n'ont aucun pouvoir social, elles sont laissées dédaigneusement à l'écart par les hommes, et elles sont détestées. Dans les mythes, ce sont elles qui ont les mauvais rôles. – La vie commence mal. A sa naissance, l'enfant est baigné dans un ruisseau glacé. Il est sevré très tôt et ensuite nourri de bouillies, que la mère lui enfourne dans la bouche sans guère faire attention : il en prendra autant qu'il pourra. L'enfant est élevé par les maris de la mère, mais pratiquement il fait ce qu'il veut ; le contrôle de l'élimination est tardif et n'est jamais très sévère ; la liberté sexuelle est entière. A part la crainte d'être mangé, l'enfance, mal débutée, se poursuit donc plutôt agréablement. – La religion comporte deux sortes de dieux : les grands dieux, qui sont sans importance, et les dieux d'origine humaine, esprits des chefs morts, qui sont très actifs et puissants. Quand un homme est atteint d'une maladie, due au fait que son âme s'est éloignée du corps, on la fait revenir en lui offrant de la nourriture.

Ces conditions matérielles et sociales, dont nous simplifions naturellement l'exposé, produisent des effets psychologiques très visibles. Les affaires du sexe produisent peu d'émotion : l'amour est seulement l'exercice d'une fonction naturelle ; la conception romantique de l'amour est considérée comme une chose anormale. La jalousie, qui rend ridicule le jaloux, est rare : elle ne peut venir que de désirs sexuels contrariés, jamais de l'orgueil blessé. Les notions de virilité et d'impuissance sont inconnues, nul ne songerait à exalter la paternité. Dans la famille, chez l'enfant, on n'observe aucun complexe d'Œdipe : l'enfant ne désire pas s'unir à sa mère, qui n'a pas d'affection spéciale pour lui, qui est seulement la femme, avec laquelle il aura plus tard des relations hostiles ; il ne désire pas non plus tuer son père, ou plutôt ses pères, qui ne lui imposent aucune discipline ; à leur égard, sa dépendance est rationnelle, non névrotique, et d'ailleurs il sera précocement indépendant. Ces conditions familiales, absence de tendresse maternelle, multiplicité des pères, absence de contraintes disciplinaires font, dans le domaine religieux, que le Marquisien n'a nullement l'idée d'un dieu auquel il faut plaire, qu'on peut apaiser en se repentant et en souffrant ; ici encore, sa conception est très rationaliste ; si un dieu n'exauce pas une demande, c'est simplement qu'il ne peut pas ; comme dans la famille on s'adressait à un autre père, on s'adressera à un autre dieu. La seule véritable anxiété concerne le domaine alimentaire : aura-t-on suffisamment à manger, et évitera-t-on d'être mangé ?

On peut alors faire le portrait de la personnalité de base du Marquisien. Les « techniques de pensée » sont caractérisées par les préoccupations alimentaires, par la « domination orale ». C'est en le portant à la bouche qu'un jeune enfant se rend maître d'un objet ; c'est par la bouche qu'on reprend l'âme fugitive d'un malade ; un prêtre prouve ses pouvoirs en jeûnant longtemps ; les « systèmes de sécurité » sont très différents de ce qu'ils sont en Occident ; il n'y a pas d'anxiété sexuelle, pas de crainte d'impuissance, pas d'exaltation de la paternité. La propriété non plus ne produit pas d'anxiétés ; elle est simplement source de prestige pour le donateur, car le riche peut et doit faire des dons. L'anxiété réside essentiellement dans le domaine alimentaire. La solidarité des mâles et leur hostilité envers les femmes résolvent les difficultés venant de la rareté des femmes, qui pourraient menacer la paix et le bien-être économique. Le « surmoi » n'est pas, comme en Occident, la discipline intériorisée, la conscience morale ; les restrictions physiologiques, surtout sexuelles, n'existent pas. Le surmoi consiste surtout dans la recherche de l'estime et de l'amitié des autres, dans le besoin de ne pas perdre la face ; il s'exprime notamment par l'absence de jalousie entre hommes. Quant aux « attitudes religieuses », elles se concentrent sur les dieux humains ; leur fonction est d'assurer la nourriture, on les y aide en les faisant manger.

Telle est, d'une manière sommaire, l'idée qu'on peut se faire de la personnalité de base. Elle ne concerne en rien les caractéristiques de la personnalité individuelle, encore bien moins la conception de la personne, que l'on retrouvera plus loin (cf. notre troisième partie). Elle joue au contraire un rôle important dans l'interprétation de l'acculturation de l'individu.

4. La déviance

L'acculturation ne rend évidemment pas tous les individus identiques. Pour reprendre une distinction de Linton qui remonte à 1936 (*The study of man,* New York, Appleton, 1936, 503 p., p. 272), à côté des traits universels de comportements, présents en principe chez tous les individus membres d'une société déterminée, il existe des traits spéciaux qui correspondent à diverses situations et statuts (comportements féminins, comportements juvéniles, comportements de guerriers) et des traits optionnels par où s'exprimeront les individualités. Cet ensemble détermine un vaste domaine de conduite dans lequel, avec des variations individuelles maintenues à l'intérieur d'une certaine marge, la majorité des individus se comporte d'une manière qui est compatible avec les exigences de la culture de cette société.

Cependant, il existe partout des variations individuelles qui dépassent les limites admises par la culture comme la frontière du « normal ». Les individus qui franchissent ces frontières sont des « déviants sociaux ». Nous nous limiterons à leur sujet à quelques brèves remarques.

Les conduites déviantes, que l'on peut d'un certain point de vue considérer comme antisociales ou asociales, se conforment cependant, d'un autre point de vue, au modèle culturel, par exemple par leur contenu : ainsi un schizophrène se prend pour Napoléon (cf. Gillin, *in* Kluckhohn et Murray, *op. cit.,* p. 166).

Les formes des déviances varient selon les sociétés, en se rangeant chaque fois à l'intérieur d'un cadre déterminé, caractéristique de cette société. Comme le dit Linton (1956, *op. cit.,* p. 132), si on connaît bien une culture, on peut prédire presque à coup sûr la forme que les hystéries prendront. Linton a présenté ainsi *(ibid.)* une liste de psychoses qui paraissent absolument originales des cultures où on les observe : le *witigo,* cannibalisme des Chippewa du Canada ;

le *koro*, anxiété de castration chez les Malais, etc., et diverses névroses non moins originales : l'*hystérie arctique* et le *latah* de l'Asie du Sud-Est, imitation involontaire d'autrui ; l'*amok*, folie criminelle de Malaisie, le *tromba*, possession violente chez les Tanala de Madagascar.

Les sociétés reconnaissent officiellement l'existence de ces déviances, les dénomment, leur réservent un statut à part. C'est ainsi que, dans notre société, nous avons le « fou du village » ; l'exemple typique est celui du *berdache* chez les Comanches, l'homme-femme, qui est loin d'être entièrement méprisé (cf. Linton, *Study of man*, 1936, p. 480). Cette dernière remarque est fort importante pour une théorie sociologique de l'acculturation : elle montre que les sociétés s'efforcent de faire rentrer dans le système social les individus mêmes qui leur sont étrangers.

CHAPITRE V

L'APPRENTISSAGE SOCIAL ET SES VARIÉTÉS

Dans l'acculturation des individus membres d'une société déterminée, l'éducation joue un rôle évidemment considérable. Platon est sans doute le premier en Occident à y avoir insisté (voir par exemple Rép., II, 376 c sq., VII, 521 c sq.) et Aristote a repris en les développant ces idées (*Polit.*, IV, xv, 4 sq., et tout le livre V). Dans l'histoire récente du monde, on a pu voir les Américains, une fois consommée la défaite du Japon, effrayés rétrospectivement par les ambitions frénétiques de ce grand peuple, entreprendre de le rééduquer en lui faisant adopter un système d'enseignement entièrement nouveau pour lui. Les querelles scolaires que connaît périodiquement la France, témoignent que dans ce pays aussi on croit au pouvoir social et moral de l'éducation. Encore faut-il remarquer que les effets de l'instruction scolaire dépassent de très loin les intentions conscientes des programmes. Bien des problèmes d'arithmétique, à l'insu de ceux qui les ont proposés pour entraîner à la pratique des quatre opérations, contiennent toute une philosophie de la vie économique. Le rythme du travail à l'école ne permet pas seulement de faire le tour d'une étendue donnée de matières en un certain nombre de mois ou d'années ; il apporte aux jeunes les normes concrètes du labeur qui les attend dans leurs professions respectives quand ils atteindront l'âge d'homme.

Ce serait pourtant restreindre d'une manière illégitime la notion de l'apprentissage social que de la limiter à l'instruction scolaire. Telle que nous la connaissons, universelle et égalitaire – au moins d'une manière relative – l'instruction scolaire est une institution toute récente de la civilisation occidentale, se diffusant graduellement aux autres cultures de la planète ; si sensibles qu'elles soient d'un peuple à un autre, les différences de l'éducation scolaire n'intéressent encore guère que les comparaisons intérieures à cette civilisation technologique elle-même. Surtout, dans la formation de l'individu, l'instruction scolaire est tardive ; elle est précédée d'un complexe apprentissage familial et social, institutionnalisé d'une manière bien moins consciente, mais probablement bien plus important pour l'acculturation des individus. C'est cet apprentissage que l'on considérera dans ce chapitre. On lui demandera d'expliquer, en bonne partie, l'acculturation des individus, c'est-à-dire, surtout, qu'on cherchera dans ses variétés l'explication, au moins partielle, des différences psychologiques de peuple à peuple. Et certes les divers apprentissages sociaux varient beaucoup par leurs contenus, par les valeurs sur lesquelles ils insistent, ou qui s'y trouvent omises ou méprisées ; mais ils varient aussi dans leurs formes. Ainsi, parce qu'elle rencontre le phénomène des « caractères nationaux » — quel que soit le sens précis qu'il convient de donner à ce terme — la psychologie sociale est conduite à étudier les processus d'apprentissage, et non pas dans ses modes d'action généraux, comme en psychologie (tels que le « conditionnement », la « canalisation », ou l' « ancrage »), mais encore dans ses variétés culturelles.

1. L'apprentissage du nourrisson

Les rapports du nourrisson avec sa mère sont les premiers rapports, physiques et sociaux, de l'individu. Le berceau est son premier univers. Ces impressions constituent donc le premier cadre de référence cosmique des hommes ; elles sont toutes chargées d'affectivité et de valeur, et par-là appelées à jouer un rôle déterminant dans la constitution des perspectives sur le monde. Les psychanalystes y ont beaucoup insisté [1], mais en apercevant surtout les variations individuelles, telles que le caractère de la mère, ou les événements

1. On pourra se reporter à J.C. FLUGEL, *The psychoanalytic study of the family*, London, Hogarth, 6th ed., 1939, 259 p.

de la première histoire. Ils n'étaient d'ailleurs pas les premiers à faire ces remarques. On les trouve dans Malebranche (*Recherche de la vérité*, II, I, chap. VIII). Non seulement il s'est étendu sur le « traumatisme de la naissance », mais il a vu l'importance des premières impressions, aussi bien que plus tard l'effet du milieu, sur les préjugés : « (Les hommes) reconnaîtraient ordinairement en eux-mêmes (s'ils réfléchissaient) des inclinations et des aversions secrètes, que les autres n'ont pas, desquelles il semble qu'on ne puisse donner d'autres causes que ces tracas de nos premiers jours », et il rappelle l'affection de Descartes pour la jeune fille qui louchait. Mais, comme les psychanalystes, Malebranche ne voit que les circonstances particulières et individuelles ; pas un instant il ne pense à l'effet différentiel des pratiques de soins aux enfants dans les diverses cultures.

Or déjà le traitement des nourrissons, fixé par les mœurs, reflète et prépare l'esprit d'une culture, et d'abord dans ses aspects physiques. L'enfant peut être, soit constamment à proximité des adultes, soit au contraire laissé dans l'isolement, souvent paralysé dans ses mouvements. Très généralement, en Afrique noire, l'enfant est constamment porté par la mère, et il en est ainsi dans bien d'autres régions : par exemple chez les Tanalas de Madagascar étudiés par Linton ; l'enfant, de plus, couche avec ses parents, reste au chaud jusqu'à deux ans. Une tout autre condition physique est celle des enfants qui sont étroitement emmaillotés et isolés. Ainsi, chez les Comanches, l'enfant est en permanence enveloppé et isolé ; la nuit, il dort dans le lit de sa mère, mais enfermé dans un cylindre de bois. Geoffrey Gorer a décrit d'une manière dramatique l'emmaillotage chez les paysans de Grande Russie [2]. Cette pratique de l'emmaillotage est très répandue

2. *The people of Great Russia*, London, Cresset, 1949, 236 p., cf. p. 97-99 : l'enfant, du jour de sa naissance, est étroitement emmailloté dans de longues bandes d'étoffe, qui lui maintiennent droites les jambes, et les bras collés au corps. Une fois emmailloté, le bébé est absolument rigide, « comme un bâton », « comme un saucisson », « comme un paquet ». On peut prendre le bébé par n'importe quel bout, il ne plie pas, il garde sa rigidité. Même démaillotés, les bébés restent rigides. Plus la mère est soigneuse, plus les bandes sont serrées. Une mère soigneuse a préparé avant la naissance des bandes de tissu double, bien cousues, afin que le bébé soit plus rigide. L'emmaillotage est très impersonnel et n'entraîne presque aucun contact entre l'enfant et la personne qui emmaillote. L'enfant est posé à plat sur le dos ; on

dans le monde [3], souvent complétée par la pratique du *cradle-board*, la planche-berceau, à laquelle l'enfant est attaché par la tête et les pieds. Divers théoriciens ont spéculé sur les conséquences psychologiques de ces pratiques (voir par exemple Gorer, *op. cit.*, p. 123-131), mais il est bon de rappeler qu'Hippocrate déjà soulignait l'importance de l'emmaillotage : il fait des hommes plus durs (*Traité des airs...*, chap. xx).

Un deuxième aspect des différences de traitement dans la petite enfance concerne le sevrage. Le sevrage est, comme son nom l'indique, une séparation ; c'est donc un processus qui doit être pénible et sur lequel on a beaucoup spéculé. Or, les conditions du sevrage varient beaucoup dans l'expérience ethnologique. Il peut être précoce ou tardif, brusque ou graduel. Chez les Arapèches, connus pour leur douceur, une femme, si elle ne devient pas enceinte dans l'intervalle, peut allaiter jusqu'à trois ou quatre ans. En revanche, chez les Mundugumor, agressifs et méchants, non seulement le sevrage est précoce et brutal, mais encore l'allaitement s'opère sans tendresse, l'enfant étant tenu debout (cf. M. Mead, *Sex and temperament, op. cit.*, p. 37, 198, 195). Un troisième aspect des pratiques d'élevage entraînant des impressions corporelles très différentes pour le jeune enfant et qui se répercuteront dans la suite de son existence, est relatif à l'établissement des habitudes de propreté. Elles seront données tôt ou tardivement, avec douceur ou brutalité, accompagnées ou non de punitions, avec obligation ou sans obligation de s'isoler.

Mais les variétés de l'apprentissage du nourrisson ne se limitent pas au domaine des impressions corporelles. Il y a toute la question des rythmes. En Occident, très tôt les

le soulève par les chevilles à mesure que les bandes sont enroulées. L'enfant est démailloté pour le nettoyage et occasionnellement pour un bain, dans une eau soigneusement tiédie, mais jamais pour une autre raison. Ajoutons que non seulement l'enfant n'a pas la liberté de ses mouvements, mais la sucette, faite d'un chiffon dans lequel on a mis du pain mâché et qui lui pend au cou, lui est enfoncée dans la bouche dès qu'il fait du bruit : il n'a donc même pas la liberté de crier. Ainsi, dit Gorer, commence-t-il sa vie dans un état de paralysie à peu près complète.

3. Cf. Phyllis GREENACRE, « Infant reaction to restraint », *in* KLUCKHOHN et MURRAY (ed), *op. cit.*, p. 399-404.

enfants sont soumis à des rythmes : allaitement à intervalles réguliers de plus en plus espacés, pour arriver au rythme adulte des trois repas par jour qu'on tâche d'atteindre le plus tôt possible. Chez les peuples sans écriture, l'alimentation peut au contraire être très irrégulière. Mais ce n'est encore là qu'un aspect des rythmes auxquels est soumis le jeune enfant : les rythmes apparaissent dans le changement de position, dans le démaillotage, dans le bain. Les bains eux-mêmes peuvent être chauds ou froids, et dans ce dernier cas, l'impression de discontinuité sera renforcée. C'est là un autre aspect de l'apprentissage. La vie peut être non seulement régulière ou irrégulière, mais encore unie ou discontinue. Par exemple, pour les enfants étroitement emmaillotés, le démaillotage constitue l'expérience de la liberté après la contrainte. La contrainte sera d'autant plus pénible : l'enfant comanche, quand on l'emmaillote, crie et frappe. Quant à l'enfant balinais, dont il sera question plus loin, il est soumis à des alternatives de cajolerie et d'abandon. Ainsi, le climat général de l'existence apparaît-il très différent aux enfants des diverses cultures : avec un rythme temporel monotone ou varié, régulier ou irrégulier, comportant des événements qui sont prévisibles, ou au contraire imprévisibles.

Le traitement auquel les enfants sont soumis n'est d'ailleurs pas seulement matériel et corporel. Il est aussi social et affectif. Un enfant peut être allaité tranquillement et avec des caresses, ou soigné en hâte et traité comme un gêneur. Bien plus, le milieu humain qui l'entoure peut lui apparaître très différent, non seulement s'il est accueillant ou hostile, mais selon qu'il est différencié ou non. Dans notre société, c'est un petit nombre de personnes qui s'occupent de l'enfant, parfois la mère toute seule. Ailleurs, ce sera l'ensemble du groupe, sans qu'aucune personne soit privilégiée : ainsi, chez les paysans de Grande Russie, ou chez les Arapèches de Nouvelle-Guinée. Ou bien encore les personnes spécialisées auprès des enfants seront les femmes, comme chez les Tchambouli que décrivait aussi M. Mead (cf. *Sex and temperament, op. cit.*, p. 248), ou bien à peu près exclusivement les hommes, comme aux Marquises. Enfin, dans l'ensemble du milieu, l'enfant peut occuper le centre de l'intérêt, recevant les caresses et les témoignages d'affection de tous, ou au rebours être traité en importun, tenu à l'écart, comme chez les Mundugumor. Ainsi se développent des climats très différents, de coopération et d'affection, ou d'hostilité et d'antagonisme. On devine, à partir de ce rapide exposé, la multiplicité des aspects par lesquels peut différer l'apprentissage dans la petite enfance.

2. La condition sociale de l'enfant

Ces modalités diverses de traitement de l'individu dans la petite enfance, constituent déjà pour lui une expérience sociale du monde, qui le prépare à s'acculturer comme il devra le faire. Mais les relations sociales proprement dites ne peuvent guère commencer avant que l'enfant ne parle, marche et agisse. C'est surtout pendant la période de la vie qui va de la petite enfance à l'âge adulte, pendant l'enfance et l'adolescence que l'apprentissage social sera décisif, parce qu'explicite et conscient. Les psychanalystes, ici encore, et les pédagogues, ont beaucoup insisté sur la formation de la personnalité pendant cette phase de la vie, et déjà Malebranche en notait l'importance, en même temps qu'il dénonçait les dangers de l'éducation de son temps. Mais ce qui est particulièrement important, aux yeux de la psychologie sociale, c'est que cet apprentissage varie beaucoup selon les cultures, à la fois dans son contenu et dans sa forme. Il en résulte qu'il est bien dangereux de généraliser aucune affirmation sur l' « enfant ». Comme le remarque un sociologue [4], même dans les limites d'une localité, bien peu d'observations sur la croissance, la socialisation ou la motivation des enfants s'appliqueraient d'une manière générale quand on passe d'une classe à l'autre. A plus forte raison en est-il de même quand on passe d'une culture à une autre.

C'est qu'en effet la place faite à l'enfant varie beaucoup. Linton a déjà fait remarquer l'incidence qu'un fait aussi matériel, d'ordre démographique, que l'espacement des naissances, peut avoir sur la vie et l'expérience sociale d'un enfant (cf. *The study of man,* 1936, p. 473). On peut avoir

4. Allison Davis, « American status systems and the socialisation of the child », *Amer. social, R.*, 1941, 6, 345-354, repr. *in* Kluckhohn et Murray (ed), 459-468, p. 466.

deux types de situations : ou bien une naissance tous les dix-huit mois, ou bien tous les trois ans ou même bien davantage. Dans le premier cas, l'enfant vit avec des frères et sœurs pratiquement du même âge, et forme avec eux une société égalitaire et démocratique ; c'est ce qui se produit en beaucoup de sociétés primitives. Dans le second cas, l'enfant vivra entouré d'enfants plus vieux, ou plus jeunes, à qui il obéira et par qui il se fera protéger, ou au contraire qu'il commandera et protégera ; cette société d'enfants connaîtra des différences hiérarchiques, fondées sur la taille et la force. Mais les différences de condition sociale de l'enfant sont bien plus générales. Elles se rattachent au fait que la société distingue, ou ne distingue guère entre les âges, que l'enfant est intégré précocement à la société adulte, ou qu'au contraire il en est longtemps séparé.

En Occident, le type social est constitué par la séparation de l'enfant, par une soigneuse distinction des niveaux d'âges, par un statut social très dépendant et très inférieur. On peut même dire que cette condition de l'enfant est le stéréotype de la condition inférieure. Un individu de rang inférieur, la remarque est d'Allison Davis *(ibid.)*, est traité précisément comme s'il était un enfant ; aux États-Unis, les domestiques blancs, et presque tous les noirs, sont appelés par leurs prénoms, les hommes sont des *boys*, les femmes des *girls*. Cette manière de parler serait d'ailleurs trop rapide : en fait, nous connaissons deux conditions des enfants, une dans laquelle ils ont tous les droits, où ils peuvent demander une aide illimitée aux adultes, où ceux-ci sont entièrement à leur disposition ; l'autre, où ce sont au contraire les adultes qui ont le droit de considérer tout enfant comme un domestique, toujours à leur disposition. Une étude attentive des faits sur le terrain (qui, à notre connaissance, n'a tenté aucun chercheur jusqu'à ce jour), montrerait, probablement avec beaucoup de nuances, que l'enfant occidental est dans une condition très différente de celle des adultes, en même temps qu'il est très lié à eux, soit pour les servir, soit pour en être servi, soit les deux. Notre culture fait aussi de très nettes distinctions selon les âges. Cette tendance est renforcée et institutionnalisée par l'organisation scolaire. Caroline Tryon (que cite A. Davis, *op. cit.*, p. 464) a montré expérimentalement chez des élèves adolescents de Berkeley, Californie, des variations très sensibles dans les rôles personnels et dans les types d'amusements selon des marges d'âges très étroites.

Les sociétés les plus simples, qui n'ont pas ces institutions scolaires ni un état civil rigide, s'intéressent beaucoup moins, ou pas du tout, aux petites différences d'âges. D'autre part, l'intégration des jeunes à la société est très différente, et pas seulement dans un seul sens. On peut opposer deux cas extrêmes : d'une part, dans bien des sociétés, l'enfant est traité très tôt comme un adulte : dès l'âge de cinq ans, on fait travailler les jeunes Tanala ; les jeunes Ojibway sont entraînés à chasser, d'abord les oiseaux, puis peut-être à dix ans les castors, à seize ou dix-sept ans l'élan [5]. Les enfants peuvent aussi être propriétaires, tenant leurs droits de cadeaux, ou même de leurs gains personnels ; ils ont donc déjà un statut d'adultes. D'autre part, ailleurs, les enfants sont complètement séparés des adultes, ne travaillant pas, n'ayant aucune responsabilité, ne rentrant pas à la maison, même pas pour manger ou dormir : tel est le cas, parmi les sociétés évoquées précédemment, des îles Marquises (Linton, 1936, *op. cit.*, p. 474). La place de l'enfant dans le milieu familial et social est donc très différente, et par suite l'apprentissage et l'acculturation, quels qu'en soient par ailleurs les contenus, prennent des formes très variables.

On peut préciser cet effet de la condition du jeune sur son apprentissage social en observant que les rôles assignés aux divers âges, depuis l'enfance jusqu'à l'état adulte, peuvent être ou non en continuité. La remarque a été faite par Ruth Benedict et présente un grand intérêt [6]. Il n'est pas discutable que le cycle de la vie humaine comporte une grande discontinuité naturelle : l'enfant nouveau-né sera père un jour. Mais le passage d'un état à l'autre peut se faire d'une manière continue ou d'une manière discontinue. Dans notre société, la formation et l'apprentissage de l'enfant ne sont pas discontinus partout. Certes, d'une part nous opposons l'enfant, que

5. Le journal du frère de Charles XII, conservé à Upsal, note qu'à treize ans le futur roi a tué son premier ours.

6. « Continuities and discontinuities in cultural conditioning », *Psychiatry*, 1938, *1*, 161-167 ; repr. *in* KLUCKHOHN et MURRAY, *op. cit.*, p. 414-423.

nous considérons comme totalement asexué, à l'adulte, dont on mesure la virilité par les prouesses sexuelles ; nous protégeons l'enfant des « laideurs de l'existence », tandis que l'adulte doit y faire face sans broncher ; l'enfant doit obéir et l'adulte commander. Mais, d'un autre côté, nous obligeons l'enfant, dès que la chose est biologiquement possible, à se soumettre à notre régime adulte de trois repas par jour ; de même, nous enseignons la pudeur extrêmement tôt, par contraste avec ce qui se passe en d'autres sociétés. Mais on peut retenir trois domaines dans lesquels notre culture établit une discontinuité entre le rôle d'enfant et le rôle d'adulte. Ce sont la responsabilité et l'irresponsabilité, la dominance et la soumission, enfin les rôles sexuels.

On a déjà rappelé ci-dessus que certaines sociétés donnent aux enfants des rôles responsables, ce que nous ne faisons pas. De même, nous considérons comme allant de soi qu'un enfant doit obéir. Benedict rappelle l'étonnement d'un voyageur visitant un Indien Crow, qui se réjouissait d'avoir un fils intraitable. « Ce sera un homme », disait le père. Dans le domaine sexuel, la discontinuité est universelle si l'on veut, puisque la maturité physiologique est tardive. Mais ce fait peut être interprété différemment par les cultures des divers peuples. Partout on a remarqué que les unions sexuelles sont stériles avant la puberté, fécondes ensuite. Par suite, si la culture insiste sur le plaisir du jeu sexuel, on ne voit aucun mal dans les jeux sexuels des enfants puisqu'ils sont stériles : c'est ce qui se passe un peu partout en Mélanésie. Ou bien la culture met l'accent sur la reproduction, comme chez les Zuñi du Nouveau-Mexique ; alors les rapprochements sexuels des enfants seront défendus, non pas parce que sexuels, mais parce que stériles. Dans l'un et l'autre de ces cas, on peut parler de continuité, dit Benedict, en ce sens que l'enfant n'apprend rien qu'il doive désapprendre ensuite. Il n'en va pas de même chez nous, qui enseignons d'abord que le sexe en soi est mauvais, en essayant ensuite de faire désapprendre cette leçon.

Mais Benedict pousse son analyse encore plus loin. Il y a, certes, d'abord, des sociétés avec un minimum de discontinuité, des sociétés où l'on peut dire que le passage d'un rôle à l'autre est continu. C'est là un premier type. Mais c'est entre les sociétés avec discontinuité qu'il faut faire une distinction. Dans beaucoup de sociétés primitives, la discontinuité ne résulte pas d'une nécessité économique ou politique, ou du fait qu'elle comporte une utile division du travail ; elle repose sur un dogme intellectuel, celui de la différence entre l'enfant et l'adulte. Dans ce cas, ces sociétés prévoient, comme il est typique chez les Australiens, des rites de passage, qui officialisent le changement de statut, et ainsi facilitent la transformation. Au contraire, notre société, qui n'est pas moins caractérisée par le dogme de la discontinuité, n'a pas d'institution pour aider le passage. La turbulence de l'adolescence, pense Benedict, s'explique par là, et non pas par des nécessités physiologiques ; Benedict retrouve ainsi une idée qui avait été dégagée par M. Mead dès 1928, après son voyage aux Samoa (cf. *Coming of age in Samoa*). Nous ne faisons rien pour aider les jeunes à sortir de l'adolescence et, en même temps, nous leur reprochons de ne pas adopter immédiatement un comportement qui, jusque-là, leur a été prohibé. La notion de discontinuité est donc fort importante pour interpréter les formes diverses de l'apprentissage au cours de l'enfance et de l'adolescence.

3. L'effet de la culture globale

Les ethnologues tendent à admettre que l'apprentissage est surtout implicite et automatique ; les psychanalystes insistent sur les épisodes isolés et dramatiques de l'existence, par exemple sur la brutalité du sevrage, la libération brusque de l'emmaillotage serré ; ils insistent aussi sur les phases successives du développement, et montrent qu'une expérience significative faite par l'individu dans une phase prend un autre aspect et produit des effets différents dans une autre phase. Margaret Mead a montré [7] combien il est désirable de combiner et de réconcilier le point de vue historique et indivi-

7. « Education effects of social environment as disclosed by the studies of primitive societies », *in* E.W. Burgess, etc., *Environment and education*, University of Chicago, *Supplementary educational monographs*, n° 54, 1942, p. 48-61, repr. *in* Newcomb et Hartley, *Readings in social psychology*, New York, Holt, 1947, 672 p., p. 151-158.

duel des psychanalystes avec le point de vue global, trop peu analytique, des ethnologues. Mead propose deux principes pour interpréter le processus de l'apprentissage social :

— Il faut d'abord considérer que chaque épisode de l'apprentissage ne prend son sens que parce qu'il est renforcé et confirmé par d'autres manifestations de la culture. Un sevrage brutal au piment rouge prendra deux valeurs différentes suivant que la mère exprimera une attitude également brutale dans tous ses actes et le ton de sa voix, ou qu'au contraire dans le même temps elle cajolera l'enfant et lui parlera doucement. En général, l'observation ethnologique laisse échapper ces nuances, parce qu'elle est discontinue et ne saisit bien que les épisodes tranchés. En étudiant la société balinaise (voir ci-dessous), Mead s'est efforcée de réaliser une telle observation continue.

— En second lieu, l'éducation de l'enfant n'est pas seulement successive, elle se fait dans un monde culturel où tout est simultané. Un enfant sevré brutalement ou soumis fréquemment à des bains glacés, comme aux îles Marquises, ne sera pas *ipso facto* disposé à la sorcellerie ; mais en même temps, il aura vu sa mère pratiquer la sorcellerie, trembler quand un voisin ramasse un objet qu'elle n'a pas vu, serrer contre elle l'enfant quand passe un étranger, qui peut être un sorcier. En d'autres termes, dit Mead, non seulement l'enfant est soumis à un traitement particulier, mais en même temps il reçoit l'impression de l'ensemble de la culture. Il est le témoin des actes des adultes, il est à l'occasion le participant des actes collectifs et des cérémonies qui produisent un état affectif sur lui-même comme sur les adultes. La socialisation de l'individu se produit donc, selon Mead, certes par des processus spécifiques d'apprentissage, mais ceux-ci ne prennent leur sens et ne produisent leur effet que par l'ensemble du décor culturel devant lequel ils se déroulent[8].

8. Ces idées sont celles mêmes qui inspirent LEIGHTON et KLUCKHOHN étudiant l'enfant navajo (*Children of the people*, 1947). On le retrouve aussi chez ORLANSKY, *Psychol. Bull.*, 1949, avec cette modification que la formation première produit des prédispositions qui ne se réalisent que dans un contexte social qui apparaîtra seulement plus tard à l'individu développé.

4. L'apprentissage social à Bali

Pour comprendre les variations de l'apprentissage, il faut donc tenir compte à la fois de ses formes diverses et du contexte culturel global dans lequel il se produit. Mais il faut bien évidemment faire entrer aussi son contenu propre en ligne de compte et, sur ce dernier point, rien de général ne peut être dit ; il y aura autant de contenus d'apprentissage que de cultures. On peut toutefois prendre quelques illustrations. On a choisi ici celle de la culture balinaise, étudiée par Mead et Bateson[9]. L'île de Bali, dans l'Est de l'archipel indonésien, abrite une société très organisée; elle comporte notamment un système de castes, une division du travail très poussée. Le travail s'y fait en groupe. Les caractères les plus frappants de la société balinaise sont l'alternance entre la vie économique et les cérémonies, et l'atmosphère psychologique, qu'il faut exposer plus en détail.

Nous connaissons en Occident la séquence psychologique frustration-agression, et lui faisons jouer un grand rôle [10]. Nous sommes très disposés à renconnaître dans les dispositions agressives de l'individu frustré une des caractéristiques fondamentales de la nature humaine. Mais rien de tel ne se produit à Bali. C'est qu'en effet l'expérience même de la frustration y est tout à fait impossible. Par exemple un individu supportera indéfiniment qu'on vienne l'interrompre dans son travail. On pourrait penser à évoquer l'idée d'une patience inépuisable chez les Balinais ; ce serait ne rien comprendre à leur philosophie de la vie. Pour nous, frustration et patience appartiennent au même domaine d'expérience. Nous pensons les moments du temps comme liés, et par suite les divers éléments d'une action sont rattachés les uns aux autres et abou-

9. Gregory BATESON et Margaret MEAD, *The Balinese character : a photographic analysis,* 1942, New York Academy of Sciences Special Publications, vol. 2 ; voir aussi L. CARMICHAEL, dir., *Manuel de psychologie de l'enfant,* trad. fr., Paris, Presses Universitaires de France, vol. 2, 1952, les fig. 2, 3, 6, 7, 8, 9, p. 1075 à 1083 (illustrations du chapitre XIII rédigé par M. MEAD, « Recherches sur les enfants primitifs »).

10. Voir notamment J. DOLLARD, etc., *Frustration and aggression,* 1939, éd. anglaise, London, Kegan Paul, 1944, 150 p.

tissent à un dénouement. Nous expliquons volontiers la conduite humaine en termes de cycle, avec un stade initial, le besoin, un second stade, qui est la recherche de l'objet, un troisième stade, qui est le succès et l'obtention de l'objet, enfin un quatrième stade, la satisfaction et l'arrêt de l'action. Mais cette intégration n'est pas dans les choses, elle est dans notre esprit ou, mieux, dans notre culture : c'est un parti pris culturel. Ce parti pris culturel n'existe pas à Bali. Pour le Balinais, il n'existe que le présent. Le présent ne produit rien, ne mène à rien, on n'a rien à en attendre. Il n'y a pas de séquences d'actes, pas de dénouement. Il n'y a que des actes présents, dont il faut jouir sans se préoccuper du reste. Moralement, cela exclut, d'une part, toute idée qu'il y a des récompenses et des punitions à attendre, d'autre part, tout souci de responsabilité et tout sentiment de culpabilité.

Cette philosophie se manifeste dans la vie sociale, et d'abord dans les cérémonies. Par exemple dans une fête, un thème est celui d'une sorcière puissante, attaquée par des jeunes gens. Mais elle ne leur prête aucune attention, alors ils tombent en transes et tournent leurs poignards contre eux-mêmes. Ou bien une danseuse dansera en représentant la femme, désirable et inaccessible. Elle danse à tour de rôle devant chaque jeune homme du village, avance, recule, fait la coquette, ne se donne jamais. Elle évoque la scène de la sorcière, devient la sorcière, prend une poupée, la jette à terre, la menace, la ramasse. Puis, dans la scène suivante, elle redevient la danseuse désirable. – Dans la vie courante, on trouve d'autres conduites qui expriment toutes la même absence des expériences paroxystiques : la colère – dans la mesure où l'on peut encore parler de colère quand il s'agit de Balinais – se manifestera par une plus grande douceur de langage ; un voleur est en train d'être jugé : il s'endormira pendant son propre procès ; devant un accident, chez les témoins, aucune agitation, au contraire : ils restent comme paralysés, ne parlant pas, ne regardant pas, hochant la tête.

Les auteurs nous expliquent comment l'éducation des enfants à Bali prépare directement à une telle philosophie et à une telle conduite de la vie dissociée. Les habitudes de propreté sont données avec douceur, l'enfant n'est jamais puni quand il souille sa mère. Tous les débuts de l'apprentissage sont très doux. L'enfant est sevré graduellement, il apprend graduellement à marcher, il reçoit tôt son instruction professionnelle et cérémonielle. La vie, d'une manière générale, ne comporte pas de grandes ruptures, n'apporte pas de relations dramatiques de cause à effet entre les actes de l'individu et ce qui lui échoit. – Mais, d'autre part, l'éducation comporte des expériences de souffrances infligées gratuitement. L'enfant, d'une manière générale, est très cajolé, on le caresse gaiement, mais subitement, on cesse de faire attention à lui ; à ce moment, l'enfant mordra la main de sa mère, sans réussir à attirer son attention. Mead décrit une scène où elle a vu un enfant de dix-huit mois taquiné par ses parents : il reçoit une pièce de monnaie, puis en est privé, puis son père l'effraye en mettant un masque. La mère du même enfant, qui a atteint vingt-deux mois, emprunte un autre enfant pour exciter la jalousie du sien, puis lui donne le bébé pour l'apaiser, puis elle cajole l'enfant de nouveau. A ce moment, il se jette à son cou, mais elle l'abandonne de nouveau pour le bébé. Un an plus tard, les taquineries sérieuses et sans joie continuent. Mais l'enfant ne réagit plus. Il a l'air malheureux. La mère emprunte un bébé pour le provoquer. Mais il ne va pas à elle. Il reste passif. Il sait qu'il n'a rien à attendre, qu'il n'y aura pas de paroxysme, pas de dénouement, qu'il doit se méfier de la femme. – Mead fait observer que cette éducation est renforcée par l'effet de l'entourage. L'enfant a été le témoin de cérémonies qui veulent dire la même chose que son expérience personnelle : qu'il n'y a rien à attendre de rien. Il a été taquiné devant d'autres enfants, qui ont compris ce qu'il a compris, et qui expriment ce qu'il comprend. Les voisins aussi assistent à la scène, et ses frères et sœurs plus âgés. Toutes ces expériences sociales sont présentes en même temps, elles renforcent l'éducation donnée, parce qu'elles sont confirmatoires.

On voit bien sur cet exemple que l'acculturation d'un individu n'est pas un processus spécialisé, mais massif.

DEUXIÈME PARTIE

LES COMPORTEMENTS DANS LES CONDITIONS SOCIALES

CHAPITRE VI

LES COMPORTEMENTS AFFECTIFS

En se donnant désormais l'idée que les individus sont adaptés dans l'ensemble à leur environnement social, on va se tourner vers l'étude des différentes fonctions psychologiques, en considérant comme des variables indépendantes les conditions sociales, c'est-à-dire, surtout, culturelles. La psychologie générale n'ignore pas l'existence de facteurs sociaux dans le fonctionnement psychologique, ni l'importance de leur rôle; mais on peut dire qu'elle fait tout pour s'en débarrasser; ce sont des facteurs parasites, ou, comme dit un auteur, des « variables indésirables [1] ». Il ne s'agit pas d'en adresser le reproche aux psychologues; une science a parfaitement le droit de choisir les termes dans lesquels elle entend poser ses propres problèmes. Mais il est certain que, lorsqu'on fait attention aux conditions sociales des comportements, on observe tout un ensemble d'effets qui restent systématiquement inaperçus de la psychologie générale. On peut légitimement parler d'une psychologie sociale des diverses fonctions psychologiques.

L'affectivité paraît être, de toutes les fonctions, la plus organique, et par conséquent celle qui doit le moins subir l'influence des conditions sociales. C'est dans le domaine de l'affectivité que la doctrine de la « nature humaine » se présente peut-être avec le plus de force convaincante. Il faut beaucoup d'esprit critique, quand la conscience est absorbée par les

1. Cf. T.G. ANDREWS, *Les Méthodes de la psychologie*, trad. fr., Paris, Presses Universitaires de France, 1952 (1948), 2 vol., 882 p., t. I, p. 83.

impressions de jouissance ou de douleur, dans l'émotion ou dans la passion, pour résister à l'idée qu'on est en présence de l'homme universel. La facilité même avec laquelle, à l'intérieur de notre culture, nous interprétons les manifestations affectives d'autrui, le caractère apparemment immédiat de ce qu'on appelle la « reconnaissance des émotions », ne peuvent que renforcer l'acceptation de cette doctrine. Tout un ensemble de travaux de laboratoire, dont certains seront bientôt demi-centenaires, ont paru apporter leur confirmation aux idées de la psychologie populaire. C'est en 1918 que Langfeld publiait un travail sur la reconnaissance des expressions du visage, jouées par un acteur; 33 % des jugements furent corrects, ce qui est une proportion très supérieure à l'effet du hasard [2]. Déjà en 1914 un autre auteur, A. Feleky [3], avait obtenu, dans l'ensemble, des résultats du même ordre; les taux de reconnaissance sont même beaucoup plus élevés avec des émotions très stéréotypées (horreur, 99 %; désespoir, 97 %; souci, 89 %). La stéréotypie des expressions posées est, il est vrai, un facteur qui n'a pas échappé à certains auteurs; ils se sont efforcés d'utiliser des situations réelles. On peut dire qu'une certaine confirmation de l'hypothèse selon laquelle un sujet est capable de reconnaître, au moins approximativement, la signification d'une expression du visage dans les situations de la vie, a été apportée, par exemple, par Frois-Wittman ou par Hulin et D. Katz [4]. Il ne faudrait pourtant pas trop se hâter de conclure. La physiologie déjà nous met en garde; le désordre organique, la mobilisation des ressources énergétiques dans l'émotion sont choses banales (Cannon). Dans les excellentes expériences de Landis [5], où l'on soumet des sujets à des situations affectives réelles, la reconnaissance est généralement médiocre et les méprises peuvent être considérables. Par exemple, le sujet décapite un rat vivant avec un couteau

2. H.S. Langfeld, « The judgement of emotions from facial expressions », *J. abnorm. soc. Psychol.*, 1918, *13*, 172-184.

3. A.M. Feleky, « The expression of the emotions », *Psychol. Rev.*, 1914, *21*, 33-41, cité par Murphy et Newcomb, 1936, *op. cit.*, p. 142, par Katz et Schanck, *Social psychology*, Wiley, 1938, p. 333-334, etc.

4. Voir Katz et Schanck, *op. cit.*, p. 334-335.

5. C. Landis, « The interpretation of facial expression in emotion », *J. genet. Psychol.*, 1929, *2*, 59-72.

émoussé ; 47 % des juges qui voient seulement l'expression du visage reconnaissent de la joie ; le sujet met la main dans un pot où se trouve une grenouille vivante ; l'émotion reconnue par 38 % des juges est le sentiment maternel. Les études de M. Sherman qui fait juger de l'expression faciale chez les enfants très jeunes [6] ont surtout mis en évidence le rôle que la connaissance de la situation joue dans l'interprétation : c'est à la situation, vraie ou supposée, que s'attache le jugement. En réalité, l'expression des émotions est surtout un langage.

1. Les variations culturelles

Dans la mesure où les comportements affectifs sont un langage, on peut s'attendre à les voir changer quand on passe d'une culture à une autre. Otto Klineberg, qui a particulièrement attiré l'attention sur ces variations culturelles des comportements affectifs [7], observe que ce qui varie, c'est à la fois les manifestations de la mimique et du geste en rapport avec une émotion ressentie et, réciproquement, le sens qui s'attache à une manifestation donnée, d'une part, et d'autre part, les circonstances susceptibles de produire les diverses émotions. Une bonne source d'information est la littérature ; Klineberg a ainsi mis à profit les ressources de la littérature chinoise (« Emotional expression in Chinese literature », *J. abnorm. soc. Psychol.*, 1938, 33, 517-520). Il note que si l'expression de la peur est la même en Chine et en Occident, il n'en va plus de même dans le cas de la colère ; le Chinois irrité fait des yeux ronds (et c'est pourquoi les Chinois estiment que les Européens sont constamment en colère), il peut aussi laisser paraître un sourire glacial, ou s'évanouir, ou mourir. Tirer la langue est un signe de surprise chez les Chinois. Dans d'autres cultures, cracher n'est pas forcément un signe de mépris : cela peut exprimer, chez les Arabes, une bénédiction. D'ailleurs, beaucoup de manifestations humaines, universellement considérées comme émotives, peu-

6. « The differenciation of emotional response in infants », *J. comp. Psychol.*, 1927, *1*, 265-284.

7. *Social psychology*, New York, Holt, 1940, 570 p., ch. VII ; 2e édition, 1954, trad. fr. Presses Universitaires de France, 1957-1959, 2 vol., 656 p.

vent avoir des significations très différentes ; on pleure, non seulement de tristesse, mais aussi de joie, quand on retrouve une personne chère après une longue absence. Le rire et le sourire ont maintes significations, que signalait Georges Dumas en 1906 en écrivant *Le Sourire*. Il citait les Cafres et les Dayaks de Bornéo, qui sourient pour exprimer leur dédain ; il citait aussi le sourire japonais. De fait, on ne sourit pas par bienveillance au Japon, mais bien plutôt pour exprimer son embarras, quand un supérieur vous adresse des reproches, quand on apporte une mauvaise nouvelle. Quand une mère de samouraï apprend la mort de son mari ou de son fils dans la bataille, elle sourit. Par contre, un Japonais ne sourit pas quand il se fait photographier.

Les différentes situations que la vie tient en réserve pour les individus appellent de leur part des réactions émotives qui varient beaucoup elles aussi. La naissance de jumeaux est une telle situation : en certains lieux elle produit de la honte ou de la colère ; dans le delta du Niger, la mère et les enfants sont mis à mort ou, si la mère est épargnée, elle est rejetée de la société ; non loin de là, chez les Bamiléké du Cameroun, c'est au contraire l'occasion de grandes réjouissances, le père et la mère changent de nom, le père portera au bras deux bracelets, la mère deux colliers au cou. La mort est une occasion de tristesse, mais pas toujours. Les Esquimaux se réjouissent de mourir à cause de l'immortalité qui les attend ; chez les Kwakiutl, on s'afflige certes, mais aussi on est offensé, on a subi une insulte, on a honte et on est en colère. La vie sexuelle est le domaine de grandes variations culturelles dans les sentiments. En beaucoup de pays, la jalousie est absente, ou exceptionnelle, ou déconsidérée, par exemple aux îles Marquises (voir *supra*, p. 69). L'importance affective de l'amour, au sens où l'entendent les Occidentaux, paraît être exceptionnelle. Sans doute connaît-on un peu partout des cas de passion amoureuse exclusive. Mais dans la plupart des peuples, ceux qui en sont atteints sont considérés avec une sorte de pitié, car ce sont des victimes, ou alors on se moque d'eux. M. Mead (*Coming of age in Samoa, op. cit.*, p. 104) dit que les Samoans rient des histoires d'amour romantique, ils se moquent de la fidélité à l'égard d'une femme ou d'une maîtresse trop longtemps absente, ils croient et disent expressément qu'un nouvel amour guérira vivement d'un précédent. D'ailleurs, d'une manière générale, les sentiments sont éphémères aux Samoa : amour et haine, jalousie et désir de vengeance, tristesse et solitude après un deuil, ne durent que quelques semaines. Ce qui veut dire, sans doute, que dans cette société aucune situation n'est définie comme susceptible d'inspirer des états affectifs durables. Dans des limites assez larges, par conséquent, on peut véritablement parler d'un conditionnement culturel de l'affectivité et de ses manifestations.

2. Interprétation psychosociale de l'affectivité

S'il en est ainsi, c'est parce que les comportements affectifs sont importants pour les sociétés. C'est dans et par l'affectivité que les individus prennent contact avec les valeurs. Dans la perception, le sujet est en rapport avec des objets qui ont des propriétés en principe indifférentes, celle qu'on nomme les qualités sensibles. Mais éprouver du plaisir ou de la souffrance, admirer, avoir peur, haïr, c'est faire l'expérience d'une situation, d'un objet, d'une personne, comme agréables, douloureux, admirables, effrayants, haïssables. Et c'est aussi se conduire par rapport à cette situation, cet objet, cette personne. Par exemple la peur, même si l'on y distingue une forme passive et une forme active, reste toujours une conduite d'évasion. Jean-Paul Sartre, dans son *Esquisse d'une théorie des émotions* (Paris, Hermann, 1939) a justement insisté sur cet aspect. Qu'on ne croie point, dit-il (cf. p. 35, etc.), que la conduite physiologique de la peur passive soit un pur désordre. La peur passive est une conduite, une conduite d'évasion. L'évanouissement est un refuge. Non pas un refuge objectif, un refuge pour moi, une conduite réfléchie (et absurde). Mais, ne pouvant éviter le danger par les voies normales du déterminisme, je le nie, je veux l'anéantir, je manifeste une intention annihilante, j'ai recours à une conduite qu'on ne peut appeler magique, mais qui est ma seule possibilité d'adaptation à une situation autrement insoluble.

Or, la société tend à définir les valeurs et à régler les conduites. On comprend donc qu'elle intervienne – je veux dire qu'elle soit intervenue – dans l'affectivité, pour définir les situations et pour régler les émotions. Mais il faut dire plus encore ; la société s'intéresse à l'affectivité parce que les comportements affectifs s'imposent. Quand la situation atteint une certaine intensité et quand le sujet est arrivé à une phase de trouble émotif suffisamment aiguë, ni le sujet, ni les spectateurs, ni l'autorité sociale ne peuvent plus raisonner avec l'émotion. L'émotion risque donc de compromettre l'ordre social ; inversement, elle peut être la base de comportements intenses et efficaces qu'on peut avoir intérêt à mobiliser. On s'explique donc l'existence, dans les diverses cultures, d'une réglementation de l'affectivité.

3. L'institutionnalisation de l'affectivité

L'institutionnalisation de l'affectivité, c'est-à-dire l'existence au sein des sociétés de manières de faire considérées comme convenables, appropriées, légitimes, dignes d'approbation, se manifeste d'abord sous sa forme explicite, par l'existence, en toute société, d'une « psychologie populaire ». Dans toute société on trouve, souvent fort élaborée, une théorie psychologique des sentiments « humains » ; c'est à partir de cette théorie, que nous recevons avec le reste de la culture dans l'apprentissage social, que nous comprenons les autres et que nous nous comprenons nous-mêmes, et aussi, en même temps, que nous nous conformons et nous justifions. Nous disons : je l'ai fait « parce que » j'étais en colère, et l'homme en colère est aveugle ; je l'ai fait parce que j'étais entraîné par l'amour ; je dois me méfier de moi, car je suis trop prompt, trop sentimental. Cette théorie psychologique populaire, particulièrement abondante et précise, on le remarquera, en ce qui concerne l'affectivité, décrit, explique, et prétend même aider à prévoir les comportements des autres et de soi-même. – Or, on a vu des psychologues professionnels invoquer comme argument le témoignage de la théorie psychologique populaire. C'est là une grave illusion. Il n'y a aucune raison pour que cette théorie soit un instrument de science. Elle n'est pas plus scientifique que les théories magiques ou folkloriques, sur l'astronomie par exemple.

Comme elles, la théorie psychologique populaire incorpore au contraire les normes sociales particulières au domaine en question. Par exemple, elle mettra en relief dans une société où l'amour est conçu comme tout-puissant, la toute puissance de l'amour ; dans une autre société, elle fera ressortir la possession par les esprits. L'utilisation des principes de la psychologie populaire par une psychologie scientifique est fort dangereuse ; elle est responsable, au moins pour une part, de la doctrine de la « nature humaine ». Elle permet en effet de constater l'accord entre les comportements affectifs et les principes de la théorie ; rien d'étonnant à cela, puisque, et les comportements individuels et les interprétations qu'on en donne dans la société où ils se produisent, sont justement conformes, parce que produits par eux, à la théorie.

Car la psychologie populaire varie de culture à culture. En Occident, nous avons une théorie qui place l'accent à la fois sur la valeur et la légitimité des conduites affectives, et sur l'enchaînement rationnel des motivations et des actes. Par suite, le comportement affectif s'exprime avec une grande liberté, dans la limite de certaines convenances toutefois, qui seront à préciser ; on n'a pas de raisons de cacher sa surprise, sa joie, son admiration, sa peine, sa déception. D'autre part, il est entendu que la source de chaque décision prise par un individu doit être cherchée dans son attachement à certaines valeurs, c'est-à-dire dans des intuitions de caractère affectif, dans des attitudes, dans des sentiments. – Il n'en est pas ainsi partout. En Extrême-Orient, l'expression des sentiments doit être rigoureusement réglée et même, dans une large mesure, réprimée. Les Japonais, qui s'étonnent de la pudeur physique des Occidentaux, ne s'étonnent pas moins de leur impudeur psychologique : « Regardez la grenouille, quand elle ouvre la bouche, elle montre tout son intérieur. » Par suite, non seulement les comportements affectifs seront tout différents, mais la théorie en sera autre également. C'est ce que montre bien la littérature du sentiment. Dans un roman japonais contemporain [8], le héros aime une femme de sept ans son aînée. La famille de la femme la marie à un autre homme. Ce mariage

8. Yoichi Nakagawa, *Les longues années*, trad., Paris, Denoël, 1952, 154 p.

réussit mal : le mari est relancé par une autre femme ; il s'éloigne, pour échapper à une fausse situation, dit l'auteur, qui ajoute qu'en s'éloignant ce mari donne à sa femme une preuve d'affection. « Cela suffirait à nous montrer, remarque le courriériste du *Monde*, Robert Coiplet (17 janvier 1953), que nous ne sommes pas en France. » Certes ! – Mais les différences culturelles dans la théorie psychologique sont encore plus sensibles en ce qui concerne le second point. Nous pensons en Occident que tout acte est motivé, motivé à partir d'états affectifs, et que la relation entre le motif et l'acte peut être comprise rationnellement. Or, nous avons la description que M. Mead nous donne de la situation aux Samoa (*Coming of age in Samoa, op. cit.*, chap. IX). Les Samoans connaissent un comportement qu'ils appellent *musu*. Être *musu*, c'est manifester une mauvaise volonté opiniâtre, un refus absolu de faire. Une femme jusque-là aimante, refusera de recevoir son amant, un chef ne voudra pas prêter son bol à kawa, un bébé refusera de se laisser coucher. Or, ce qui caractérise le comportement de musu, c'est qu'il n'est pas motivé. « Pourquoi es-tu aussi rétif ? » demande-t-on. – « *Ta ilo, ua le ilao a'u,* (fouille-moi, je ne sais pas) », répond le *musu* ; et on ne cherchera pas davantage, cette conduite est admise comme gratuite, elle a sa justification en elle-même.

Il est donc évident que la psychologie populaire prescrit, et n'explique pas. On s'y conforme, et c'est pourquoi elle donne l'illusion d'expliquer. Mais elle n'est pas un instrument pour la science, elle est une donnée, dont il faut partir et qu'il s'agit de comprendre. Une théorie de la prescription sociale des sentiments a été proposée par Bronislaw Malinowski [9]. La théorie de Malinowski est fonctionnaliste, il montre que les sentiments et les émotions sont prescrits par la société afin de servir les institutions. Prenons un exemple dramatique, présenté par Malinowski dans un autre livre (*Crime and custom in a savage society*, London, Routledge and Kegan Paul, 1926, 132 p., p. 101-105). La scène se passe dans l'archipel Trobriand, à l'est de la Nouvelle-Guinée. L'incident se pro-

9. *La Sexualité et sa répression dans les sociétés primitives*, trad., Paris, Payot, 1932, 215 p. (1re éd. anglaise, 1927). Voir notamment la quatrième partie : « Instinct et culture ».

duisit en 1915, au village-capitale d'Omarakana. La parenté reconnue est la parenté maternelle : selon ce système, la parenté se transmettant par les femmes, l'héritier d'un chef sera, non ses enfants, qu'il vaudrait mieux appeler les enfants de sa femme, mais ceux de sa sœur. Or le chef d'Omarakana, To'uluwa, aimait beaucoup un de ses fils (qui, répétons-le, était pour lui seulement un fils de sa femme), Namwana Guya'u, et il existait un état de querelle ouverte entre les fils et les neveux. Le drame final se produisit quand le second des neveux, Mitakata, fut condamné à un mois ou deux de prison par la police anglaise, à la suite de ce qui paraît avoir été un faux témoignage de Namwana Guya'u. Pendant la nuit, les frères et sœurs du condamné sortirent sur la place du village et s'adressèrent à Namwana Guya'u invisible : « Nous t'avons permis de rester ici parmi nous. Tu as eu à manger en abondance à Omarakana, tu as mangé notre nourriture, tu as eu ta part des porcs qu'on nous a apportés en tribut, et du poisson. Maintenant, tu nous as fait du tort... Nous ne voulons plus que tu restes. C'est notre village. Tu es un étranger. Va-t-en. Nous te chassons d'Omarakana. » Namwana Guya'u partit la même nuit, pour toujours, et s'installa au village d'origine de sa mère. Celle-ci mourut dans l'année, de chagrin. Son père resta trois jours sans sortir de sa maison. Pendant un an, ses parents n'osèrent pas lui demander de les conduire en expédition. Mais il ne pouvait rien faire car, légalement, Namwana Guya'u n'était pas son parent. Les sentiments ne sont pas libres, ils sont prescrits en vue de se conformer aux institutions et de les soutenir [10].

4. Les sentiments dans le deuil

La littérature psychosociale offre un certain nombre d'analyses de prescriptions sociales de sentiments. C'est ainsi

10. En prolongeant les idées de Malinowski, il y aurait lieu d'analyser les situations créées par cette notion, restée généralement implicite, de « sentiments illégitimes ». On reconnaît socialement l'existence de ces sentiments en fait, mais non en droit. Ils doivent donc être désavoués, d'où les complications sentimentales qui font partie de la réalité affective induite culturellement.

que Wolfenstein étudie les émotions dans le danger [11]. Un autre exemple est apporté par l'étude du chagrin dans le deuil. Cette question avait été abordée, au cours du premier quart de ce siècle, par des sociologues comme Durkheim, Mauss, Granet; elle a été renouvelée par les travaux modernes des ethnologues et des psychiatres; ils remettent en question la conception, somme toute très optimiste, de Malinowski, qui voyait surtout de l'harmonie entre le comportement affectif et les institutions [12].

La mort d'un être humain est un événement universel et qui se reproduit constamment dans les sociétés. Pour un observateur extérieur, elle est une occcurrence naturelle et inévitable. Les sociétés humaines ne l'entendent pas ainsi; la mort comporte une signification, à la vérité très variable, mais qui s'accompagne toujours d'éléments de valeur et produit donc des sentiments. Elle peut être un événement accidentel, résultant d'une malveillance ou d'une négligence, et produire de la colère; elle peut être un événement heureux pour le défunt, une amélioration de sa condition, et il ne conviendrait pas de le plaindre. La plupart du temps pourtant, la mort d'une personne est définie comme une perte, et elle fera souffrir d'autres personnes. Ce sont les personnes en deuil. Chaque société définit ces personnes en deuil, celles qui légitimement et convenablement éprouvent du chagrin; quant aux autres personnes, elles peuvent en fait éprouver des sentiments, mais on ne leur demande rien, et il pourrait même se produire des cas où la manifestation de sentiments par ces autres personnes serait une inconvenance. Il ne sera question ici que des sentiments des personnes en deuil. – Or, les manifestations de chagrin peuvent être plus ou moins intenses et durables. Chez les Ifaluk de Micronésie, au moment du décès, les proches pleurent et se désolent, mais une fois le mort enterré, la famille reprend un comportement normal. En beaucoup de pays, toutefois, le chagrin peut prendre des

11. Martha WOLFENSTEIN, *Disaster : a psychological essay,* London, Routledge and Kegan Paul, 1957, 231 p.; voir spécialement p. 105-131.
12. Cf. Edmund H. VOLKART et Stanley T. MICHAEL, « Bereavement and mental health », in A.H. LEIGHTON, J.A. CLAUSEN et R.N. WILSON (ed), *Explorations in social psychiatry,* Basic Books, 1957, 452 p., p. 281-307, bibliographie p. 419-422.

formes extrêmes, entraîner des jeûnes, des mutilations. En Occident, on peut observer des névroses, des tentatives de suicides, des maladies psychosomatiques. Le problème s'introduit alors : les manifestations émotives de deuil doivent-elles être considérées comme seulement prescrites? C'est ce qu'avait pensé Durkheim (*Formes élémentaires,* 1912, p. 568) ; ou se rattachent-elles à des éléments profonds et universels de la nature humaine, comme le pensent ces psychiatres modernes qui y voient un cas particulier de la « réaction de séparation » ?

Dans l'organisation psychologique du deuil en Occident, l'analyse fait ressortir quatre éléments essentiels. La perte subie par les personnes en deuil est grande et même irremplaçable. En effet, la donnée de base de notre système social est la famille nucléaire, les personnes y sont très peu nombreuses, les attachements y sont forts, chaque personne a un rôle particulier, et chaque rôle n'est occupé que par une personne. On ne peut avoir qu'un père, qu'un mari ; celui-ci mort, on le sait et tout l'entourage le répète, il ne pourra être remplacé. Il l'est pourtant, à l'occasion, assurément ; mais en tout cas, il est certain (et la comparaison avec d'autres sociétés le fait mieux comprendre) que notre société ne fait rien pour assurer le remplacement automatique des disparus : c'est là le deuxième élément de la situation en Occident. Le troisième élément consiste en ce que si les proches, ceux dont on pourra être en deuil, sont les sources des plus vives satisfactions, et par conséquent les objets des attachements les plus forts, ils sont aussi la cause des frustrations les plus intenses et les plus fréquentes. Ils sont donc objets de sentiments très ambivalents, voire même hostiles, qui, pour être réprimés, n'en produisent pas moins des attitudes de culpabilité. Cela n'allège pas le fardeau sentimental du deuil. La tristesse de la perte se complique des reproches qu'on s'adresse, et le chagrin ne disculpe qu'à la condition d'être assez grand aux propres yeux de la personne en deuil : elle est emprisonnée dans un dilemme sentimental, souffrir de sa faute pour ne pas assez ressentir la perte subie, ou pousser à l'extrême son chagrin augmenté des reproches qu'elle continue de s'adresser. Enfin, il faut dire que le rôle de la personne en deuil est un rôle difficile. Certes, la personne en deuil a des droits, qu'elle peut exiger, et qui généralement sont respectés ; mais en contrepartie, on attend d'elle un comportement complexe et précis. Or, c'est un des rôles sociaux auxquels on est le moins préparé, d'autant plus que c'est un rôle interdit, sacré, tabou, auquel on n'a pas le droit de penser même secrètement à l'avance. A toutes les autres pressions s'ajoute donc encore, en Occident, pour la personne en deuil, l'anxiété de mal s'acquitter de son rôle.

Une comparaison avec d'autres cultures montre que l'institution occidentale des sentiments de deuil est une des pires qui soient. Le comportement superficiel et éphémère des Ifaluk en deuil vient de ce que l'enfant n'a pas été élevé par ses parents, mais par bien d'autres personnes ; en maints endroits de même, tous les oncles paternels sont des « pères », un père est donc aisément remplaçable. Bien des sociétés d'ailleurs ont prévu le remplacement automatique des défunts, par des techniques de remariage ou d'adoption. Notre société ne prévoit rien pour la libération des sentiments « mauvais », l'ambivalence, l'hostilité, la culpabilité. Mais chez les Indiens Apaches, l'ambivalence trouve à s'exprimer dans les rites funèbres ; ailleurs, l'obligation de venger le mort permet de se débarrasser, par des moyens socialement acceptés, des sentiments de culpabilité et d'hostilité à son égard. Il n'est pas jusqu'aux souffrances et aux mutilations que s'infligent parfois rituellement les gens en deuil qui n'aient une fonction, ou en tout cas un effet, psychothérapique : elles attirent sur eux l'attention, et par suite accélèrent leur émancipation par rapport au mort.

Les émotions ressenties dans le deuil, telles que nous les trouvons dans notre société, ne s'expliquent donc ni par une simple prescription sociale, ni simplement par un comportement humain universel. Elles résultent de notre structure sociale et culturelle, agissant sur nos sentiments. On doit faire ressortir la contradiction qui existe entre l'encouragement à la dépendance exclusive et l'absence de technique de remplacement des personnes dans le deuil, entre un système qui favorise l'ambivalence, l'hostilité et la culpabilité et l'absence dans les rites et les rôles de tout moyen d'expression pour ces mouvements affectifs. A cet égard, beaucoup de sociétés sont mieux organisées que la nôtre. Les personnes en deuil, disent Volkart et Michael, sont les victimes involontaires de notre système social imprévoyant.

CHAPITRE VII

LA PERCEPTION

« Penser dépend du sujet lui-même, de sa volonté, écrivait Aristote *(De Anima,* II, *5)*, tandis que sentir ne dépend pas de lui. » Cette théorie de la perception conçue comme un décalque de la réalité est depuis longtemps abandonnée. L'idée que des jugements se mêlent à la perception s'est transmise à travers l'histoire de la psychologie philosophique depuis la critique d'Enésidème reprise par Sextus Empiricus. Mais une fois admise dans la perception, cette intervention d'une activité de l'esprit, individuel ou plutôt universel, on maintient généralement la conception d'un corrélatif objectif de la perception, le stimulus, comme appartenant au « monde ». Cette notion d'un monde physique qui pénètre toute la psychologie scientifique et qui culmine dans la psychologie de la forme, est un mythe : les stimuli ne peuvent, en fait, être perçus que dans un cadre significatif, et ce cadre est souvent social.

1. Les expériences de laboratoire

C'est ce que montrent les expériences de laboratoire. Dès la fin du siècle dernier, A. Binet faisait percevoir comme étant de longueurs croissantes jusqu'à trente-six lignes présentées successivement, dont les cinq premières seules allaient en croissant [1]. Avec Proshansky et Murphy (« The effects of

1. Alfred BINET, *La Suggestibilité*, Paris, Schleicher, 1900, 395 p., p. 110 sq.

reward and punishment on perception », *J. Psychol.*, 1942, 13, 295-305), ce n'est plus la suggestion qui fixe la signification de la perception, c'est un système de récompenses et de pénalisations qui fait percevoir des lignes, et des poids, plus ou moins longues, plus ou moins lourds. L'expérience de Schafer et Murphy est peut-être encore plus intéressante (« The role of autism in visual figure ground relationship », *J. exp. Psychol.*, 1943, 32, 335-343). Quatre profils sont préparés (fig. 1), qui peuvent être ajoutés deux à deux pour former des dessins circulaires (fig. 2). Dans la phase d'apprentissage, on présente les profils de la fig. 1 ; des syllabes leur sont associées, qu'on demande aux sujets de retenir ; les sujets sont récompensés en argent quand on leur présente deux des quatre profils, pénalisés par une amende quand on présente les deux autres ; c'est toujours un des deux profils dans chacun des deux dessins de la fig. 2 qu'on récompense, l'autre qu'on pénalise. Dans la phase critique, on présente les dessins de la fig. 2 ; il n'y a plus ni pénalisation ni récompense, mais on demande d'écrire le nom du profil reconnu. On constate que les profils récompensés dans la phase I sont reconnus et nommés plus souvent dans la phase 2. Ils jouent donc le rôle de la « figure », tandis que les autres jouent le rôle du « fond ». On voit que la distinction entre figure et fond ne dépend pas ici de caractéristiques physiques, mais d'un apprentissage social.

Encore plus directement concluantes pour la psychologie sociale sont les expériences de Ansbacher et de Bruner et Goodman, qui sont plus proches des conditions de la vie [2]. Dans les deux cas, les sujets sont des enfants. Des timbres-poste, de dimension identique, sont « vus » d'autant plus grands que leur valeur nominale est plus élevée. Les Américains voient leurs timbres nationaux plus grands que les timbres canadiens et la réciproque est constatée au Canada (Ansbacher). Bruner et Goodman constatent de leur côté que la dimension des pièces de monnaie est régulièrement surestimée, tandis que des rondelles de carton de dimension identique ne donnent lieu à aucune surestimation ; la surestima-

2. H. Ansbacher, « Perception of number as affected by the monetary value of the objects », *Arch. Psychol.*, 1937, n° 215 ; Bruner and Goodman, « Value and need as organizing factors in perception », *J. abn. soc. Psychol.*, 1947, *42*, 33-44.

tion est encore plus marquée chez les sujets venant de milieux modestes que chez les enfants riches.

Percevoir n'est donc pas simplement recevoir. C'est avant tout comprendre : pour percevoir, il faut avoir saisi une signification. Les expérimentateurs font ressortir ce fait en organisant des situations où ils dissocient le stimulus et sa signification, normalement donnés ensemble dans les situations de la vie. On peut alors reconnaître la part du facteur significatif dans le comportement perceptif. Cette analyse logique des procédures expérimentales explique pourquoi, dans le processus perceptif normal, l'élément significatif en général, et surtout l'élément significatif social, ont si longtemps échappé aux psychologues, et continuent à échapper aux sujets percevants : c'est que ces éléments sont normalement incorporés au stimulus. Nous n'avons nulle conscience des facteurs culturels dans nos comportements, et notamment dans nos comportements perceptifs, parce que nous sommes plongés dans notre propre culture. L'idée que nous sommes l'homme, et que notre monde est Le Monde, vient de ce que nous n'en sortons pas. Par conséquent, si nous en sortons, nous devrons prendre conscience des influences culturelles différentielles qui s'exercent sur les comportements psychologiques des hommes. C'est une telle expérience qu'apporte l'ethnologie.

2. La perception dans les diverses cultures

L'expérience ethnologique permet de constater que, mis en présence de stimuli qui « physiquement » semblent identiques, les individus appartenant à divers groupes culturels ont des comportements perceptifs différents. C'est ce qui apparaît d'abord très nettement dans le domaine des couleurs. Un voyageur en Afrique noire constate immédiatement, dans le même lieu, que des ethnies différentes ne font pas les mêmes distinctions de couleurs ; certaines ne distinguent pas entre les couleurs « claires » (rouge, orangé, jaune), d'autres confondent les couleurs « sombres » et « foncées » (vert, brun, noir). Un auteur [3] qui a rassemblé des

3. Verne R. Ray, « Techniques and problems in the study of the human color perception », *Southwestern J. Anthrop.*, 1952, *8*, 251-259.

documents concernant une soixantaine de tribus américaines, conclut que les systèmes de couleurs par lesquels est conceptualisé le monde visuel, et qui servent par conséquent d'instrument pour la perception dans les différentes cultures, ne doivent rien à la psychologie, à la physiologie ni à l'anatomie ; il n'existe rien de tel qu'une division « naturelle » du spectre. Chaque culture a pris le continu des couleurs du spectre, et l'a divisé en unités sur une base totalement arbitraire, variable d'une culture à l'autre. Dans notre propre culture gréco-latine, nous pouvons suivre le développement historique des distinctions chromatiques et même des couleurs fondamentales [4]. La table X résume l'histoire des distinctions du spectre, tel qu'il apparaissait aux Anciens dans l'arc-en-ciel.

L'enrichissement du vocabulaire chromatique, très pauvre chez les Grecs de l'époque d'Homère, paraît dû, chez les Latins, d'une part aux progrès dans la technique des teintures, d'autre part avoir été orienté par leurs préférences pour les couleurs chaudes. Dans l'Occident moderne où, en dépit de l'extrême richesse des langues en désignations de couleurs (50 000 en anglais, selon Ray), beaucoup d'individus se contentent de distinctions grossières ; le raffinement dans l'expression des nuances est lié à des facteurs sociaux et culturels, en particulier au sexe.

Parmi les autres qualités sensibles, les sensations gustatives (saveurs, odeurs, propriétés tactiles et thermiques), offrent aussi un riche domaine à l'étude psychosociale [5]. L'étude de la perception musicale réserve les mêmes constatations que celle de la couleur. Il n'existe rien de tel qu'une « gamme naturelle » ; les jugements culturels diffèrent sur les accords agréables et désagréables ; enfin le rythme, auquel on a aussi voulu parfois donner une interprétation naturaliste (cf. Matila C. Ghyka, *Essai sur le rythme*, Paris, Gallimard, 1938, 186 p., p. 84), bien plus riche et bien plus complexe dans les civilisations non occidentales, y est aussi perçu de manière toute différente.

4. Voir J. André, *Études sur les termes de couleur dans la langue latine*, Paris, Klincksieck, 1949, 427 p.

5. Voir H.D. Renner, *The origin of food habits*, London, Faber, 1944, 261 p.

TABLE X

Histoire des distinctions du spectre dans l'Antiquité

Siècles :	VIe AC	IVe AC	IIe AC	Ier AD	IVe AD
Auteurs	Xénophane	Aristote	Posidonius	Sénèque	Ammien Marcellin
rouge	φοινικοῦς	φοινικοῦς	ἐρυθρός	igneus	puniceus flavescens
orangé	—	} ξανθός	—	} luteus	
jaune	} χλωρός				luteus
vert		πράσινος	πράσινος	viridis	viridis
bleu-indigo	—	—	κυανοῦς	caeruleus	caeruleus
violet	πορφυροῦς	ἁλουργής	ἁλουργής	purpureus	purpureus

(D'après ANDRÉ, p. 13.)

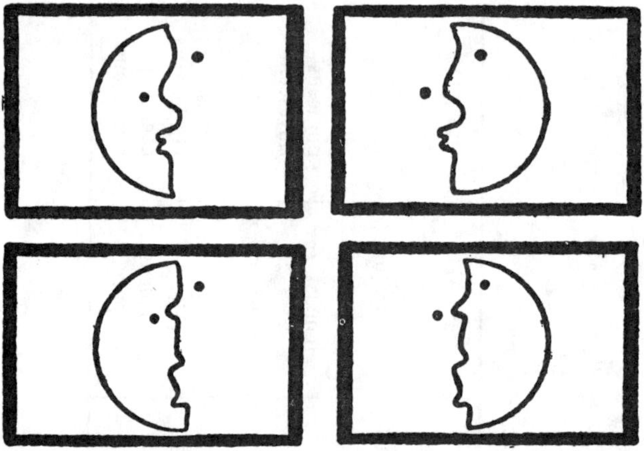

Fig. 1

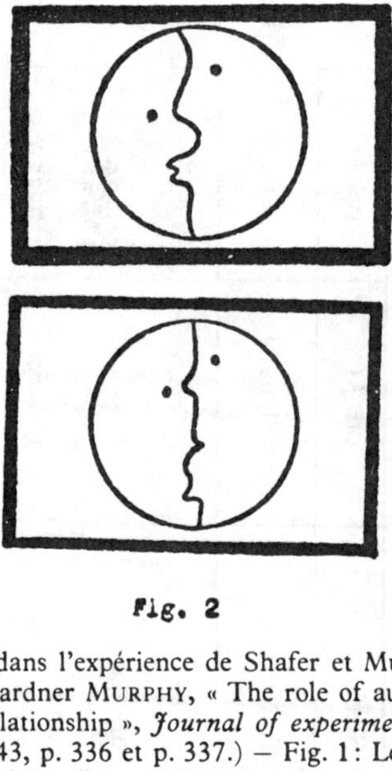

Fig. 2

Dessins utilisés dans l'expérience de Shafer et Murphy (Voir Roy SCHAFER and Gardner MURPHY, « The role of autism in a visual figure-ground relationship », *Journal of experimental psychology*, 1943, *32*, 335-343, p. 336 et p. 337.) – Fig. 1 : Les quatre stimuli utilisés dans la phase d'apprentissage. – Fig. 2 : Les deux stimuli utilisés dans la phase critique.

La perception de l'espace et du temps mérite des études étendues. Certes, nous pouvons admettre que nos conduites spatiales ou temporelles, pour parler comme Paul Fraisse [6], nous entraînent à l'occasion dans des illusions et des erreurs; elles n'en doivent pas moins, pensons-nous, être rapportées à des éléments objectivement assignables, comme nos perceptions de couleurs et de sons le sont à des vibrations et à des longueurs d'ondes. Nous pouvons même, si nous avons reçu une formation philosophique, accepter l'idée que l'espace et le temps sont « les deux formes pures de l'intuition sensible », comme dit Kant, et non des réalités existant en soi. Mais, dans tous les cas, nous entendons bien que l'espace et le temps, avec toutes leurs caractéristiques phénoménologiques d'ordre dans la simultanéité ou la succession, s'imposent dans l'expérience humaine d'une manière universelle. – Les sociologues français de l'école de *l'Année sociologique* ont été les premiers à s'aviser que l'espace et le temps sont en réalité des constructions sociales [7]. Ce qu'il faut éviter de chercher, disaient-ils, quand on parle de l'espace et du temps, ce sont les interprétations naturalistes; ni l'espace homogène, ni le temps homogène ne sont des données naturelles de l'esprit humain, car ni l'espace ni le temps ne sont exactement pour les primitifs ce qu'ils sont pour nous. Mais le travail ethnologique et sociologique des cinquante dernières années montre dans les conduites spatiales et temporelles une variété que *l'Année sociologique* ne pouvait connaître.

On se souvient qu'à Bali l'individu adulte n'attend jamais rien, il vit dans le présent, dans l'instant (cf. *supra*, p. 96 sq.).

6. *Les Conduites temporelles*, Paris, Presses Universitaires de France, 1957, 326 p.

7. Voir notamment: E. DURKHEIM et M. MAUSS, « Essai sur quelques formes primitives de classification », *Année sociol.*, 1903, 6, 1-72; H. HUBERT, *Étude sommaire de la représentation du temps dans la religion et la magie*, Paris, École Prat. des Hautes Études, 1905, p. 1-39, repr. dans H. HUBERT et M. MAUSS, *Mélanges d'histoire des religions*, Paris, Alcan, 1909, 236 p., p. 189-229 ; Robert HERTZ, *Mélanges de sociologie religieuse et folklore*, Alcan, 1928, 252 p., p. 99-129; E. DURKHEIM, *Les Formes élémentaires de la vie religieuse*, Alcan, 1912, 647 p., notamment p. 14-17 et 628-633 ; L. LÉVY-BRUHL, *La Mentalité primitive*, Paris, Alcan, 1922, 537 p., cf. p. 89-92 ; Marcel GRANET, « La droite et la gauche en Chine », communication à l'Institut français de sociologie, 9 janvier 1933, *in: Études sociologiques sur la Chine*, Paris, Presses Universitaires de France, 1953 (posthume), 303 p., p. 261-278.

Un auteur a repris ces observations pour souligner la relation qui existe entre la conception linéaire du temps, qui est la nôtre, et la catastrophe que représente chez nous un échec [8]. Nous pensons en termes linéaires, c'est-à-dire d'ordre et d'aboutissement. On refuse un étudiant à un examen parce que dans sa copie il ne sait pas où il va : faute de caractère autant qu'intellectuelle. Toute entreprise marche vers un but ; si le but n'est pas atteint, l'entreprise ne vaut rien, et celui qui l'a engagée non plus, car lui aussi se déplace sur la ligne ; c'est l'échec, dévastateur pour le moi. Mais, poursuit notre auteur, les ethnologues ont noté que certains peuples ne manifestent aucune humeur d'être interrompus : c'est parce que leur vie n'est pas organisée d'une manière linéaire, et non, comme on l'a dit parfois, parce que ce sont des gens doux et paisibles. L'organisation linéaire de l'activité, et d'abord celle du temps, ne sont pas universelles. Un autre auteur, Whorf, a essayé de nous décrire directement une société où notre notion du temps n'existerait pas [9]. Whorf se base sur l'analyse de la langue et de la métaphysique des Hopi. La langue hopi ne possède rien qui fasse du temps un objet, ou qui rapproche cette notion de celle de l'espace : on ne peut pas dire « une longueur de temps ». Il n'existe pas de substantifs de temps, rien pour dire l'hiver ou l'été. Pour désigner un événement, on n'emploie pas un substantif mais un verbe. Et les verbes n'ont pas de temps. On peut seulement ranger les événements dans une série comportant l'idée de « plus tôt » et de « plus tard ». Si les Hopi n'ont pas les moyens d'exprimer ces idées, c'est qu'ils ne les pensent pas. Nous rangeons tout ce que nous pensons dans deux grandes formes cosmiques, l'espace et le temps. La division métaphysique dans la pensée hopi se fait sur un plan tout différent. Il y a d'une part ce qui est objectif, ce qui est produit, manifeste : c'est tout ce qui est accessible aux sens, ou tout ce qui y a été accessible, l'univers physique, dirions-nous, sans distinc-

8. Dorothy D. LEE, « Lineal and non lineal codifications of reality », *Psychosom. Med.*, 1950, *12*, 89-97, cité par C. KLUCKHOHN, « Culture and behavior », *in* LINDZEY, *Handbook of social psychology*, Cambridge, 1954, t. II, p. 921-976, p. 935.

9. On trouvera dans le chapitre de KLUCKHOHN, *op. cit.*, p. 933-935, un long texte de Whorf décrivant cette situation chez les Indiens Hopi de l'Arizona.

tion de passé ou de présent, mais d'où tout l'avenir est exclu. D'autre part, il y a le subjectif, qui comprend l'avenir, mais aussi, et indiscernablement d'avec l'avenir, tout ce que nous appellerions le mental, ce qui se passe dans le cœur, le cœur des hommes, des animaux, des plantes, des choses de la nature. Cette deuxième division, ce règne du subjectif (subjectif à notre sens, mais intensément réel pour les Hopi) contient donc la pensée, l'effort, le désir, l'anticipation, la cause efficiente. C'est le régime du dynamique, ce qui ne veut pas dire du mouvement, mais plutôt de l'effort et des forces. Avec les Hopi, on aurait donc une société où l'on ne perçoit ni ne pense en termes temporels.

La perception de l'espace donnerait lieu à l'observation de différences non moins saisissantes par rapport au modèle auquel nous sommes habitués [10], mais il faut aussi souligner que ce ne sont pas seulement les perceptions et les conceptions qui varient, mais les usages mêmes de l'espace et du temps, selon les sociétés, et mêmes les catégories sociales. Dès 1933, Paul F. Lazarsfeld, étudiant les chômeurs autrichiens [11], remarquait qu'il leur arrivait d'avoir des retards de plusieurs heures dans leurs rendez-vous avec l'enquêteur. Nous avons nous-mêmes montré combien la pression temporelle s'exerce différemment en France selon le sexe, l'âge, l'habitat, la profession [12]. On a plusieurs fois fait ressortir les différences dans les comportements temporels, aux États-Unis même, entre les sujets de culture anglo-saxonne (*anglos*) et les hispaniques du Nouveau-Mexique [13]. Pour les Anglos, le temps se mesure avec précision et a de la valeur. L'heure qu'il est est une notion importante, on la mesure par des montres, des horloges, on la reçoit par la radio. Les rendez-

10. Voir *supra*, p. 70 sq., un exposé de la conception de l'espace chez les Yurok.

11. *Die Arbeitslosen von Marienthal*, 1933, cité par O. Klineberg, *Social psychology*, 1940, p. 213, trad. fr., Paris, Presses Universitaires de France, t. I, p. 245. Voir aussi P. Eisenberg et P.F. Lazarsfeld, « The psychological effects of unemployment », *Psychol. B.*, 1938, *35*, 358-390.

12. Voir *Bulletin international des Sciences sociales*, 1953, *5*, 527-536 ; également *Sondages*, 1953, nº 3, p. 11-23.

13. Lyle Saunders, *Cultural difference and medical care*, New York, Russel Sage Foundation, 1954, 317 p., p. 118-122 ; voir aussi Margaret Mead (éd.), *Sociétés, traditions et technologies*, Paris, Unesco, 1953, 407 p., p. 189-190.

vous se donnent pour une heure déterminée. Le rythme de la vie est quotidien, chaque petit segment de la journée étant consacré à une activité précise. La notion de gaspillage du temps est importante ; il s'agit de ne pas manquer de faire une chose qui produira des effets dans l'avenir. La planification exige l'usage du calendrier et de l'agenda : on planifie les jours, les semaines, les mois et même les années. Enfin, le présent est subordonné à l'avenir : les activités du moment ne sont que des moyens. – Les hispaniques ne sont pas orientés vers l'avenir, ce ne sont pas des visionnaires ; ils ne sont pas non plus orientés vers le passé, ce ne sont pas des rêveurs. Ils vivent dans le présent, ce sont, dit Saunders, des réalistes. D'autre part, le rythme de leur vie est moins journalier que saisonnier, comme il se passe à la campagne. Ce que je fais aujourd'hui n'importe guère, ce qui importe, c'est ce que j'aurai fait en cette saison, donc cette année. On remet au lendemain ce qui n'a pas besoin d'être fait maintenant. C'est l'idée de la *mañana*, si mal comprise par les Anglo-Saxons. Non, le Mexicain n'est pas paresseux, il n'est même pas procrastinateur. Il fait effectivement aujourd'hui ce qui ne peut être fait demain, la célébration d'une fête, de l'anniversaire d'un saint ; mais pourquoi ferait-il aujourd'hui ce qu'il pourra tout aussi bien faire demain ? – Comme le remarque Saunders (p. 121), la perception du temps en chaque culture paraît si juste, si naturelle, si légitime, qu'on ne conçoit pas que les autres se réfèrent au temps d'une manière différente.

3. L'institutionnalisation de la perception

Dans son livre sur *La vie sexuelle des sauvages du Nord-Ouest de la Mélanésie* (1929, trad. fr. Payot, 1930, 538 p.), Bronislaw Malinowski nous fait juger de la ressemblance de deux frères trobriandais (cf. *op. cit.*, planche 40, p. 240). Cette ressemblance est en effet très saisissante. Or, il nous apprend (p. 202-203) qu'il a commis un grave manquement au savoir-vivre en faisant allusion un jour à cette ressemblance. Aux îles Trobriand, en effet, on ne ressemble jamais à sa mère, aux frères et sœurs de celle-ci, ni à ses propres frères et sœurs. De cette fâcheuse expérience de Malinowski, on peut rapprocher celle que font les Occidentaux au Japon. En Occident, on s'évertue à voir les personnes plus jeunes qu'elles ne sont ; au Japon, c'est exactement le contraire. Et tandis que pour notre perception, les Japonais portent moins que leur âge (ce qu'il faut soigneusement éviter de leur dire), à leurs yeux ils portent plus que leur âge. La variabilité culturelle de la perception n'est donc pas une simple question de faits accidentels, qui sont comme ils sont, ici et là, mais qui pourraient être autrement. Si je suis trobriandais, mon frère ne peut pas me ressembler, et d'ailleurs, effectivement, il ne me ressemble pas, ainsi que chacun autour de moi peut le constater comme moi-même. La perception nous donne la « réalité ». C'est cela que l'on veut dire quand on parle d'institutionnalisation de la perception. Une institution est un ensemble de formes, de modèles, de moules de conduites, admis dans une société donnée et variables selon les sociétés, et destinés à exercer certaines fonctions. La perception est bien cela : dans le cadre d'une société donnée, elle nous sert à connaître la réalité. En Occident, nous percevons deux frères comme ressemblants, car il le sont ; et de même aux Trobriand, ils ne sont pas perçus comme tels car, en fait, ils ne ressemblent pas. On peut assurément étudier, comme le font les psychologues généticiens, le développement de la perception chez les individus d'une société donnée. Piaget et Gesell, notamment, ont étudié le développement du sens de l'espace et du temps en Occident. Mais ce qu'il faut souligner, c'est que la perception a des supports institutionnels extrêmement puissants, tels que l'art, la science, les techniques.

C'est une chose qui saute aux yeux quand on se livre, même superficiellement, à l'étude de l'histoire d'un art descriptif comme la peinture, que la variété des représentations des mêmes objets selon les pays et les époques. Ce qu'on appelle les styles est constitué pour une bonne part par les formes diverses prises par cette institutionnalisation. Les primitifs (au sens que ce mot possède en peinture) voient, comme les enfants, les objets plats. Lorsque Paolo Uccello, au XVe siècle, découvrit la perspective, il inaugura une forme nouvelle de perception. On cessa de voir les objets comme ils sont, pour les saisir comme ils doivent apparaître. De même, les coloristes comme Chardin, en remarquant que les couleurs des objets se reflètent sur ce qui les avoisine, ont permis une perception différente de la couleur. Quand Van Gogh peint vert un ciel, quand André Lhote ayant rendu un ciel en gris, pour donner une impression de beau temps, peint arbitrairement en bleu vif les raies de la robe d'une dormeuse, « copiant la nature », dit-il (cf. *Parlons peinture*, Paris, Denoël, 1936, 320 p., p. 29-30), ils institutionnalisent encore autrement la perception visuelle.

Les études érudites de Salomon Reinach [14] analysent très précisément les cheminements d'une perception conventionnelle et institutionnalisée. Le cinéma a fait connaître, à l'époque moderne, les cinq temps fondamentaux du galop du cheval (avec une position intermédiaire entre 2 et 3). Deux de ces temps ont été correctement perçus à un moment ; le temps 2 *bis* par les auteurs de dessins pariétaux bochimans (fig. 6) et le temps 1 par Phidias dans le cavalier de la frise du Parthénon (fig. 7). Les autres n'ont jamais été perçus, mais à leur place ont été, de toutes pièces, inventées deux allures : le « cabré » et le « galop volant ». Le cabré vient d'Assyrie et d'Égypte (fig. 8). On le retrouve chez Raphaël (fig. 9) et chez Carle Vernet (fig. 10), par une suite ininterrompue d'intermédiaires grecs, romains, byzantins et médiévaux. L'histoire de la transmission du galop volant est beaucoup plus compliquée. On le rencontre d'abord dans l'art minoan de Crète et à Mycènes (fig. 11 : taureau ; fig. 12 : lions) (XVIIe à XIIe siècles av. J.-C.). Un millénaire plus tard, le galop volant qui avait disparu, réapparaît chez les Scythes de l'Ukraine au VIe siècle av. J.-C., et chez les Sibériens, d'où il gagne la Perse sassanide (226-641 A.D., fig. 13) et la Chine des Han (IIe siècle A.D., fig. 14) et le Japon. C'est seulement en 1794 que le galop volant arrive en Europe, par une gravure anglaise. Il fallut vingt-cinq ans pour qu'il fût accepté par un peintre, le Français Géricault (fig. 15, le derby d'Epsom, 1821). L'histoire européenne du galop volant fut brève. En 1879, Muybridge prenait les premières photos du galop du cheval et dès 1886, le Français Aimé Morot représentait la seule position vraie dans laquelle les quatre pieds du cheval ont quitté le sol (fig. 5).

14. « La représentation du galop dans l'art antique et moderne », *R. Archéol.*, 1900, *36*, 216-251, 441-450, réimpr., Leroux, 1925, 126 p.

LA PERCEPTION CONVENTIONNELLE DU GALOP DU CHEVAL
(D'après Salomon REINACH, *La représentation du galop dans l'art antique et moderne* (réédition). Paris, Leroux, 1925, 126 pages.) Fig. 1 à 5 : Les cinq temps du galop révélés par le cinéma (*op. cit.*, p. 7). – Fig. 6 : Peinture bochimane. – Fig. 7 : Phidias, frise du Parthénon (le *canter*), p. 18. – Fig. 8 à 10 : Le *cabré*, pure invention (fig. 8 : Égypte, cabré allongé, p. 15 ; fig. 9 : Raphaël, cabré fléchi, p. 28 ; fig. 10 : Carle Vernet, cabré allongé, p. 34). – Fig. 11 à 15 : Le *galop volant*, pure invention (fig. 11 et 12 : Art minoan-mycénien, taureau, p. 41, lions, p. 42 ; fig. 13 : Perse sassanide ; fig. 14 : Chine, époque des Han, p. 90 ; fig. 15 : Géricault, le derby d'Epsom, p. 34).

D'une manière très générale, on peut dire que la perception des formes, telle qu'elle est fixée, normalisée, institutionnalisée par l'art, a une histoire, et que cette histoire obéit à des lois d'invention et de transmission culturelles, non à celles de la psychophysiologie. Cette histoire commence très tôt, ou plutôt ses origines nous échappent entièrement. L'idée de l'œil de l'enfant, du regard naïf du primitif, se posant sur un monde tout neuf, est une idée absolument irréaliste. Les peintures de Lascaux, qui ressemblent tellement à celles d'Altamira ou aux œuvres de Boshimans, sont déjà académiques, c'est-à-dire institutionnalisées.

On pourrait faire ressortir de même le rôle de la science et des techniques. La géométrie d'Euclide a joué un rôle essentiel dans la perception visuelle et tactile du monde chez les Occidentaux. L'astronomie nous conduit à percevoir la nuit étoilée d'une manière toute différente de nos prédécesseurs. Les diverses techniques du calendrier entraînent les sociétés à percevoir différemment le temps. Notre culture globale enfin sert de contexte général à toutes nos perceptions et on se rend bien compte de l'importance fonctionnelle de ce contexte quand, placé dans une civilisation différente et peu familière, on fait l'expérience d'une totale désorientation (par exemple devant une table servie de mets dans un banquet japonais).

4. Perception et personne

A côté des aspects sociaux et culturels de la perception, la psychologie sociale en fait encore ressortir les caractères personnels : mais par-là nous ne quittons pas le domaine de la psychologie sociale, au contraire, puisqu'une personne est précisément un agent et un sujet social, qui a une place et un rôle dans la société.

La perception dépend de la personne, en premier lieu, en tant que la personne est son auteur : la perception est une fonction d'une personne. A ce titre, on fera ressortir le rôle de la motivation dans la perception et son aspect de sélectivité [15]. Une démonstration de l'effet direct de la motivation

15. Bien que ces deux notions de motivation et de sélectivité soient essentiellement différentes, elles n'en sont pas moins trés liées. Pour définir la

sur la sélectivité de la perception a été apportée d'une manière frappante par Levine, Chein et Murphy dans une expérience où l'on a fait jeûner des sujets [16]. A différents moments du jeûne, on leur présente des images, certaines en noir et blanc, d'autres en couleurs, représentant des dessins dépourvus de signification, des dessins ambigus comportant des aliments et des dessins de divers objets ménagers. On constate que la perception d'aliments augmente avec la durée du jeûne (jusqu'à un certain point ; ensuite, la perception de l'image n'apporte plus assez de satisfaction substituée: le sujet ne perçoit plus, il veut manger). D'autre part, on peut mettre en évidence le jeu des contextes perceptifs apportés personnellement par les sujets, par exemple dans des expériences où le matériel à percevoir est de caractère idéologique. J.M. Levine et Gardner Murphy font lire par des sujets, à des intervalles d'une semaine, de courts textes, les uns favorables, les autres défavorables au communisme. Les sujets ont eux-mêmes des attitudes orientées dans l'un ou l'autre sens. Il apparaît clairement que la perception (« l'apprentissage ») est plus facile avec des textes en accord avec les attitudes [17].

Mais, en deuxième lieu, la perception fonctionne aussi pour la personne, c'est-à-dire dans son intérêt. La perception ne sert pas seulement à guider les actions, comme lorsque j'évalue la largeur du ruisseau que j'ai l'intention de franchir d'un bond. La perception sert la personne, elle la protège contre les dangers qui la menacent. C'est en ce sens que H.S. Sullivan a pu parler de l'« inattention sélective »: c'est elle, dit-il [18], qui nous permet de ne pas profiter de l'expé-

notion de motivation, Newcomb a besoin de la sélectivité: « Une personne motivée est une personne dont l'énergie, mobilisée par une pulsion, est dirigée d'une manière sélective » (Theodore M. NEWCOMB, *Social psychology*, New York, Dryden, 1950, 690 p., p. 88). Réciproquement, il serait impossible de comprendre la sélectivité de la perception et des fonctions psychologiques en général sans la notion de motivation comme cause: cf. Muzafer SHERIF, *Outlines of social psychology*, New York, Harper, 1948, 479 p., p. 44-45.

16. R. LEVINE, I. CHEIN, and G. MURPHY, « The relation of the intensity of need to the amount of perceptual distortion », *J. Psychol.*, 1942, *13*, 283-293.

17. J.M. LEVINE and Gardner MURPHY, « The learning and forgetting of controversial material », *J. abnorm. soc. Psychol.*, 1943, *38*, 507-517.

18. Harry Stack SULLIVAN, *The interpersonal theory of psychiatry*, New York, Norton, 1953, 393 p., p. 346.

rience, quand l'expérience évidemment mettrait la personne en danger, et notamment quand elle menace l'estime de soi. Freud a souligné, dans sa *Psychopathologie de la vie quotidienne* (trad. fr., Paris, Payot, 1953, 321 p.), l'existence de telles erreurs systématiques de perception, et en a donné de nombreux exemples. Smith, Bruner et White ont analysé les divers moyens auxquels recourt une personne qui reçoit des informations en désaccord avec ses croyances [19]. Le même comportement défensif se rencontre dans le domaine de la perception. Considérons la situation expérimentale suivante [20] : on présente à des sujets deux descriptions de la personnalité d'un ouvrier d'usine. Les deux descriptions sont identiques, sauf que dans l'un des portraits, l'ouvrier était décrit comme « intelligent », tandis que ce trait manquait dans la seconde description. Les sujets ayant des attitudes anti-ouvrières trouvèrent très difficiles de se faire une idée du personnage décrit par le premier portrait, apparemment parce qu'ils ne pouvaient considérer qu'un ouvrier d'usine soit un individu intelligent. Les expérimentateurs constatèrent l'existence de quatre manières alternatives de résoudre la difficulté : 1. nier l'existence du trait ; 2. déformer le trait, en l'incorporant à d'autres, de façon à le rendre insignifiant ; 3. souligner l'incohérence du portrait ; 4. accepter le trait et l'intégrer au portrait, mais en restructurant le stéréotype antérieurement possédé.

D'une manière plus générale, on peut dire que nous tendons à rapporter nos perceptions à nous-même, la personne apparaît comme la norme de ses perceptions. Ce processus est très manifeste dans l'expérience de Marks [21]. On demande à des étudiants, tous noirs, d'évaluer sur une échelle en huit points, la couleur de la peau de chacun de leurs camarades, leur charme personnel, leur intelligence, etc. On constate que les juges tendent à associer une couleur claire à des jugements favorables sur la personnalité de l'individu, ce qui témoigne

19. *Opinions and personality*, New York, Wiley, 1956, 294 p., cf. p. 251.

20. M. Haire and W.F. Grunes, « Perceptual defences : processes protecting an organized perception of another personality », *Hum. Relat.*, 1950, *3*, 403-412.

21. Eli S. Marks, « Skin color judgments of negro students », *J. abnorm. soc. Psychol.*, 1943, *38*, 370-376 ; repr. *in* Newcomb et Hartley, *Readings in social psychology*, *op. cit.*, p. 116-121.

du prestige du blanc et manifeste l'existence d'une norme collective. Toutefois ces observations n'ont pour le moment qu'une portée incidente. En revanche, ce que l'auteur remarque, et qui est très important pour la présente analyse, c'est le fait suivant : dans le groupe, la place relative de chaque individu jugé tend à être parfaitement stable ; mais il n'en est pas de même de sa place absolue : les localisations des sujets sur l'échelle des couleurs varient avec chaque sujet percevant. Tout se passe comme si chaque sujet percevant tendait à prendre sa propre couleur pour norme, et se localisait lui-même aux environs de la moyenne. On peut donc parler de l'égocentrisme de l'échelle de référence ; un individu est perçu comme plus clair ou plus foncé que la moyenne, dans la mesure où il est plus clair ou plus foncé que le sujet qui le perçoit. L'auteur en conclut que ces jugements perceptifs jouent un rôle pour la personne qui perçoit. Elle s'efforce de se considérer comme moyenne, comme non remarquable afin, dit-il, de donner à son sentiment de soi-même « un contenu émotionnel neutre ».

CHAPITRE VIII

LA MÉMOIRE

La mémoire est, de toutes les fonctions psychologiques, celle qui a le moins retenu l'attention des psychologues sociaux expérimentaux. Quand ils l'ont étudiée, c'est, en général, pour faire ressortir l'existence de facteurs psychosociaux dans le fonctionnement de cette faculté.

1. Les facteurs psychosociaux de la mémoire

Les psychologues qui, eux, se sont énormément intéressés à la mémoire, semblent avoir tout fait pour éliminer dans leurs recherches les facteurs sociaux qu'ils considèrent comme des éléments perturbateurs, ainsi que nous l'avons signalé antérieurement (cf. *supra,* p. 101) : parmi les « variables indésirables », Andrews range dans cet esprit les différences individuelles d'aptitude, la motivation, l'apprentissage des sujets en dehors du laboratoire, l'ordre de présentation des éléments du test et toutes les circonstances dans le déroulement de l'épreuve qui donnent un sens matériel à mémoriser, en un mot tous les facteurs psychosociaux (*op. cit.*, p. 83). Pourtant, comme tous les comportements psychologiques, la mémoire a sa finalité dans l'action, et par conséquent elle est dirigée vers les significations. En dépit de sa tendance à ramener les phénomènes psychologiques à la physiologie, souvent d'une manière un peu verbale, William James remarquait déjà qu'un homme se souvient avant tout de ce qui a un sens pour lui : « Le marchand retient les listes de prix et l'homme politique les votes et les discours de ses collègues [1]. » Dans une étude remontant à 1934, on constatait expérimentalement que les éléments qui concernent des détails sont rapidement effacés par l'écoulement du temps, tandis que ceux qui concernent l'essentiel d'un message résistent sans altération pendant une longue durée [2]. Dans ce domaine, les études les plus célèbres sont celles de l'Anglais Bartlett [3]. Au lieu de faire apprendre à ses sujets des syllabes dépourvues de sens, Bartlett leur présente des formes irrégulières et des figures géométriques, des dessins suggérant des objets, ou encore des photographies. A divers intervalles, il demande aux sujets de dessiner, ou de décrire ce qu'ils ont vu. Le rôle des habitudes sociales et des interprétations personnelles est évident dès le premier rappel ; à mesure que le temps passe, l'altération devient plus grande, non parce que des éléments s'éliminent sous l'effet automatique de l'oubli, mais par une restructuration du sens. Il se passe dans la mémoire ce qui se passe dans la perception: une organisation des détails donnés autour d'un élément significatif.

La culture contribue évidemment à la fixation des significations. Ici encore, les travaux de F.C. Bartlett sont tout à fait classiques et très souvent rappelés par les auteurs de manuels de psychologie sociale qui se soucient de la mémoire. C'est ainsi que l'on se réfère très souvent aux observations de Bartlett sur la mémoire des Swazi d'Afrique australe. Une mission swazi étant venue à Londres, les Européens à leur retour furent curieux de savoir ce dont les Africains se souviendraient. Une des images qui restait le mieux fixée dans les esprits était celle de l'agent de police dirigeant la circulation avec la main levée. Pourquoi cette image et pas d'autres ? C'est parce que ce geste est un geste de salut en Afrique : geste amical et en même temps geste important, donc chargé de sens, répond Bartlett. — Deuxième observation: la mémoire des Bantous, répète-t-on, est prodigieuse. Non, dit Bartlett, ce n'est pas le cas, et je le prouve par une expérience

1. *Précis de psychologie*, trad. fr., Paris, Rivière, 631 p., p. 385 (trad. du *Text-book of psychology*, 1892).

2. F.C. Bartlett, E.L. Welborn et C.D. Killian, « Studies in substance memorization », *J. genet. Psychol.*, 1934, *11*, 233-260.

3. F.C. Bartlett, *Remembering, Cambridge*, University Press, 1932, x-317 p.

simple. Un jeune Swazi de douze ans reçoit un message de vingt-cinq mots, qui lui est donné deux fois, pour être porté à l'autre bout du village, soit une course de deux minutes. Or, le message arriva avec trois importantes omissions : sûrement un petit Anglais s'en serait tiré au moins aussi bien. Et cependant, quand il s'agit du bétail, la mémoire des Swazi est étonnante, témoin ce gardien qui, à un an de distance, se souvient, presque sans une seule erreur, des neuf achats qui ont été faits, avec le nom du vendeur, la robe de la bête, et le prix exact. Mais c'est que, pour les Swazi, peuple pasteur, tout ce qui concerne le bétail est hautement significatif. Une troisième observation a été faite par Bartlett concernant, non plus le contenu de la mémoire, mais la manière dont sont présentés les souvenirs. Certains souvenirs sont présentés d'une manière véhémente, passionnée, tout ce qui concerne la guerre chez les Zoulous, les questions de bétail, de mariage, d'enfants chez les Swazi ; ce sont les domaines où, dans ces cultures respectives, il existe des intérêts sociaux puissants. Dans les autres cas, en revanche, les souvenirs sont rappelés sans émotion et de plus, sans structuration, avec une masse de détails dont l'Européen ne voit pas le rapport avec la question et qui le fatiguent. Cela prouve, dit Bartlett, qu'on a affaire à un ensemble d'intérêts sociaux qui ne sont pas moins dominants, mais dont aucun ne l'emporte sur les autres, et ne peut ainsi structurer l'ensemble du souvenir. – Dans tous les cas, on voit que la signification est essentielle au souvenir, et qu'elle est apportée par la culture.

Mais l'aspect de la mémoire auquel se sont le plus intéressés les psychologues sociaux est certainement l'influence des attitudes sur le fonctionnement de cette faculté. Dès 1928 M. Zillig, dans un travail régulièrement cité (cf. Klineberg, *Social psychology*, 1940, p. 214 ; Lindesmith et Strauss, *Social psychology*, 2e éd., 1956, p. 106), ayant présenté des propositions concernant les femmes à un ensemble de sujets masculins et féminins, constatait qu'une semaine plus tard les hommes avaient retenu davantage les jugements défavorables, les femmes les jugements favorables. On trouvera dans les divers manuels une sélection d'études, relativement nombreuses, qui mettent toutes en évidence « l'effet des attitudes sur la mémoire », celle de Margolies (1938) sur le préjugé de couleur, celle de Watson et Hartmann (1939) dans le domaine religieux, celle de Edwards (1941) dans le domaine politique, celle de Wood (1944) encore sur l'effet du préjugé de couleur. L'étude de Levine et Murphy sur l'effet des attitudes idéologiques, citée précédemment (p. 127) pour la partie qui concerne la perception, comporte une seconde partie relative aux courbes d'oubli et donne des résultats en accord avec l'ensemble de la littérature. Ces travaux sont donc très démonstratifs et on ne voit pas pourquoi il faudrait considérer comme « parasites » des facteurs parfaitement mesurables qui produisent régulièrement des effets non moins mesurables.

Cependant, si l'on a montré que les attitudes produisent des effets sur la mémoire, il faut reconnaître que le mécanisme de cette action n'a guère été analysé en général. Dans son ouvrage sur la personnalité [4] Gardner Murphy discutant l'influence des attitudes sur la mémoire, utilise une autre série de travaux (cf. p. 372-374). Dans l'étude de Clark (1940) qu'il signale, le matériel est un texte racontant l'histoire d'une femme énorme, qui met au défi le tremblant héros de l'accompagner dans ses tournées pendant qu'elle fait la livraison de sacs monstrueux que la plupart des hommes seraient incapables de déplacer. Dans les épreuves de rappel, la plupart des hommes s'identifient au héros masculin, mais les sujets féminins ne s'identifient jamais à la femme. Chez V. Seeleman (1940), il s'agit de reconnaître parmi les photos présentées dans la deuxième partie de l'expérience, celles qui ont déjà été présentées dans la première. Il y a un groupe de photos d'étudiants blancs et un groupe de photos d'étudiants noirs. Les sujets hostiles aux noirs réussissent beaucoup moins bien à identifier les photos déjà vues d'étudiants noirs, comme s'ils ne pouvaient pas percevoir individuellement des noirs. On considérera enfin le travail de Postman et Murphy (1943) : on fait apprendre à des sujets des couples de mots tels que ces mots sont compatibles pour les sujets qui ont une certaine attitude, incompatibles pour ceux qui ont l'attitude opposée. Par exemple le couple « Allemand-bienveillant » est compatible pour ceux qui sont favorables aux Allemands,

4. *Personality: a biosocial approach*, New York, Harper, 1947, 999 p.

incompatible pour ceux qui leur sont hostiles. On constate que les couples compatibles sont bien mieux retenus que les couples incompatibles, mais que les moins bien retenus de tous sont ceux qui laissent le sujet indifférent [5]. Nous ferons remarquer que dans tous ces cas, l'attitude intervient pour donner un sens à la situation, ou pour le lui retirer. Un couple de mots incompatibles est surtout un couple de mots qui n'a pas de sens ; de même, pour le raciste, l'image d'un noir n'a pas de sens, ce n'est pas une personne, c'est un individu quelconque ; de même encore, dans l'expérience de Clark, le personnage féminin fait si peu de sens que toute identification est impossible avec les sujets de ce sexe.

L'interprétation de Murphy est différente : il invoque l'autisme, c'est-à-dire des processus intellectuels visant à satisfaire les besoins du sujet. Mais les deux manières de voir ne sont pas irréconciliables. Sherif, quoique s'exprimant en d'autres termes, ne dit pas autre chose ; et d'ailleurs, il se fonde sur la même bibliographie : la sélectivité de la mémoire, dit-il, est un résultat de l'« l'implication du moi [6] ». Ce genre de remarque nous ramène à la théorie classique de Freud : les souvenirs agréables sont conservés, les souvenirs pénibles sont réprimés. La mémoire est certes une fonction de la personne, mais c'est aussi une fonction pour la personne. On retrouve ainsi, à l'occasion de la mémoire, ce qu'on a déjà analysé en détail dans le cas de la perception. Percevoir, c'est donner un sens, mais ce sens est à la fois social et personnel ; or, on peut s'exprimer identiquement dans le cas de la mémoire.

2. Les cadres sociaux de la mémoire

Les psychologues sociaux américains, dans leurs recherches sur la mémoire, semblent avoir été inspirés dans

5. Voir R.B. Clark, « Some factors influencing the remembering of prose materials », *Arch. Psychol.*, 1940, n° 253 ; V. Seeleman, « The influence of attitude upon the remembering of pictorial material », *Arch. Psychol.*, 1940, n° 258 ; L. Postman and G. Murphy, « The factor of attitude in association memory », *J. exp. Psychol.*, 1943, *33*, 228-238.

6. M. Sherif, *An outline of social psychology*, New York, Harper, 1948, 479 p., p. 287-289 ; voir la bibliographie de la note 7, p. 287.

une grande mesure par des idées transposées de la psychologie sociale de la perception. Mais sous le terme général de mémoire, on entend des comportements très divers, qu'on ne s'est d'ailleurs jamais bien soucié de distinguer. C'est en s'attachant à d'autres aspects des phénomènes de mémoire que Maurice Halbwachs a contribué à la psychologie sociale de la mémoire dans deux directions très originales [7]. Le premier aspect de la mémoire auquel s'intéresse Halbwachs, c'est la mémoire en tant qu'elle constitue la connaissance actuelle du passé, c'est-à-dire en tant qu'elle consiste à la fois en un savoir et en des souvenirs. Halbwachs conteste absolument qu'il y ait une conservation des images dans l'esprit. Notre connaissance du passé n'est pas conservée, mais reconstruite. La mémoire n'est pas une opération mécanique, c'est une fonction symbolique, c'est-à-dire qui utilise des symboles. Le souvenir dépend de la possibilité d'avoir des idées générales, sans lesquelles nous ne pourrions avoir aucun passé personnel. Or, c'est la société qui fournit les moyens de penser ainsi ces souvenirs et le premier instrument qu'elle met ainsi à notre disposition, c'est le langage :

> Il faut renoncer à l'idée que le passé se conserve tel quel dans les mémoires individuelles, comme s'il en avait été tiré autant d'épreuves distinctes qu'il y a d'individus. Les hommes vivant en société usent de mots dont ils comprennent le sens : c'est la condition de la pensée collective. Or, chaque mot (compris) s'accompagne de souvenirs et il n'y a pas de souvenirs auxquels nous ne puissions faire correspondre des mots. Nous parlons nos souvenirs avant de les évoquer ; c'est le langage et c'est tout le système des conventions sociales qui en sont solidaires, qui nous permettent à chaque instant de reconstruire notre passé.
> (*Cadres sociaux de la mémoire*, nouv. éd., p. 279.)

7. Voir *Les Cadres sociaux de la mémoire*, Paris, Alcan, 1925, 404 p., nouv. éd. Presses Universitaires de France, 1952, 298 p. ; *La Topographie légendaire des évangiles en Terre sainte : étude de mémoire collective*, Presses Universitaires de France, 1941, 211 p. ; *La Mémoire collective*, Presses Universitaires de France, 1950 (posthume), 170 p. L'originalité et le mérite de Halbwachs commencent seulement à être reconnus de manière internationale en ce qui concerne ses travaux sur la mémoire collective. Dans la première édition de Lindesmith et Strauss, *Social psychology*, New York, Dryden, 1949, Halbwachs fait seulement l'objet d'une mention bibliographique ; la seconde édition (1956) lui rend, en deux passages (p. 110, 114), un hommage précis.

Mais ce n'est pas seulement de cette manière très générale que la société nous aide à fixer la signification des choses dont nous nous souviendrons. C'est aussi en rassemblant, pour leur donner un sens déterminé, des choses qui peut-être ne seraient pas retenues si elles ne prenaient pas ce sens :

> Je me rappelle (c'est un de mes plus anciens souvenirs), que devant notre maison, rue Gay-Lussac, sur l'emplacement actuel de l'Institut océanographique, il y avait, en bordure d'un couvent, un petit hôtel où étaient descendus des Russes. On les voyait, en bonnet de fourrure et en touloupe, assis devant la porte, on voyait leurs femmes et leurs enfants. Peut-être, malgré l'étrangeté de leurs costumes et de leurs types, ne les aurais-je pas considérés si longtemps, si je n'avais pas remarqué que les passants s'arrêtaient et que mes parents eux-mêmes venaient sur le balcon pour les regarder. C'étaient des habitants de la Sibérie, qui avaient été mordus par des loups enragés et qui s'installaient quelque temps à Paris, à proximité de la rue d'Ulm et de l'École Normale, pour être soignés par Pasteur. (*Mémoire collective*, p. 48.)

On le voit bien, Halbwachs se souvient de cette scène parce qu'elle est chargée de signification. Mais la signification n'a pas seulement une fonction intellectuelle : rassembler des éléments perceptifs en un tout significatif ; la signification attire l'attention, elle donne du poids à la scène, elle la valorise. La signification des faits n'est toutefois jamais une signification absolue, universelle ; elle est une signification parmi un certain groupe d'hommes. C'est en tant que membres de ce groupe que nous comprenons les événements de cette manière. Enfin, le sens des événements peut lui-même changer quand le sujet change de groupe, et c'est notamment ce qui se passe quand l'enfant devient homme :

> J'entendais ce nom (de Pasteur) pour la première fois (continue Halbwachs), et pour la première fois aussi je me représentais qu'il existait des savants qui faisaient des découvertes. Je ne sais d'ailleurs pas jusqu'à quel point je comprenais ce que j'entendais dire là-dessus. Peut-être ne l'ai-je pleinement compris que plus tard. *(Ibid.)*

N'en doutons pas : le souvenir de l'homme adulte, appauvri sur certains points de détail, a dû s'enrichir sur d'autres par rapport à la perception de l'enfant. Ce sera là une des explications de la modification des souvenirs dans la mémoire.

On reconstruit donc le passé à l'aide des significations des éléments de ce passé. Mais la reconstruction implique aussi la localisation de ces éléments dans la série temporelle. C'est ce qui distingue le souvenir du rêve. Pour cette localisation, j'utilise des repères, c'est-à-dire d'autres souvenirs, souvenirs privilégiés, dont je connais la place dans le temps. Chacun de nous possède un grand nombre de tels repères : le certificat d'études et la première communion, l'année du service militaire, celle où nous avons déménagé. La plupart de ces repères personnels sont relatifs à des circonstances sociales. Bien plus, ils sont le plus souvent sociaux avant d'être personnels : l'année de la Libération, celle de l'affaire de Suez, les émeutes d'Alger et le coup d'État du 13 mai 1958 : « (La mémoire individuelle) n'est donc pas entièrement isolée et fermée. Un homme, pour évoquer son propre passé, a souvent besoin de faire appel aux souvenirs des autres. Il se reporte à des points de repère qui existent hors de lui, et qui sont fixés par la société » (*Mémoire collective*, p. 36). La mémoire individuelle « s'appuie » sur la mémoire collective, nous nous souvenons grâce aux « cadres sociaux de la mémoire ».

3. La mémoire collective

On peut maintenant tourner son attention vers cette mémoire collective. C'est ce que n'a pas manqué de faire Halbwachs, dès son premier travail et en y revenant sans cesse, mais c'est peut-être la partie de son œuvre qui est la plus méconnue. Assurément, parler des souvenirs d'une société ou d'un groupe, c'est employer une expression métaphorique : « Ce sont des individus qui se souviennent » (*Mémoire collective*, p. 33). Tout souvenir est contenu dans et produit par des consciences individuelles. Cependant, les souvenirs collectifs, c'est-à-dire les souvenirs communs, banaux, et surtout significatifs pour un groupe, ont des caractères particuliers ; il y a des caractéristiques originales, et même des lois propres de la mémoire collective.

En 1925 déjà, Halbwachs insistait sur l'existence de souvenirs collectifs dans les groupes sociaux. C'est ainsi qu'il signalait le cas de la famille : toute famille possède ses souvenirs, qu'elle est seule à commémorer. Il s'agit par exemple des anniversaires, de naissance, de mariage, de mort. Ce genre de souvenirs est instutionnalisé différemment selon les cultures, et peut se propager par diffusion culturelle d'une société à une autre ; la commémoration de la naissance (anniversaire) est un trait culturel étranger qui se répand en France, aux détriments de la commémoration du jour du saint patron de l'individu (sa fête). La commémoration collective des défunts particuliers de la famille trouve en France, au 2 novembre, et par extension au jour de la Toussaint, une importance toute spéciale parmi les pays d'Occident. Il s'agit donc, on le voit, de souvenirs qui appartiennent à des individus, mais qui leur sont communs en petits groupes, et qui, en même temps, sont institutionnalisés dans le cadre d'une culture, nationale, linguistique ou religieuse.

Mais les souvenirs de famille ont bien d'autres aspects. On se souvient de la maison de famille et de la province d'origine. On se souvient d'une figure caractéristique dans la famille, l'arrière-grand-père qui avait fait la campagne de 1870, qui s'était évadé en tuant un Prussien et qui avait précédemment donné une preuve de sa bravoure en sauvant une femme d'une maison en feu. On se souvient aussi, et ce souvenir est particulièrement significatif au point de vue collectif, d'une propriété physique ou morale dans la famille : dans notre famille, on vit longtemps ; dans notre famille, on est fier ; chez nous, on ne s'enrichit pas. De la même manière que mes souvenirs propres me donnent l'idée de moi-même, comme individu séparé et unique, les souvenirs d'une famille la définissent et font connaître aux divers parents ce qu'ils sont d'une manière commune.

Halbwachs présente de même l'existence d'une mémoire du groupe religieux, d'une mémoire des classes sociales et il fait allusion à d'autres groupes qui sont dans une situation identique, tel que les groupes nationaux, les groupes politiques et idéologiques et aussi, moins institutionnalisés mais aussi réels, les groupes de camarades de guerre, de camarades d'école, d'amis de vacances. Halbwachs n'insiste guère, probablement parce que la notion lui manque en partie, sur la fonction d'identification de l'individu au groupe qu'exercent ces souvenirs collectifs ; en revanche, il en souligne fortement le caractère normatif : chaque souvenir collectif est pour son groupe un modèle, un exemple, un enseignement. Il donne une substance concrète aux jugements et aux concepts abstraits qui prévalent dans la société, et il apporte en même temps une leçon et une exhortation : « Tout personnage, tout fait historique, dès qu'il pénètre dans la mémoire sociale, s'y transforme en un enseignement, en une notion, en un symbole » (*Cadres sociaux*, p. 296).

Halbwachs ne s'est pas borné à ces analyses ingénieuses. Il a tenu à examiner en détail, sur un cas particulier, un phénomène historique et objectif de mémoire collective, ce qui a valu à la littérature psychosociale un ouvrage parfaitement original et unique, *La Topographie légendaire des évangiles en Terre sainte* (1941). L'idée de consacrer une étude aux localisations chrétiennes en Palestine, et particulièrement à Jérusalem, est certainement un choix heureux. Ces localisations, recherchées pendant des siècles par d'innombrables pèlerins, ont été et sont toujours socialement très importantes. Elles se rapportent à des événements précis, consignés par écrit, bien connus. Mais elles sont aussi très indécises, non seulement en raison du vague général des textes en ce qui concerne les indications de lieu, mais aussi à cause des vicissitudes multiples et considérables auxquelles les sites ont été soumis (qu'un songe à Jérusalem conquise, détruite, reconstruite, reprise, encore modifiée, par les Romains, par les Perses, par les Arabes, par les Croisés, par les Arabes encore, par les Turcs, par les Anglais, et encore par les Arabes – et l'histoire de la Palestine continue !). Enfin, ces localisations ont très souvent changé, elles sont très complexes, mais aussi elles sont bien connues, par une suite de textes dont le premier, *L'Itinéraire du pèlerin de Bordeaux,* remonte à l'année 333, et qui conduisent jusqu'au XVIe siècle.

De l'examen détaillé de ces localisations, Halbwachs tire d'abord certaines observations générales sur l'importance de l'espace pour fixer le souvenir. Un repère naturel, une colline, une grotte, une piscine naturelle, une fontaine s'annexent des souvenirs, et d'autant plus volontiers qu'ils sont d'accès plus facile : le lieu où Jean baptisait dans le Jourdain qu'on montra au pèlerin de Bordeaux sur la rive gauche, a changé de rive, ce qui évite une traversée. Des constructions viennent consolider ces repères ; Jérusalem a été couverte de basiliques, d'églises, de chapelles, de moustiers, d'oratoires. La disparition des repères, en revanche, gêne le maintien du souvenir : l'absence de certitude au sujet du palais de Pilate conduisit à localiser la flagellation dans la maison de Caïphe ; cela explique d'ailleurs l'acharnement dans la destruction des sites chez l'ennemi d'une foi, qu'elle soit religieuse ou politique. Le repérage des souvenirs sur le sol est assurément un élément capital de la mémoire collective.

Mais l'ambition de Halbwachs a été plus grande. Il a cherché s'il existe « quelques lois simples, les lois qui règlent la mémoire des groupes » (p. 185). Il en découvre trois : 1. loi de concentration : il existe une tendance à localiser en un même lieu ou en des lieux très voisins des événements qui n'ont pourtant entre eux aucune liaison nécessaire. A Jérusalem, sur la colline de Sion, on trouve rassemblées les localisations du Cénacle, du tombeau de David, de la maison de Caïphe, de la Dormition de la Vierge, et plusieurs autres souvenirs ; 2. loi de morcellement : par un processus inverse du précédent, un souvenir intéressant se fragmente en plusieurs éléments dont chacun reçoit une localisation différente. A Jérusalem, on localise en des dieux différents le reniement et les pleurs de saint Pierre ; 3. loi de dualité : à la même époque, et parfois pendant de longues durées, deux localisations différentes d'un même fait sont acceptées. On a deux maisons de Caïphe, deux prisons de Jésus, deux Voies douloureuses. De ces lois, qui sont d'abord exposées en termes mécanistes, comme si une tendance à se grouper, à se scinder, à se faire concurrence appartenait aux souvenirs eux-mêmes, Halbwachs donne finalement une interprétation fonctionnaliste et significative. « Ce sont là, écrit-il (p. 188), autant de moyens familiers dont se servent les groupes d'hommes, non seulement les églises, mais d'autres communautés, familles, nations, etc., en vue de fixer, d'organiser leurs souvenirs des lieux, mais aussi des temps, des événements, des personnes. » La mémoire collective, en effet, a pour fonction d'apporter des symboles, des exemples, des préceptes. Si nous concentrons les localisations, c'est pour qu'en certains endroits nous ayons de grands souvenirs : « Le Saint-Sépulcre et tout ce qui l'entourait, la Sion chrétienne, Gethsémani, l'Éléona, tels étaient, à Jérusalem en chacun desquels, à proximité desquels se trouvaient groupés le plus grand nombre de souvenirs évangéliques : parties de l'espace chargées de divin, lieux d'élection de la mémoire chrétienne. C'est là qu'on conduisait les pèlerins : ils reviennent avec une impressionnante monotonie dans tous leurs récits. C'est là qu'on allait en procession, les jours de la Semaine sainte, pour se recueillir, écouter les écritures, chanter des hymnes. Ces réunions religieuses elles-mêmes avaient pour résultat, assuré et poursuivi à dessein, d'associer dans la mémoire ces localisations assez rapprochées pour que sans bouger l'assemblée des fidèles pût les évoquer simultanément, les embrasser dans un même acte d'adoration » (p. 189). La seconde loi s'explique de même : si nous morcelons les souvenirs, c'est pour qu'il y ait un passage en revue des divers aspects de la leçon importante que chacun d'eux comporte. Si enfin il y a une dualité des localisations, c'est que le souvenir appartient à plusieurs groupes – Croisés et chrétiens indigènes par exemple – dont chacun a sa tradition, lit ses textes qui peuvent légèrement différer [8].

La matière est d'ailleurs trop riche pour que Halbwachs puisse limiter son analyse à ces quelques grandes lignes ; il est poussé vers maintes bifurcations. Commentant les études érudites du P. Vincent relatives à la Voie douloureuse, il fait ressortir toute une activité psychologique, qu'on peut appeler de « logique populaire » dans la production de localisations engendrant elles-mêmes de nouveaux détails : « ...cette mémoire collective se complète aussi, s'organise et se redresse, suivant des besoins de logique et de symétrie : prisons symétriques, portes symétriques, repos symétriques ; suivant la nécessité d'espacer suffisamment les stations et de ne pas trop les multiplier (d'où localisation en un même lieu et rencontre de plusieurs épisodes, et, par suite, fusion de l'un dans l'autre et transformation de l'un par l'autre ; par exemple un repos du Christ devient une chute, parce qu'il rencontre en même

8. On retrouve un phénomène analogue dans l'histoire de la science avec les attributions doubles de certaines lois : loi de Descartes-Snellius, loi de Mariotte-Boyle, loi de Laplace-Gauss.

temps le Cyrénéen) ; jusqu'à ce qu'enfin ces souvenirs doivent entrer dans le cadre mystique, artificiel, et apporté d'ailleurs, du chemin de la croix » (p. 112). Halbwachs souligne d'autre part l'usage que les Chrétiens ont fait du passé juif en Palestine et tout particulièrement à Jérusalem ; ils ont utilisé les lieux où régnait une antique sainteté juive. Un cas typique est la localisation du prétoire de Pilate. Le prétoire de Pilate est un lieu saint, puisque Jésus y avait comparu pour y être jugé. Mais on n'a pas voulu le placer dans l'ancien palais d'Hérode (la citadelle) qui, devenu palais de Pilate, n'était plus un lieu juif ; ni dans la forteresse Antonia, romaine elle aussi. On l'a placé près de la maison du grand-prêtre, ou encore près de la citerne où fut descendu et d'où fut remonté Jérémie, que le roi Sédécias n'avait pas voulu faire mourir, pas plus que Pilate n'avait voulu la mort de Jésus. « C'est ainsi que pour une communauté nouvelle, les traditions de groupes plus anciens sont les supports naturels de ses souvenirs propres... Ainsi, ils gagnent peu à peu plus d'autorité, et comme une consécration » (p. 183).

Cependant, ce ne sont pas n'importe quels souvenirs qui sont conservés, ni n'importe quelles localisations, même traditionnelles et anciennes, qui sont adoptées. Les événements qui sont retenus sont ceux qui ont une signification présente, qui apportent un enseignement utile actuellement. Si les localisations ne se sont produites que plusieurs siècles après les événements qu'elles concernent, c'est que les premiers chrétiens n'attribuaient pas à la passion du Christ la signification qu'elle a prise depuis ; au contraire, ils craignaient, en représentant le Christ mourant d'une mort infâme, de se déconsidérer et de déconsidérer leur dieu. Dans les peintures des catacombes, ils n'ont jamais représenté les scènes qui se sont déroulées entre le jugement de Pilate et la résurrection, mais seulement le Christ et les mages, la résurrection de Lazare, la guérison du paralytique, la multiplication des pains. C'est avec Constantin, converti au christianisme, avec le concile de Nicée réuni par lui en 325, que l'incarnation, la mort, la résurrection de Jésus ont rejeté le gnosticisme de l'hérésie. C'est pourquoi Constantin et ses successeurs immédiats couvrirent Jérusalem d'églises, qui seront autant de repères pour les localisations de souvenirs devenus pleins de sens. Plus tard, les Croisades et les constructions mystiques européennes autour du chemin de la croix, conduiront à de nouvelles séries de constructions monumentales, destinées à fixer le souvenir de nouveaux enseignements religieux et spirituels, à côté des anciens. « Ce qui prouve bien, conclut Halbwachs (p. 205), que la mémoire collective chrétienne adapte à chaque époque ses souvenirs des détails de la vie du Christ et des lieux auxquels ils se rattachent, aux exigences contemporaines du christianisme, à ses besoins, à ses aspirations. »

CHAPITRE IX

LES COMPORTEMENTS D'INTELLIGENCE

Si, de prime abord, il a pu paraître paradoxal de revendiquer un caractère social pour les comportements affectifs, perceptifs et de mémoire, il n'en sera plus de même pour l'intelligence. Les conduites intelligentes sont évidemment sociales dans leurs intentions et dans leurs effets. Se comporter intelligemment est une règle de conduite sociale, et les diverses phases de l'interaction sociale, communication, coopération, conflit même, se déroulent dans des conditions au moins minimales de rationalité. On peut dire que l'assise sur laquelle repose l'édifice des institutions sociales, c'est avant tout l'intelligence humaine. Les œuvres de l'homme sont pénétrées de raison.

Allant plus loin, et considérant que le fait de ne pas comprendre appartient autant au domaine de l'intelligence que l'oubli appartient à celui de la mémoire, on pourrait dire que les cas où la conduite d'un individu apparaît comme inintelligente, manifestent la présence d'une cause sociale contrariante : peut-être l'entrée en action d'un mécanisme de défense du moi, qui nous empêche de comprendre ce qui nous serait désagréable ou dangereux ; peut-être une inadaptation sociale de l'individu ; ou encore possiblement une insuffisance d'information locale ou de connaissance générale. On peut en effet très sérieusement se demander si, en dehors des cas pathologiques et qui ont leur source dans le corps, il existe vraiment chez certains individus une sottise innée.

D'un autre côté, les sociologues français ont toujours très fermement souligné l'idée que les facultés intellectuelles ont leur source et leur modèle dans la société. C'est ce que disait Georges Davy, en 1924, dans ses *Éléments de sociologie* (*op. cit.*, p. 7-8), rappelant les thèses de Durkheim dans *Les Formes élémentaires de la vie religieuse.* C'est ce que le même auteur avait écrit dans son chapitre du *Traité de psychologie*, dirigé par Georges Dumas et paru la même année (cf. t. II, p. 766) : « La sociologie fournit le seul moyen d'expliquer la présence de facultés supérieures dans l'individu. » C'est l'idée que représentait Daniel Essertier en rendant compte de ce travail dans le premier volume des *Annales sociologiques*, paru en 1934 (cf. p. 123).

La psychologie sociale prend donc intérêt à de multiples aspects des comportements d'intelligence. Ce chapitre en abordera trois : le caractère évaluatif de la notion d'intelligence, les variations du niveau d'intelligence avec la condition sociale du sujet, enfin les variations culturelles de la raison et des processus intellectuels.

1. L'intelligence comme valeur sociale

Il y a bien des manières de concevoir en quoi un individu est intelligent. Mais dans tous les cas, l'intelligence est conçue comme une aptitude, comme une capacité, une certaine puissance de la personne. L'intelligence est donc, dans un individu, tout autre chose qu'une fonction, comme sont la perception, la faculté de se souvenir, ou celle d'éprouver du plaisir et de la souffrance. C'est ce qui nous permet de nous comporter d'une certaine manière, y compris dans les domaines qui viennent d'être évoqués ; car on peut percevoir avec intelligence, avoir des souvenirs intelligents, et même réagir intelligemment à des situations affectives. L'intelligence est donc aussi une sorte de trait de la personnalité, susceptible d'être exprimé par un adverbe. De même qu'on peut agir courageusement, avaricieusement, laborieusement si l'on est courageux, avare, assidu au travail, de même on agira intelligemment si l'on est doué d'intelligence. Et de même que les traits sont susceptibles de gradations, de même l'intelligence admet des degrés : on est plus ou moins intelligent. L'intelligence est donc bien, comme les autres traits, une valeur sociale. C'est par rapport à un jugement social, qui est un jugement de valeur, qu'un individu peut être dit courageux ; le courage est, dans la personnalité d'un individu, une caractéristique qui ne peut avoir aucune signification ni aucune existence en dehors d'une conceptualisation sociale et d'un modèle de valeur. De même l'intelligence d'un individu n'est pensable et n'existe que par rapport à une certaine définition sociale de cette valeur [1].

L'intelligence est donc l'existence chez un individu d'une capacité désirable, dont la possession lui rend possibles des comportements dits intelligents, lesquels lui attirent, de la part de son entourage, de l'approbation, de l'admiration, et même de l'envie. Seulement, qu'est-ce qu'être intelligent ? Chaque peuple sait exprimer les idées d'intelligence et de sottise, mais y met sans doute des nuances différentes. En français, être intelligent, c'est comprendre vite et clair. En anglais, *intelligent* signifie plutôt : qui est informé, et notre sens est plutôt couvert par l'adjectif *clever*, c'est-à-dire adroit, ou par le substantif *ingenuity* (propension à l'inventivité). Mais que de nuances déjà en français, entre : « esprit clair, net, lucide, ouvert, pénétrant, perspicace, fin, profond, ayant du flair, inventif, ingénieux, débrouillard, ayant du tact, de l'à-propos, de la répartie », et tant d'autres vocables qu'offre le dictionnaire des synonymes ; et de même, en anglais : « *keen, acute, alive, brainy, awake, bright, quick, sharp, canny, shrewd, astute, clear-headed, perspicacious,* etc. », pour finir par « *pas si bête* ». Il faudrait entrer dans le détail des conceptions des groupes sociaux. Les brevets d'intelligence et de sottise se décernent sur des titres bien différents à la campagne et à la ville, chez les jeunes et chez les gens d'âge mûr, à l'usine, dans la boutique, à l'université. Platon, dans le *Théétète* (174 c, 175 d) a souligné cette relativité de l'intelligence : au milieu de la foule, dans le tribunal, la gaucherie du philosophe lui donne figure de sot ; mais un homme du commun à son tour, dans la compagnie des philosophes, se

1. Le dictionnaire philosophique de Lalande, parmi les divers sens qu'il distingue du mot intelligence, donne la définition suivante (t. I, p. 389) : « Développement d'esprit normal ou supérieur à la moyenne. » L'expression « développement d'esprit » prise seule ne veut pas dire grand-chose ; ce qui est significatif dans la définition, c'est l'idée de valeur qui lui est juxtaposée.

hasardant vers les hauteurs de la métaphysique, apparaît comme un imbécile. Chaque groupe définit l'intelligence à sa manière.

Parmi ces diverses définitions sociales de l'intelligence, qu'il y aurait lieu d'ailleurs d'explorer davantage, la psychologie a choisi la sienne, on pourrait dire par hasard, si une logique profonde ne reliait pas cette définition à l'ensemble des définitions sociales moyennes : l'intelligence, c'est ce que mesurent les tests. Les constructeurs de tests d'intelligence, et Binet tout particulièrement [2], ne se sont pas embarrassés de problèmes théoriques. Ayant en vue un but très pratique, classer les écoliers, Binet a procédé par tâtonnements, en combinant dans son test des épreuves de compréhension de consignes, de découvertes de relations (ressemblances, labyrinthes, régularités cachées), de sensibilité à l'absurde, et enfin de résolution de problèmes. Le but de Binet n'était nullement de rendre possible une analyse des processus de la pensée. Tout ce qu'il espérait trouver, c'était un classement des individus d'après leurs réussites, de telle manière que ce classement fût sensiblement le même que celui qu'ils obtiendraient dans leurs travaux scolaires. Il a donc, en réalité, pris une définition sociale de l'intelligence, la réussite scolaire, et a cherché à la retrouver par son instrument. Ayant eu la chance de réussir, Binet a ainsi introduit en psychologie une conception de l'intelligence qui est celle des maîtres de l'enseignement primaire.

Le succès scolaire est indiscutablement une réussite sociale ; il est prédit très convenablement par les tests d'intelligence, et par conséquent, l'intelligence ainsi mesurée présente un indiscutable caractère objectif. Mais dans quelle mesure cette intelligence de la psychologie est-elle une caractéristique très générale des capacités de la personne ? C'est ce qu'on peut se proposer de déterminer expérimentalement. Dans l'ensemble, les résultats sont ambigus. En dehors des tâches scolaires proprement dites, il existe bien des « fonctions mentales » dans lesquelles les réussites ne s'accordent guère avec les notes aux tests d'intelligence. Par exemple, on ne

2. Cf. Pierre Oléron, *les Composantes de l'intelligence*, Paris, Presses Universitaires de France, 1957, 517 p., p. 29 sq.

trouve pas de corrélations, ou des corrélations faibles, entre l'intelligence (mesurée par les tests) et l'aptitude musicale, l'aptitude au dessin, l'aptitude mécanique, la stabilité émotionnelle, le développement moral, certains traits sociaux (la domination-docilité) [3]. Ces remarques ne sont, assurément, pas des critiques adressées aux tests d'intelligence ; il est parfaitement concevable et même sans doute d'expérience courante, qu'un élève bon par ailleurs soit un mauvais musicien, un médiocre dessinateur, ou, tout aussi bien, un musicien et un dessinateur accompli. Mais on aimerait alors mieux comprendre, puisque l'aptitude musicale est aussi une capacité désirable, prisée socialement, quelle est cette autre qualité sociale désirable que le test mesure. – Bien plus, un grand nombre de traits de comportement social, certains où l'on aimerait pouvoir utiliser aussi le nom d'intelligence, sont sans corrélation avec les résultats aux tests d'intelligence. Par exemple l'intelligence (il s'agit toujours de ce que mesurent les tests) ne joue aucun rôle dans l'aptitude à prédire et à comprendre l'opinion des autres personnes du groupe [4]. De même, l'aptitude à juger autrui paraît indépendante de l'intelligence (cf. Lindzey (ed.) *Handbook of social psychology*, *op. cit.*, p. 644) : en tout cas, on est en présence de résultats contradictoires. Il n'y a pas non plus d'accord entre les divers travaux sur la question de savoir si l'intelligence rend ou non plus sensible au comique (*ibid.*, 726). Les études sociométriques ont montré que les individus plus souvent choisis sont en moyenne plus intelligents que les moins souvent choisis ; mais cela ne veut pas dire que les plus intelligents de tous sont dans le groupe des plus choisis (*ibid.*, 431). De même, dans les groupes avec chefs, les chefs sont généralement plus intelligents que leurs troupes ; mais la différence ne doit pas être trop grande ; si elle dépasse 30 points de Q.I., l'ascendant ne se produira pas, ou ne se maintiendra pas (*ibid.*, 885, 886). Ces différentes données montrent donc que, si l'intelligence telle qu'elle est mesurée par la psychologie, exprime effectivement une valeur sociale supérieure chez un individu, ce n'est

3. On pourra consulter sur ces divers points Anne ANASTASI, *Differential psychology*, New York, MacMillan, 1937, 615 p., chap. X, p. 258-295.
4. Cf. R.N.W. TRAVERS, « Who are the best judges of the public ? », *Publ. Opin. Quart.*, 1942, 6, 628-633.

pas n'importe quelle valeur sociale, et par conséquent il serait important de connaître, indépendamment de la réussite scolaire, quelle valeur est ainsi mesurée.

2. Conditions sociales et niveaux d'intelligence

L'application des tests d'intelligence à des groupes d'individus observés dans des conditions sociales différentes, montre que les performances intellectuelles ainsi évaluées sont associées différentiellement à ces diverses conditions. Certains groupes atteignent ainsi en moyenne, d'une manière très régulière, des niveaux plus élevés que d'autres. Un certain nombre de données relatives à cette question ont été présentées précédemment (cf. chapitre III, p. 58-68). Dans tous les cas, l'influence du milieu ne paraît pas douteuse. Une manière ingénieuse de mettre en évidence cette action du milieu consiste à comparer deux groupes au cours du temps : aux âges les plus bas, les réussites sont équivalentes ; plus tard, les résultats divergent, et les notes du groupe vivant dans le milieu défavorable s'écartent de plus en plus de celles du groupe favorisé. C'est à une telle investigation que s'est livré H. Gordon en Angleterre, sur des enfants de mariniers et des enfants de nomades [5]. Aux États-Unis, N.D.M. Hirsch a réalisé une étude semblable sur des enfants de montagnards du Kentucky [6]. D'une manière inverse, on peut constater le gain obtenu par des enfants venant d'un milieu défavorable à mesure que le séjour en milieu favorable est plus long,. Ainsi les notes moyennes d'enfants noirs venus à New York augmentent avec la durée de leur séjour dans la métropole :

5. *Mental and scholastic tests among retarded children,* London, 1923, cité par ANASTASI, *op. cit.*, p. 84-86.

6. « An experimental study of the East Kentucky mountaineers », *Genet. Psychol. Monogr.*, 1928, *3*, 183-244, cité par ANASTASI, *op. cit.*, p. 560.

TABLE XI

Performances d'enfants noirs selon la durée de leur séjour à New York

DURÉE DU SÉJOUR	NOTES MOYENNES
1-2 ans	72
3-4 ans	76
5-6 ans	84
7-8 ans	90
Plus de 8 ans	94

(Otto KLINEBERG, *Negro intelligence and selective migration*, New York, Columbia University Press, 1935, 66 p. ; cf. ANASTASI, *op. cit.*, p. 501.)

Cette influence du milieu est si forte qu'elle renverse les données générales dans certains cas : dans l'ensemble, les Noirs ont des notes inférieures aux Blancs ; mais l'influence du système scolaire et du milieu social d'ensemble fait qu'aux États-Unis les Blancs du Sud ont des notes inférieures aux Noirs du Nord (Anastasi, p. 498-499). De même, les Étrangers ont des notes moins bonnes que les Américains de naissance ; cependant, les notes moyennes, Étrangers compris, sont plus élevées dans les États où les Étrangers sont les plus nombreux, parce que ce sont aussi les États où le système d'enseignement est le meilleur.

Il est toutefois essentiel de souligner que les différences observées doivent être interprétées dans un sens qualitatif et non quantitatif. Chaque culture, et sous-culture, définit à sa manière propre, on l'a dit, cette valeur qu'on appelle communément l'intelligence ; en outre, il existe d'autres valeurs psychologiques individuelles que celles qu'on appelle intelligence, et chaque culture fait son choix, en stimulant par là, d'une manière préférentielle, le développement de certains talents, de certaines aptitudes, au détriment des autres, chez ses ressortissants. Quand donc nous soumettons à certaines épreuves – nos tests d'intelligence, construits en fonction des talents et des aptitudes qui sont spécialement valorisés chez nous – des populations qui n'ont pas porté leur attention sur ces talents ou ces aptitudes, nous constaterons dans ces populations un niveau de réussites quantitativement moins élevé :

mais notre seule conclusion légitime devra être que ces populations sont différentes, et non pas qu'elles sont inférieures. A l'appui de cette discussion, on doit rappeler les résultats obtenus en soumettant des populations différentes à plusieurs tests dont chacun a été construit en accord avec les exigences particulières d'une culture : les meilleures réussites sont toujours dans la population et le test qui se correspondent [7]. On remarquera en terminant qu'il n'existe aucun instrument pour évaluer comparativement l'intelligence universelle, et que ceci résulte, non d'une insuffisance de la méthodologie, mais du fait culturel de la pluralité des définitions de l'intelligence.

3. Pensée et cultures

La psychologie sociale ne s'intéresse pas seulement aux performances que l'intelligence produit, aux résultats dont elle est capable; elle s'intéresse aussi aux processus qui amènent ces résultats, à la conceptualisation de l'expérience, aux manières de juger et d'enchaîner les jugements pour arriver à des conclusions, aux techniques de la pensée en un mot. Or, que l'on se place dans une perspective historique, comme a pu le faire Léon Brunschvicg, ou dans une perspective géographique, à la manière des ethnologues et des linguistes, la conclusion est la même : ces processus ne sont pas partout identiques.

Mais peut-on préciser? Il faut partir de la thèse célèbre qui fut, avec certaines nuances, celle de Lucien Lévy-Bruhl depuis 1910 (*Les Fonctions mentales dans les sociétés inférieures*) : il y aurait deux formes opposées de « mentalités », de raisons; à côté de la nôtre que, à la suite des analyses d'Aristote, nos philosophes ont crue universelle, il y aurait la mentalité du primitif. Sans doute Lévy-Bruhl partait-il de l'idée d'une pluralité. « A des types sociaux différents, disait-il dans ses premières pages [8], correspondront des mentalités

7. Voir le test d'information rural et urbain dans M.E. SHIMBERG, « An investigation into the validity of norms with special reference to urban and rural groups », *Archiv. Psychol.*, 1929, n° 104, 84 p., cité par ANASTASI, p. 566-569 ; voir aussi le test des broderies de perles appliqué à des filles Dakota et blanches, *in* Anastasi, p. 509.

8. *Fonctions mentales*, p. 19. Il est commode d'utiliser les *Morceaux choisis*, publiés par Lévy-Bruhl lui-même, Paris, Gallimard, 1936, 241 p.

différentes. » Mais il faisait observer qu'une étude comparative complète est une tâche trop vaste. Il se contentait donc de « l'étude préalable des lois les plus générales auxquelles obéissent les représentations collectives dans les sociétés inférieures... Afin de mieux comprendre ces traits, je comparerai cette mentalité à la nôtre... » (*Morceaux choisis*, p. 11). Cette comparaison le conduisait à une opposition tranchée et simple : notre mentalité se caractérise par le recours au principe d'identité et au principe du déterminisme ; la mentalité primitive se sert au contraire du principe de participation qui la rend « prélogique » si on fait attention aux liaisons, « mystique » si on considère le contenu des représentations (cf. *ibid.*, p. 25). Lévy-Bruhl ne nie pas qu'il existe, entre cette mentalité primitive et la nôtre, « des formes intermédiaires ou de transition » (p. 11). Mais il tient à opposer ces deux formes : « les institutions, les pratiques, les croyances des " primitifs " impliquent une mentalité prélogique et mystique, orientée autrement que la nôtre... il est vain de prétendre expliquer les institutions, les mœurs, les croyances des primitifs en se fondant sur l'analyse psychologique et logique de " l'esprit humain " » (*ibid.*, p. 27).

Cette théorie a soulevé beaucoup de protestations. A certains moments, a-t-on dit, tous les peuples sont capables de se placer au point de vue d'une causalité objective et susceptible de preuve. Quand le raisonnement nous paraît bizarre chez les autres, c'est souvent par le contenu (par exemple une prémisse est fausse) mais la forme est correcte [9]. D'un autre côté, s'il arrive aux sauvages de penser d'une manière prélogique, ne peut-on en dire autant des civilisés ? – Très tôt, Lévy-Bruhl a été frappé par ces objections et les cinq ouvrages qu'il a publiés postérieurement aux *Fonctions mentales* s'efforcent d'apporter des correctifs et des nuances, sans toutefois abandonner l'essentiel de la thèse. Le dernier de ces ouvrages est de 1938 (*L'Expérience mystique et les symboles chez les*

9. Par exemple, en Afrique, les cadets sont plus intelligents que les aînés ; car les enfants ressemblent à leurs parents, et en vieillissant un homme ou une femme augmentent leur expérience et deviennent plus intelligents ; les enfants nés de parents plus vieux sont donc plus intelligents : raisonnement dont la conclusion est impeccable si on en accepte les prémisses. Voir Melville J. HERSKOVITS, *Cultural anthropology*, New York, Knopf, 1955, 569 p., p. 360-362.

primitifs). Mais les *Carnets* (publiés d'une manière posthume en 1949), montrent qu'en 1938, précisément, Lévy-Bruhl avait totalement renoncé à sa thèse :

> Si je jette un regard d'ensemble sur ce que j'ai écrit au sujet de la participation de 1910 à 1938, l'évolution de mes idées m'apparaît clairement. J'avais commencé par supposer une mentalité primitive différente de la nôtre... Je m'étais trouvé dans l'embarras pour expliquer les rapports de cette mentalité avec l'autre... En me bornant à parler d'habitudes mentales, je me réfugiais sur une position de repli... Quittons donc, à son tour et sans arrière-pensée, cette position de repli... Il n'y a pas une mentalité primitive qui se distingue de l'autre par *deux* caractères qui lui sont propres (mystique et prélogique). Il y a une mentalité mystique plus marquée et plus facilement observable chez les « primitifs » que dans nos sociétés, mais présente dans tout esprit humain.
>
> (*Carnets,* p. 131.)

Plus nettement encore, Lévy-Bruhl écrit dans un autre passage : « Du point de vue strictement logique, aucune différence essentielle n'est constatée entre la mentalité primitive et la nôtre » (*ibid.,* p. 70). Lévy-Bruhl a donc finalement renoncé à sa théorie. Seulement il pouvait le faire de deux manières : elle est fausse, parce qu'il n'y a qu'une seule forme générale de la pensée, et c'est l'opinion à laquelle il s'est rallié à la fin de sa vie ; mais elle peut être fausse aussi parce qu'il y a plus de deux mentalités, parce qu'il y en a un nombre indéfini. C'est cette thèse que Lévy-Bruhl avait d'abord suggérée en 1910 (on a vu le texte), c'est ce que d'autres ethnosociologues, ses contemporains, ont affirmé [10], et c'est ce que l'on peut raisonnablement soutenir, dans l'état actuel des connaissances.

10. « Quand nous parlons d'états psychiques collectifs, nous pensons à des *sociétés définies* et *non pas à une société en général,* au peuple, aux masses indécises d'une humanité vague, où les idées et les sentiments se transmettraient d'individu à individu, nous ne savons comment... Pratiques et croyances sont spéciales à certains peuples... Les limites de leur extension... correspondent à des faits de structure... C'est pourquoi la sociologie ne peut se constituer en dehors de l'ethnographie et de l'histoire. Ce qui existe, ce qui offre un terrain solide à la science, ce sont des phénomènes *particuliers* » (HUBERT et MAUSS, *Mélanges d'histoire des religions,* Paris, Alcan, 1909, 236 p., préface, p. XXXIX). (C'est moi qui souligne.) Dans un passage voisin, les auteurs écrivent aussi : « Là-dessus, on nous dit : vous faites de la psychologie sociale, non de la sociologie. Peu importe l'étiquette » (p. XXXVIII).

La question est assurément difficile, et encore insuffisamment étudiée. C'est surtout sur la linguistique comparée que l'on peut s'appuyer. Naturellement, si l'on veut obtenir des résultats, il faut sortir du cadre des langues apparentées (par exemple, en ce qui nous concerne, de la famille des langues indo-européennes). On voit alors que les diverses langues conduisent ceux qui les parlent à penser de manières très différentes. On se limitera ici à quelques observations.

En premier lieu, les langues font attention à des nuances qui ne sont nullement imposées par la situation, et négligent d'autres aspects qui pourraient aussi bien être retenus. On a vu précédemment que la langue hopi ne connaît pas les distinctions temporelles, mais fait en revanche très attention à distinguer entre l'objectif et ce qui se passe dans le cœur (cf. *supra*, p. 120-121). Considérons, sur un détail qui suffira pour notre illustration, un voisin des Hopi, un Navajo [11]. Pour parler d'un objet qui tombe, le Navajo doit, pour trouver le mot qui convient, penser à distinguer s'il s'agit d'un objet de forme allongée, ou d'une masse granuleuse, ou si elle est rassemblée en tas, ou si c'est un être animé [12]. Naturellement, si je parle une autre langue, rien ne m'empêche de penser ces mêmes nuances et, à plus forte raison, rien ne m'empêche de les exprimer. Mais si je ne parle pas en navajo, rien non plus ne me pousse à faire ces distinctions. Au contraire, si c'est en navajo que je parle, sous peine de commettre une impropriété ou d'être ridicule, je ne pourrais pas ne pas les faire. Ce qui ne veut pas dire que le Navajo est conscient de ces classifications que sa langue lui impose; mais il doit les faire implicitement en choisissant ses mots pour parler. C'est tout à fait précisément à ce point que se découvrent les relations, au point de vue culturel, entre la pensée et la langue. Le fait de parler une langue m'oriente vers des aspects déterminés de la situation, et m'en fait négliger d'autres.

On est donc déjà incité à conclure que les langues orientent ceux qui les parlent vers des classifications et des conceptuali-

11. Voir C. KLUCKHOHN et D. LEIGHTON, *The Navaho*, Cambridge, Mass., Harvard University Press, 1947, 258 p., p. 187-208.

12. Un Français distingue entre l'animé et l'inanimé quand il dit : J'ai amené mon chien et j'ai apporté la valise; mais ces distinctions sont exceptionnelles.

sations différentes. Mais il peut se faire que la langue nous détourne de toute conceptualisation, c'est-à-dire des classifications abstraites. C'est ce qui se passe pour le chinois qu'étudie Granet [13]. Le vocabulaire chinois est très riche et très concret. Granet dénombre trente-sept vocables (monosyllabiques) pour désigner une montagne, selon sa hauteur, sa forme, sa place, son revêtement. On a l'impression, commence-t-il, que tous ces mots, dont il donne bien d'autres exemples, sont plus proches de noms propres que de noms communs. C'est précisément ce qui se passe pour les rivières ; ce sont les trois rivières les plus connues, *Ho* (le fleuve jaune), *Kiang* (le Yang-tsé), *Han* (la rivière Han), qui donnent leurs noms à toutes les autres. Une idée générale comme celle de foule, ou de réunion, de pluralité, s'exprime par le mot *tchung* qui veut dire trois hommes. La pensée chinoise est entièrement orientée vers le concret.

Les explications données par les Chinois eux-mêmes du vocabulaire de leur langue ne contredisent pas cette impression. Elles sont de deux sortes, graphiques et phonétiques [14]. Considérons le caractère 友 qui se lit *yu*^{3} et signifie compagne, compagnon, ami, amie. Les Chinois expliquent que c'est l'image des deux mains :

Or, commente Granet, le contrat d'amitié, ou de compagnonnage militaire, comme le contrat amoureux, se liaient par la paumée. Le mot *yu*^{3}, qui semble noter une idée assez générale, l'évoque en réalité, par la représentation du geste caractéristique qui rappelle la cérémonie où se forme le lien d'ami-

13. Marcel GRANET, « Quelques particularités de la langue et de la pensée chinoise », *Rev. Philos.*, 1920, mars-avril ; repr. *in : Études sociologiques sur la Chine*, Presses Universitaires de France, 1953 (posthume), p. 93-155. Voir aussi *La Pensée chinoise*, Renaissance du Livre (Albin Michel), 1934, 614 p.

14. Tous les travaux sur les caractères dérivent d'un ouvrage composé vers l'an 100 de notre ère, le *Chouo wen kiai tseu.* Voir les *Rudiments* du P. WIEGER, n° 12, Caractères, et O. VACCARI, *Pictorial Chinese-Japanese characters*, Tokyo, 1950, 264 p.

tié ou d'amour. D'autre part, pour continuer l'analyse graphique du même exemple, tous les caractères ont été classés, d'abord en 540 groupes, plus récemment en 214 groupes, d'après certains éléments graphiques qu'ils contiennent, les clés. C'est ainsi qu'on les retrouve dans le dictionnaire. Par exemple notre caractère *yu*^{3} 友 appartient au 29e groupe parce qu'il contient le radical ou clé 又 qu'on doit pouvoir y reconnaître. Mais, d'une part, ces clés ne sont nullement le tableau systématique des concepts de base, nullement des catégories. Comme le fait remarquer Granet, on y trouve la grenouille (n° 205), le trépied (n° 206), le tambour (n° 207), le rat (n° 208), l'oiseau à queue courte (n° 172) et à queue longue (n° 196). D'un autre côté, c'est souvent pour les besoins de la cause qu'on reconnaît la clé dans un caractère complexe. Dans le cas de 友 (*yu*^{3}), la clé 又 se lit *tu*^{4} et signifie « encore », « de nouveau ». C'est uniquement pour les besoins de la cause, de ce caractère et de plusieurs autres, qu'on y reconnaît la main. La main s'écrit 手 (*shou*^{3}), ce qui est tout différent. On a cependant voulu retrouver la main dans 又 (*tu*^{4}) et expliquer par là, et les caractères qui en dérivent, et le sens de 又. On fait valoir que 又 = ⺕ et l'on dit (cf. Vaccari, *op. cit.*, p. 62) : « Ce caractère symbolise une main, supposée avoir les doigt ouverts de façon à former un V ou une fourche entre chaque doigt et le suivant. Puisque la main ainsi ouverte forme quatre fois un V, ou une fourche répétée *encore* plus d'une fois ou *de nouveau*, le caractère signifiera encore ou de nouveau. » – Il serait donc illusoire de se représenter l'écriture chinoise comme le résultat d'un travail d'analyse et de classification des idées. Au mieux les caractères expriment graphiquement des détails caractéristiques, des images concrètes, qu'en tout cas les exégètes s'évertuent à y rechercher.

L'analyse des explications phonétiques par les Chinois conduit aux mêmes conclusions. Pour expliquer *heou* (reine), un auteur rapproche ce mot de *heou*, qui vient après. Il ne s'agit nullement d'une véritable étymologie, car le sens premier de *heou*, reine, est prince ; et dire que le prince est celui qui vient après, serait une absurdité manifeste. Granet commente donc l'explication phonétique en ces termes : « Ce que veut indiquer l'équivalence proposée, ce n'est pas le sens premier, mais la valeur du mot dans l'emploi spécial qui en est fait : cette valeur est suggérée par un phénomène de sonorité analogue évoquant une image concrète, l'image spécifique qui correspond au concept à définir. La reine est dite *heou*, parce qu'elle marche à la suite du roi, image particulièrement riche pour un Chinois habitué à concevoir que la femme d'un roi, dans toutes ses démarches, ne peut pas être poussée par sa propre initiative, mais par l'influence souveraine de son mari » (*op. cit.*, 1953, p. 109-110). – La langue chinoise ne s'analyse donc pas en idées, mais en images. Quand la première école chinoise de logiciens voulut résumer sa pensée, on eut une formule où se redoublaient les mots d'une suite : seigneur, seigneur, vassal, vassal. Cela veut dire : (pour que la vie sociale soit régulière, il faut que le) seigneur (se conduise en) seigneur (et le) vassal (en) vassal. Preuve remarquable, conclut Granet (p. 124), de la valeur synthétique et singulière des concepts chinois, qui défient l'analyse et ne peuvent s'expliquer que par la duplication des mots qui les expriment.

Puisque les éléments de la pensée chinoise sont des images concrètes presque impossibles à décomposer, la pensée procédera tout autrement qu'elle ne le fait en Occident. Notre logique classique est basée sur la relation du sujet et du prédicat, le premier étant contenu dans le second. En rapprochant plusieurs inclusions successives constatées, l'intelligence occidentale fait ressortir des inclusions qui n'étaient pas d'abord apparentes. Mais il n'y a rien dans la phrase chinoise qui corresponde aux fonctions de verbe, sujet, attribut. La grammaire chinoise ne connaît presque aucune différenciation des parties du discours. Tout au plus distingue-t-on des « mots pleins », qui sont des concepts dont on a vu le caractère concret, et des « mots vides », qui sont de simples ponctuations orales (ainsi *pa*, particule finale, *ma*, particule interrogative). L'essentielle démarche de la pensée chinoise, dans ces conditions, sera ce que Granet appelle l'intuition analogique. On en voit un exemple dans le texte suivant (Granet, p. 142) :

> On traite ses proches parents en proches parents, c'est pourquoi on honore les ancêtres. On honore les ancêtres, c'est pourquoi on respecte la branche aînée. On respecte la branche aînée, c'est pourquoi on maintient uni le groupe des parents. On maintient uni le groupe des parents, c'est pourquoi le temple des ancêtres est vénéré. Le temple des ancêtres est vénéré, c'est pourquoi on considère fort l'autel du sol et des moissons. On considère fort l'autel du sol et des moissons, c'est pourquoi on aime le peuple. On aime le peuple, c'est pourquoi la justice pénale est exacte. La justice pénale est exacte, c'est pourquoi les gens du peuple ont la tranquillité. Les gens du peuple ont la tranquillité, c'est pourquoi les biens sont en suffisance. Les biens sont en suffisance, c'est pourquoi tous les désirs sont satisfaits. Tous les désirs sont satisfaits, c'est pourquoi rites et usages sont suivis. Rites et usages étant suivis, alors c'est le bonheur.

Granet commente ce texte et deux autres qui ont exactement la même structure : le développement ne se présente nullement, ce que nous trouverions en Occident, comme une chaîne de conditions réagissant les unes sur les autres, de telle sorte que l'attribut du dernier jugement conviendrait au premier; ou tout au moins comme une chaîne telle que la règle énoncée d'abord soit la condition première de celle qui termine la chaîne. Tout différemment, le développement est une énumération, conduite selon un rythme analogique, de différents principes d'action ayant entre eux une solidarité logique, qui est la dépendance par rapport à un principe directeur : à savoir l'existence d'un ordre unique régissant l'univers. Selon Granet, la démarche intellectuelle chinoise consiste donc surtout en cela : en suivant un certain rythme, un certain balancement, retrouver, dans ceci et dans cela, des analogies de dépendance par rapport à des principes directeurs.

On estimera donc qu'un Européen, un Navajo et un Chinois ont des chances de penser différemment. Naturellement, le fait de penser en une langue n'empêche pas de penser comme dans une autre langue : les traductions sont possibles et les démarches intellectuelles des Chinois ne sont nullement incompréhensibles aux Européens. En ce sens, l'intelligence humaine est universelle. Cependant, en temps ordinaire, un

Européen est peu motivé à penser comme un Chinois, et c'est ce qui importe à la présente analyse. Par le fait de la langue, et sûrement d'autres conditions aussi, nos comportements d'intelligence se déroulent dans des contextes culturels différents. Parmi les autres conditions, il y a le fait que nous ne sommes pas seuls, et que notre pensée a besoin d'être communicable. Or, la logique est une des conditions de la communication de la pensée. Mais il n'existe pas de logique universelle, de raisonnement qui soit valable inconditionnellement. Ceci n'est pas vrai seulement quand nous changeons de pays et de culture ; quand nous passons d'un groupe à un autre, d'une activité à une autre, quand nous allons de nos étudiants à nos collègues, de ceux-ci à nos fournisseurs, nous nous ajustons à des conditions différentes de communicabilité et de logique. L'étude de ces diverses conditions est aussi une partie de la psychologie sociale des comportements intelligents.

TROISIÈME PARTIE

LA PERSONNALITÉ

CHAPITRE X

LA NOTION DE PERSONNE

La personnalité est probablement le thème le plus central de toute la psychologie. Les diverses branches de cette science le rencontrent, la psychologie physiologique avec la constitution et le tempérament, la psychologie génétique avec le développement du moi, la psychologie générale avec le caractère, la psychologie différentielle avec les différences entre les personnes, la psychologie philosophique avec les conditions transcendantales de la conscience et du sentiment de soi-même. En psychologie sociale, c'est pour ainsi dire chaque chapitre qui trouve la personnalité et la personne sur son chemin, souvent comme un aboutissement, dans les relations entre l'individu et la culture, dans le fonctionnement psychologique au sein des conditions sociales, dans l'interaction et la communication, et même dans les comportements de masse, où les analyses contemporaines ont fait ressortir le caractère simpliste des premières théories, qui posaient inconsidérément le principe de la perte de la personnalité dans les situations de foule.

Mais le rassemblement de ces nombreuses et différentes observations, faites de points de vue très variés, ne traite pas vraiment de la psychologie de la personnalité. Dès que nous arrêtons notre attention sur ce thème, il nous semble, à tort ou à raison, qu'il transcende tous les autres problèmes psychologiques. Tous en effet se posent aussi dans le cadre de la psychologie animale. On peut étudier la perception, l'habitude, l'interaction, et même l'intelligence et l'individualité chez les animaux; visiblement, il existe une communication entre animaux, et aussi des comportements collectifs. Mais nous nous refusons de voir dans les animaux des personnes. La notion de personne occupe donc une place à part parmi les notions psychologiques. C'est cette notion même qu'il convient d'abord d'examiner.

1. La personne en Occident

Le mot personne (ou personnalité) se retrouve, pratiquement sans changement, dans un bon nombre de langues parlées dans les pays de culture occidentale. Ce mot vient du latin *persona*, qui signifie originellement masque, mais dont l'étymologie est inconnue. L'analyse systématique du mot, dans les langues où il existe, sous sa double forme « personne-personnalité », a été présentée d'une manière très détaillée par Gordon W. Allport en 1937 [1]. Allport a séparé une cinquantaine d'acceptions différentes, dont il montre les relations et les dérivations. Ces sens peuvent tous être rattachés aux sens possédés par le mot *persona* dans le latin classique, au nombre de quatre : 1) l'apparence extérieure, dérivation immédiate de l'idée de masque : *personam alienam ferre*, déguiser son personnage (Tite-Live) ; 2) le rôle lui-même, que joue l'acteur : *personam capere*, se charger d'un rôle ; *tueri personam principis*, remplir les fonctions d'un chef d'État (Cicéron) ; 3) l'acteur, la personne qui joue le rôle : *mea persona*, ma personne ; *persona Staleni*, le personnage de Stalenius (Cicéron) ; 4) le personnage, avec une signification de valeur : *haec fuit altera persona Thebis*, il fut le second personnage de Thèbes (Cornelius Nepos). Le sens grammatical, introduit par Varron au Iᵉʳ siècle av. J.-C., se rattache au sens 2). Au sens 1) (l'apparence) se rattachent les significations populaires : une personne a de la personnalité (elle se distingue des autres) ; un vêtement, un cadeau, ont de la personnalité en ce sens. On dit aussi d'un individu qu'il est une personnalité, en entendant qu'il a de l'influence sur les autres. Au sens 4) se rattachent les sens juridiques (la person-

1. *Personality : a psychological interpretation*, New York, Holt, 1937, 588 p., ch. II, p. 24-54.

nalité juridique, les personnes morales), péjoratifs (ce personnage, ce vilain personnage), laudatifs (« voici venir les personnalités! »). Tous les autres sens se rattachent au sens 3) : sens théologique (les personnes de la Trinité), philosophique (la substance pensante), moral et romantique : pour Kant dans ses œuvres morales, pour les romantiques, la personne est la fin et la valeur suprêmes.

C'est aussi à ce sens 3) que se rattachent les acceptions psychologiques, dont Allport distingue cinq variétés : un sens banal, incolore, « fourre-tout » : la personnalité est l'ensemble de toutes les dispositions innées et acquises de l'individu; un sens qui met l'accent sur le caractère intégratif et structural de la personnalité : la personnalité est l'organisation des dispositions de l'individu; un sens qui prolonge et précise le précédent, en insistant sur la hiérarchie de cette organisation. William James distinguait ainsi un moi matériel, un moi social à facettes multiples, un moi spirituel qui unifie les tendances discordantes de l'individu, un moi pur enfin, qui a une destinée philosophique et se confond d'ailleurs avec le moi spirituel au point de vue psychologique. Dans un quatrième sens, on insiste sur l'idée d'adaptation : les dispositions acquises organisées représentent les adaptation de l'individu à son milieu. Enfin, dans un cinquième sens, on met l'accent sur le caractère original, unique, incomparable de cette organisation adaptée. Ce qui donne cette coloration unique aux actions de l'individu, c'est sa personnalité : la personnalité est ainsi, non pas substantielle, mais « adverbiale » (Woodworth). Allport lui-même combine ces divers éléments pour arriver à la formule suivante, souvent citée :

> La personnalité est l'organisation dynamique des systèmes psychophysiques qui, dans un individu, déterminent son adaptation originale à son milieu (p. 48).

Toutefois, pour le moment, le problème n'est pas de savoir si c'est telle ou telle formule que l'on doit choisir pour exprimer le mieux une certaine réalité qui sera la personnalité ou la personne; mais c'est de préciser ce que nous avons dans l'esprit quand nous parlons de personnalités ou de personnes.

Or, sans nous lancer dans une quête des sources, qui serait probablement décevante et illusoire, il nous paraît que nous trouvons les amorces précises des intuitions modernes dans la philosophie morale des Anciens, chez les stoïciens, et plus particulièrement encore chez Sénèque (cf. *Lettres à Lucilius*). Ce que Sénèque a senti et a dit, avec une parfaite netteté, c'est que la personne est pour elle-même : la grande affaire, c'est de se garder pour soi-même, de se reconquérir, de se faire : *Ita, fac, mi Lucili, vindica te tibi.* Il faut être ménager de son temps, ne pas se disperser dans les voyages, ni avec la foule de ses relations. Il faut se mettre d'accord avec soi-même, devenir l'ami de soi-même. La personnalité n'est pas un donné, c'est une tâche, il faut réaliser en soi l'unité et l'identité de sa personne [2]. Beaucoup d'hommes placent leur personne là où elle n'est pas : elle n'est pas dans le corps et, pour un intellectuel, l'éducation physique est une occupation stupide; elle n'est pas dans les biens, matériels ni sociaux; elle est dans le libre usage de mes représentations, dans l'assentiment de l'esprit. La personne, c'est l'esprit, c'est-à-dire la raison [3]. Pour trouver la personne, il faut donc dépasser le costume et le rôle, et aller jusqu'à l'acteur. Mais peut-on s'arrêter à ce point? La personne, quand elle rentre en elle-même, trouve des forces qui la dépassent : Dieu est dans l'homme (*prope est a te deus, tecum est, intus est,* Ad Lucil., XLI). Nous sommes les enfants de Dieu, Dieu nous voit, nous pénètre, nous inspire. Mais alors, où commence et où finit le moi? Sommes-nous dans la transcendance ou dans l'immanence? La doctrine reste floue, c'est le christianisme qui l'achèvera.

Étienne Gilson a bien montré comment l'étape suivante du développement de la notion de personne en Occident a été accomplie par les métaphysiciens chrétiens [4]. La personne,

2. *Qui est sapientia? Semper idem velle atque idem nolle... Nesciunt ergo homines quid velint, nisi illo momento quo volunt... Variatur cotidie judicium et in contrarium vertitur... Nec hoc dico sapientem uno semper iturum gradu, sed una via* (Ad Lucil., XX).

3. ... *quod proprium hominis est. Quaeris quid sit? animus et ratio in animo perfecta* (Ad Lucil., XLII).

4. Étienne GILSON, *L'Esprit de la philosophie médiévale*, Paris, Vrin, 1932, 2 vol., 2e édit. 1944, 1 vol., 446 p. ; voir le chap. X : « Le personnalisme chrétien », p. 194-213 (2e éd.).

qui porte désormais son nom, *persona*, est à la fois âme et corps, car ce qui a reçu la pensée et la raison (sur quoi insistaient les stoïciens), ce n'est pas l'âme, c'est l'homme. La personne est donc individuelle, et ici se tranche définitivement l'équivoque qui demeurait, on vient de le voir, chez les stoïciens. Mais l'individualité ne suffit pas à faire la personne : il s'y joint l'idée d'une certaine dignité : *personalis autem discretio dicit singularitatem et dignitatem* (la notion de personne implique individualité et dignité, saint Bonaventure) ; car cette individualité est une substance, elle emprunte sa valeur à la raison. A l'aube du VIe siècle, Boèce avait déjà trouvé la formule synthétique qui sera constamment reprise : la personne est la substance individuelle d'un être raisonnable *(persona est rationalis naturae individua substantia)*. Désormais, il ne faudra plus dire l'homme, mais la personne humaine. Toute la vie intérieure de l'homme chrétien, remarque Gilson (p. 209) se ramènera à la constitution progressive, à la retouche incessante et au perfectionnement inlassable de cette personnalité (qui n'atteint sa plénitude, il est vrai, que dans la vie future).

Il est hors de doute que la manière dont les Occidentaux conçoivent aujourd'hui les personnes et se pensent comme personnes, a subi l'influence de cette philosophie chrétienne, et même coïncide dans une large mesure avec ces formules. Et cependant, il faut bien noter aussi que la notion n'est pas psychologique, mais métaphysique et même théologique. Presque tout ce que nous savons de la philosophie de la personne, dit Gilson (p. 210), se trouve chez les penseurs du Moyen Age dans des questions qu'ils consacrent à la théologie de la Trinité, et la définition de Boèce, tellement centrale, se trouve dans un traité sur les deux natures du Christ. C'est dans un esprit qui n'est pas moins philosophique que les penseurs modernes ont poursuivi leurs réflexions sur la notion de personne. Si l'on considère par exemple la présentation panoramique que Léon Brunschvicg a donnée du *Progrès de la conscience dans la philosophie occidentale* [5], on constate que cette conscience s'identifie à la pensée, à la connaissance, à la réflexion, mais non pas au pour-soi, à la personne. On en

5. Paris, Alcan, 1927, 2 vol., 807 p.

revient à l'idée de l'homme, de l'humanisme, de la liberté, qui sont assurément des thèmes philosophiques importants et légitimes, mais où se perd la notion de l'individu se pensant lui-même et agissant pour lui-même. L'exposé autobiographique de la première partie du *Discours de la méthode* n'a pas de relation avec l'*ego* de la quatrième; l'*ego* présenté par Descartes n'est pas l'*ego* de Descartes, c'est l'*ego* universel. Toutefois il est encore réel, et c'est même la première réalité. Avec Kant (et déjà avec Hume) le moi perd cette réalité; je ne peux affirmer que je suis une personne; mais je ne pourrais penser si je ne me pensais pas comme une personne; le sentiment du moi est peut-être illusoire, mais c'est un sentiment inévitable, « fondé dans la nature de la raison humaine ».

Mais une seconde voie s'offre à qui veut exposer la notion de personne, telle qu'elle appartient à notre civilisation : c'est l'analyse de notre littérature. I. Meyerson, pour la littérature contemporaine, L. Lowenthal pour la période moderne, ont montré ce qu'on peut tirer de cet examen [6]. C'est qu'en effet, Lowenthal le fait remarquer, ce que l'écrivain cherche d'abord, c'est à présenter des caractères plausibles; on doit donc s'attendre à trouver un accord entre l'image de la personne telle qu'elle est mise en œuvre par un écrivain, et celle qui existe dans l'esprit de ses lecteurs. Or, qu'est-ce que la personne? A cette question, la littérature occidentale a donné les réponses les plus diverses et les plus contradictoires, parfois à partir des mêmes expériences interprétées dans des sens opposés : universelle ou unique, simple ou complexe, cohérente ou inconsistante, permanente ou changeante. La personne est universelle, parce qu'elle est l'homme, l'être humain. Les traits humains sont interchangeables entre les individus; laissés à eux-mêmes, indépendamment des règles sociales, chacun se comporte de même manière; l'amitié dérive de la nature humaine elle-même, la jalousie est le symptôme d'une convoitise de propriété (Cervantès, *La Gitannilla*)« « Quand je vous parle de moi, je vous parle de vous. Comment ne le sentez-vous pas? Ah! insensé, qui crois

6. Ignace MEYERSON, « Quelques aspects de la personne dans le roman », *J. Psychol. norm. pathol.*, 1951, 44, p. 303-334; Leo LOWENTHAL, *Literature and the image of man : sociological studies of the European drama and novel, 1600-1900*, Boston, Beacon Press, 1957, 242 p.

que je ne suis pas toi! » (Victor Hugo, *Contemplations*, préface). Mais la perspective se retourne à volonté, et la personne peut aussi être démontrée originale et unique; c'est là le trait le plus frappant dans la littérature de la fin du XIXe siècle : « Ne crois pas que ta vérité puisse être trouvée par quelque autre... Ce qu'un autre aurait fait aussi bien que toi, ne le fais pas... Ne t'attache en toi qu'à ce que tu sens qui n'est nulle part ailleurs » (A. Gide, *Nourritures terrestres*). La personne est-elle donc unique ou universelle? car, qu'est-ce qui fait sa valeur? Pascal déjà (mais il n'y prenait pas garde) s'empêtrait dans l'antinomie (cf. *Pensées*, ed. Brunschvicg, fragm. 29 et 7).

La personne est, aussi, simple ou complexe. A vrai dire, la complexité paraît une découverte moderne : Lowenthal pense qu'elle date du XVIIe siècle, et plus précisément de Racine. Chez Shakespeare, chez Corneille, l'individu peut rencontrer des conflits, mais la source en est extérieure : il veut ceci et cela, mais que les deux tendances soient antagonistes dépend non de lui, mais des circonstances. Respecter son père et être amoureux sont deux tendances généralement compatibles. Si Roméo et Juliette, Rodrigue et Chimène sont déchirés, ce n'est pas parce qu'ils sont intérieurement contradictoires, mais à cause de querelles entre leurs familles, dans lesquelles ils ne sont pour rien. Chez l'Hippolyte de Racine, plus rien de tel. Il a cru, autrefois, être simple, tout d'une pièce, et en a été satisfait (cf. *Phèdre*, I, I, v. 72). Mais c'était là un orgueil téméraire et naïf de jeune homme; il s'aperçoit maintenant que dans le même temps il veut et il ne veut pas, il fuit et il cherche, qu'en étant le plus lui-même il s'entraîne loin de lui-même, et au milieu de toute cette complexité, il ne se trouve plus (*ibid.*, II, II, v. 529-548). Pascal avait aussi attiré l'attention sur cette complexité : « L'homme est naturellement crédule, incrédule, timide, téméraire... Description de l'homme : dépendance, désir d'indépendance, besoin » (fragm. 125, 126).

Très proche de la précédente et en découlant, est l'antinomie unité-pluralité. Ce qui peut donner à la personne le sentiment qu'elle est simple, c'est qu'elle est une, parce que c'est en ce sens qu'elle est unifiée. Chez Corneille le héros, déchiré de conflits, unifie sa vie par sa volonté, qui est raisonnable et par là son Je devient le maître, le monarque de son moi (Auguste dans *Cinna*). Chez Racine, c'est la passion, c'est l'affectivité qui opèrent la synthèse. D'une manière ou d'une autre, chez les classiques, la personne, si complexe qu'elle puisse être, reste une, cohérente. On pourrait même dire que le procédé esthétique essentiel chez ces littérateurs psychologues de l'époque classique, consiste à montrer l'unité et la consistance de la personne à travers les épreuves auxquelles les héros sont soumis et qui produisent d'abord chez eux des réactions en apparence contradictoires. Mais ne pourrait-on pas faire ressortir aussi bien, et avec un succès esthétique égal, les inconsistances de la personne? Lowenthal a analysé ce procédé de présentation littéraire tel qu'il apparaît dans *La Tempête* de Shakespeare (*op. cit.*, p. 89-94). C'est sur de telles inconsistances que V. Hugo fonde les effets de son théâtre. Cependant, même chez Hugo, il reste impliqué que l'unité de la personne demeure, au-delà de toutes les incohérences dues à l'ironie du sort, qui met le talent politique de Ruy Blas dans une condition servile, la noblesse de Hernani dans une situation de proscrit et de chef de bande. C'est beaucoup plus tard, avec Pirandello, que s'affirmera sans aucune réserve une interprétation radicalement pluraliste de la personne [7].

Si je cherche à savoir ce que je suis pour un autre, par exemple pour ma femme, je vois que je suis une réalité déterminée, mais différente de celle que je me croyais être. Je suis donc deux, le moi pour moi et le moi pour l'autre. Or, l'autre est en réalité cent mille, qui me connaissent, tous différemment. Rentrerai-je en moi ? Je ne me reconnais pas : ce visage dans la glace, c'est moi, certes, mais par accident ; accidents aussi que la profession, que l'histoire de ma famille; accidents que chacun de mes actes, chacun commis par l'un des très nombreux individus que j'incarne, que je puis défaire aussi bien que faire, dans lesquels je me refuse de me laisser emprisonner. Je ne suis aucune réalité propre, je suis en état de continuelle fusion, fluide, malléable [8].

7. Voir *Uno, nessono e centomila*, Bemporad, 1926, nouvelle éd., Mondadori, 1954, 165 p., trad. *Un, personne et cent mille*, Paris, Gallimard, 1930, 233 p.

8. Pascal semble avoir eu plus qu'un pressentiment de ces idées : « Où est donc ce moi, s'il n'est ni dans le corps, ni dans l'âme? » Voir tout le passage :

La personne se cherche, pourtant, car elle présente une caractéristique qui n'appartient qu'à elle : elle est pour elle-même ; elle est le réfléchi de la grammaire, le soi plus encore que le moi. Il nous faut nous connaître, c'est notre obligation [9]. Finalement, où se trouve le vrai moi, que le triste héros pirandellien se croyait incapable de saisir ? presque toujours dans une direction sociale, l'honneur, ou dans une direction affective, l'amour : l'honneur, symbole du caractère inviolable de la personne ; l'amour, phénomène clef dans le développement autonome de l'individu moderne, celui qui met en cause l'essence même de la liberté de l'individu ; deux parmi les plus hautes valeurs de la civilisation occidentale. La personne est donc une valeur.

La personne n'est pas le seul exemple en psychologie d'une notion descriptive ou explicative qui soit en même temps une valeur ; c'est aussi, on l'a vu, le cas de l'intelligence ; c'est sans doute le cas de la sensibilité. Mais aucune notion psychologique n'appartient *tant* au domaine des valeurs que celle de la personne. Qu'il s'agisse des idées populaires exprimées par la littérature, ou de la réflexion technique des professionnels de la philosophie, la personne est toujours un pour-soi, rattaché à ce qui a le plus de prix, l'honneur et l'amour, la raison et Dieu. Le fait que la personne est une idée rattachée au monde des valeurs se répercute — on le voit en reprenant les divers sens du mot — en de nombreux domaines de la pensée institutionnalisée, dans le droit civil, pénal, politique, dans la morale, dans la philosophie. Les répercussions se produisent au sein même de la psychologie sociale et de la sociologie. Ainsi, dans l'éducation, on voit bien que la description et l'interprétation dépendent du contenu de valeur attribué à la personne : comment l'éducation entend-elle former la personne, en la stimulant, ou en supprimant ce qui est mauvais ?

« Un homme qui se met à la fenêtre pour voir les passants... » (*op. cit.*, fragm. 323).

9. C'est pourquoi le confident racinien exhorte sans cesse le héros à se connaître et à s'exprimer :

Ah ! s'il vous faut rougir, rougissez d'un silence
Qui de vos maux encore aigrit la violence...

(*Phèdre*, I, III, v. 185-186)

Mais que sert d'affecter un superbe discours ?
Avouez-le, tout change...

(*ibid.*, I, I, v. 127-128)

De même, pour comprendre la diversification des statuts, il faut savoir à quel moment de la vie la personne atteint son sommet, quel sexe réalise le mieux l'idéal de la personne. Les sentiments institutionnalisés à l'égard des personnes, notamment dans le deuil, dépendent étroitement, on l'a fait remarquer, de la valorisation particulière qui est faite de la personne. C'est dire finalement que la conception de la personne doit être une conception sociale, déterminée culturellement. Notre conception occidentale apparaît en particulier fortement liée à l'organisation de la famille nucléaire. Il est donc essentiel de rechercher ce qu'est la personne en d'autres cultures.

2. La personne dans l'expérience ethnologique

Un des premiers auteurs français qui aient senti l'intérêt de replacer la notion de personne dans la perspective générale de l'ethnologie, c'est Marcel Mauss [10]. Parlant de la notion de personne, Mauss écrivait (*op. cit.*, p. 333) :

> Tout le monde la trouve naturelle, précise au fond de sa conscience, tout équipée au fond de la morale qui s'en déduit... une de ces idées que nous croyons innées... Il s'agit de substituer à cette vue naïve de son histoire et de son actuelle valeur, une vue plus précise.

Dans cet esprit, Mauss s'ingéniait à retrouver, à travers la variété de l'expérience historique et ethnologique, une ligne, un sens, une continuité, un progrès. Ce n'est pas l'impression qu'en a reçue I. Meyerson [11]. Comparant l'histoire européenne et l'histoire indienne de la notion de personne, cet auteur est frappé au contraire par la différence pure :

10. « Une catégorie de l'esprit humain : la notion de personne, celle de moi », *J. Royal anthropol. Institute*, 1938, *48*, repr. *in : Sociologie et anthropologie*, Paris, Presses Universitaires de France, 1950 (posthume), 389 p., p. 331-362.

11. *Les Fonctions psychologiques et les œuvres*, Paris, Vrin, 1948, 223 p. : « La notion de personne », p. 151-185 ; « Discontinuités et cheminements autonomes dans l'histoire de l'esprit », *J. Psychol. Norm. pathol.*, 1948, *41*, p. 273-289.

On voit l'ampleur des dissemblances : différence de date de début, différence de rythme, de cours d'évolution, et même différence de forme de la fonction. On peut dire aujourd'hui que l'homme est autant jaillissements, révélations à lui-même dans et par ses œuvres, dépassements imprévus ou reculs imprévus et même chutes, ou tournants brusques, que continuité assurée et organisée...

(Discontinuités..., *op. cit.*, p. 287-288.)

Meyerson paraît bien avoir raison. C'est la pluralité des conceptions et des fonctionnements de la personne qui frappe le plus l'observateur contemporain, au triple point de vue des contenus, de la forme, et de l'existence même du concept de personne dans le cadre de notre expérience ethnologique.

Les études approfondies que G. Dieterlen et M. Griaule ont menées depuis 1939 sur la personnalité chez les peuples soudanais (Bambara, Bozo et Dogon) [12], illustrent bien l'idée que la notion de personne peut, dans certaines cultures, différer profondément dans son contenu de la notion occidentale. Dans la personne soudanaise, et en utilisant notre propre conceptualisation, on peut distinguer des éléments spirituels, des éléments corporels et des éléments sociaux. Les éléments spirituels sont au nombre de trois :

TABLE XII

Éléments spirituels de la personne chez les Soudanais

TRADUCTION APPROCHÉE	BAMBARA	DOGON
1. L'âme	ni	kikunu say
2. Le double	dya	kikunu bumone
3. La force vitale	tere	nyama

12. M. GRIAULE, « La personnalité chez les Dogon », *J. Psychol. norm. pathol.*, 1940, p. 468-475. — « Nouvelles recherches sur la notion de personne chez les Dogon », *ibid.*, 1947, *40*, p. 425-431. — Germaine DIETERLEN, « La personnalité chez les Dogon », *L'Anthropologie*, 1939-1940, n° 6. — « La personne chez les Bambara », *J. Psychol. norm. pathol.*, 1947, *40*, p. 45-53. — « Les correspondances cosmobiologiques chez les Soudanais », *ibid.*, 1950, *43*, p. 351-366. — *Essai sur la religion bambara*, Paris, Presses Universitaires de France, 1950, 240 p., ch. III : « La personne », p. 56-88. — « Les rites symboliques du mariage chez les Bambara », *Zaïre*, 1954, n° 8, p. 815-841. — « Parenté et mariage chez les Dogon (Soudan français) », *Africa*, 1956, *26*, p. 107-148.

Pour suivre plus spécialement l'interprétation bambara, le *ni* et le *dya* sont des éléments spirituels qui existent d'une manière permanente dans le groupe social. Au décès, ils quittent le corps. Le *ni* est recueilli et conservé dans un autel individuel, le *dya* retourne au fleuve, sous la garde du génie de l'eau, Faro. A la prochaine nouvelle naissance dans le groupe, le *ni* et le *dya* se réincarnent dans le nouveau-né, avec deux exceptions : dans certains décès anormaux, le *ni* et le *dya* sont totalement perdus ; en cas de naissances jumelles, le Faro fait présent à la communauté de nouvelles âmes qu'il tient en réserve. Quant au *tere*, il est sous la dépendance des deux âmes ; on peut le comprendre comme étant le caractère de l'individu, mais peut-être mieux encore, sa force vitale. Il est composé des *tere* des parents et aussi de celui du défunt dont il a hérité le *ni* et le *dya*. – Le corps, autre élément de la personne, n'est pas totalement indépendant des éléments spirituels : le *tere* est déterminé par certains aspects visibles du corps, et le *ni* et le *dya* sont sexués comme le corps. Le corps a aussi des fonctions spirituelles, par exemple les cheveux contiennent une importante partie de *ni*. Il existe des correspondances entre le corps et le cosmos : les clavicules des Dogon comme des Bambara, qui sont cultivateurs, contiennent des symboles des huit graines fondamentales ; celles des Bozo, qui sont pêcheurs, des symboles des huit poissons principaux. Les éléments sociaux de la personne sont les noms et les devises. Un Dogon a généralement quatre noms. Un Bambara a un prénom, qui est celui de l'ancêtre qui lui a donné le *ni* et le *dya*, et un nom de famille, celui du père. Au nom, est généralement attachée une « devise », qui est une formule efficace ; il s'y ajoute une généalogie, dont le rappel honore le porteur et rend propices ses ancêtres.

Cette conception de la nature de la personne en pays soudanais a des conséquences importantes. Objectivement, l'individu se trouve par sa personne intimement incorporé au groupe social, qui est éternel et invariable (sauf exceptions indiquées), on l'a vu. Il est donc bien plus que lui-même, puisque son *ni* et son *dya* sont indéfiniment réutilisables. Il est aussi très déterminé par sa personne : son *tere*, qui est son caractère et le contenu de sa personnalité, lui vient pour ses diverses portions de ses géniteurs et de ses ancêtres ; le contenu de ses clavicules le prédétermine à être cultivateur ou pêcheur ; il peut même, s'il fait partie d'une caste endogame, ayant un contenu claviculaire différent, être voué au travail du bois, du cuir, etc., tout en étant relevé de certains interdits. Ce qui reste d'individuel chez les Soudanais est, objectivement, très peu de chose (car sa chair est « pour les termites » et disparaîtra à sa mort) : son squelette, dont on visitera les ossements annuellement, et la « mue » de son *ni*, qui restera dans l'autel après réemploi de celle-ci dans une nouvelle naissance. Finalement, quel peut donc bien être le sentiment du moi chez le Soudanais qui sait qu'il n'est guère plus qu'une forme de passage? Griaule (1941, *op. cit.*, p. 473) pense qu'on peut s'en faire une idée au travers de certaines institutions : ordre de préséance dans la consommation des denrées sacrificielles, déclamation des devises individuelles. Du fait par exemple que la formule est employée par les autres, et reconnue, admise, assimilée par le sujet, il s'établit une identité entre l'image que l'intéressé a de lui-même et celle que les autres ont de lui. D'autre part, quand on constate combien chez les Dogon les représentations du *kikunu say* sont pauvres, réduites à des fonctions fondamentales d'unification et de direction du *nyama*, lequel en revanche supporte une game infinie de qualités essentielles ou temporaires, on est porté, estime Griaule (p. 475), à identifier le premier au Je des Européens et le second au moi. Mais il est alors significatif que ces deux notions s'expriment en langage soudanais à la troisième personne.

Mais ce n'est pas seulement le contenu de la personne qui varie quand on franchit les frontières culturelles, c'est aussi sa forme même. Un bon exemple en est fourni par la conception japonaise, telle que l'a présentée Ruth Benedict [13]. Alors que la vie personnelle et morale de l'Occidental est caractérisée par la tendance à l'intégration, le trait dominant au Japon est ce qu'on peut appeler le compartimentage. Le Japonais, qui porte un lourd fardeau de dettes à l'égard de ceci et de cela, a sa vie morale et personnelle compartimentée en un certain nombre de « cercles », le « cercle de *chu* », le « cercle

13. *The chrysanthemum and the sword*, Boston, Hougton Mifflin, 1946, 324 p.

de *ko* », le « cercle de *giri* », le « cercle de *jin* », le « cercle de *ninjo* » (obligations envers l'empereur, les parents, les personnes qui nous ont obligés, obligations d'humanité et de loyalisme, et enfin domaine des « sentiments humains » – *ninjo* – c'est-à-dire en grande partie plaisirs physiques). Nous pensons en Occident qu'une personne agit d'une manière consistante; on la reconnaît à un trait dominant, à un type, à un rôle; devant une de ses actions, on dit « c'est bien de lui », « il est bien dans son rôle », « c'est bien son caractère »; et, par suite, les jugements moraux se font d'une manière globale; cet homme est bon, cet autre est injuste. Au Japon, on vous jugera selon le cercle où vous vous serez manifesté: on dira « il connaît *jin*, mais il ne connaît pas *giri* ». On n'agira donc pas pour des motivations intérieures, intégrées à la personne, comme nous dirions en langage occidental, par patriotisme, par amour filial, par reconnaissance, mais selon des codes, à cause de *chu*, à cause de *ko*, à cause de *giri*. Et par suite, dès qu'on n'est plus dans un domaine de contrainte, il n'y a plus de contrainte; le cercle de *ninjo* est heureusement là pour soulager des obligations: quand rien n'empêche de dormir, de manger, de s'enivrer, pourquoi se refuserait-on ces plaisirs? Le domaine sexuel est probablement celui dans lequel un Japonais et un Occidental se comprennent le moins. Car au Japon, le sexe est un sentiment humain parfaitement bon, pourvu qu'il reste à sa place, qui est une place très secondaire.

Cette conception compartimentée de la conduite produit des conséquences, et d'abord pour les rapports de la personne avec le monde. L'idée des Occidentaux est que le but principal de la personne est de rechercher le bien et d'éviter le mal. Le bien et le mal s'entendent à la fois par rapport aux choses et aux personnes, notamment à soi-même. Commençons par ce dernier point : le bien par rapport aux personnes est le bonheur. Tout le monde admettra en Occident que la recherche du bonheur est un but sérieux de la vie, à la fois dans le domaine public et politique, et dans le domaine privé. Cette idée apparaît aux Japonais étonnante et immorale; le but est de s'acquitter de ses obligations; le bonheur (pour autant qu'on puisse exprimer cette idée en japonais) est une détente, on le cueille quand il se présente. Les Japonais ne considèrent pas non plus qu'il y ait deux grandes forces antagonistes, le bien et le mal. Parmi les « cercles » de la vie japonaise, il n'y a pas de « cercle du mal » ; l'opposition de la chair et de l'esprit, si familière aux Occidentaux, est inconnue des Japonais. Dès lors, le conflit n'est pas entre le bien et le mal, mais entre des obligations qui sont également impératives, *chu, ko, giri.* Coincé entre deux obligations incompatibles, le héros japonais choisit la mort, pour régler ses dettes envers le monde et envers son nom ; mais non dans un esprit de résignation, avec des sentiments de pitié pour soi-même et de satisfaction de soi-même, comme il le ferait sans doute en Occident, non sans un secret pharisaïsme ; mais au contraire dans un esprit d'initiative et de détermination impitoyable.

On comprend alors ce que la personne japonaise est pour elle-même. Les bonnes intentions, si importantes en Occident, et si utiles dans la justification de la personne à ses propres yeux, n'ont pas de place dans la conception japonaise. Ce qui est important, c'est la force de caractère. Elle ne consiste pas, étant partagée entre le bien et le mal, à choisir le bien contre le mal ; elle n'est pas une révolte, au sens d'Albert Camus. Elle consiste, partagée entre deux devoirs, bons tous deux, à s'acquitter des deux, même s'ils sont incompatibles. La force de caractère réside dans le conformisme. La grande vertu de la personne, peut-être la seule vertu, c'est *makoto*. On traduit généralement ce mot par sincérité. Ce n'est certainement pas ce que les Occidentaux entendent par là : la sincérité occidentale est chose ridicule (cf. *supra*, p. 107). *Makoto* veut dire vrai, réel. La vertu de *makoto* consiste à pousser la conduite à son point extrême, en la renforçant, dit Benedict (*op. cit.*, p. 218-219), comme par un exposant qui la fait passer à la 10e puissance. Le code des devoirs étant posé, la personne s'acquitte de ces devoirs de toute son âme et de toute sa force : en cela consiste la « sincérité ». L'exercice de la vertu de *makoto* nous met déjà sur la voie de la doctrine du non-moi, dans la philosophie de Zen, que nous allons bientôt retrouver.

Mais si la personnalité peut différer d'une culture à une autre par les éléments qui la constituent, par son contenu, comme le cas des Soudanais en a fourni un exemple, et aussi par la disposition de ces éléments, par sa forme, si surprenante pour un Occidental, dans le cas japonais, l'analyse permet de franchir un pas de plus : c'est la notion même de personne qu'il y a lieu de mettre en cause : il existe des sociétés où l'on ne pense pas en termes de personne, de moi, soit que l'idée de personne n'ait pas été dégagée, soit qu'on s'efforce de ne plus penser en ces termes. Comme type de société dont la culture est restée ainsi « en deçà » du moi, on peut prendre les Canaques de Nouvelle-Calédonie, étudiés par Maurice Leenhardt [14]. En langue houailou, *do kamo*, choisi pour faire le titre du livre de Leenhardt, c'est « l'homme vrai », vraiment humain, le vivant, qui s'oppose au *bao*, l'être qui n'a pas de corps. On devrait donc d'abord rechercher le *kamo* dans le corps. Or précisément, pour le Canaque, le corps n'est pas la personne, le corps n'est pas lui. Le corps est seulement ce qui soutient, corps de l'homme, corps de la hache (son manche), corps du trou (son vide), corps de la nuit (la Voie lactée). C'est par ses relations sociales que se définira le *kamo*, mais il faut bien comprendre comment. En Occident, la personne se définit en s'opposant aux autres personnes à qui elle est liée. Il n'y a aucune telle opposition chez les Canaques : le *kamo* est tout entier dans ses relations, ab, ac, ad, etc., qu'on peut représenter par le schéma suivant :

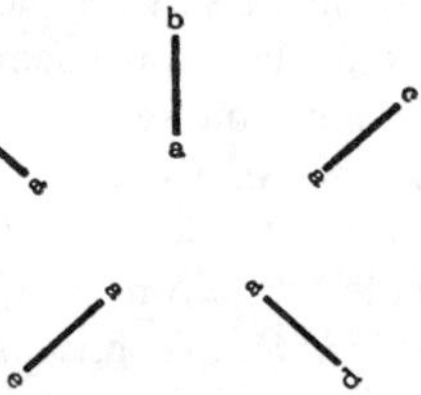

Chacune de ces relations est un rôle ; sans rôle, l'individu n'est plus rien, rien qu'un vide au centre des divers a :

a

a a

a a

14. *Do kamo : la personne et le mythe dans le monde mélanésien*, Paris, Gallimard, 1937, 259 p. Voir aussi : I. MEYERSON, « Les apports de Maurice Leenhardt à la psychologie historique », *J. Psychol. norm. pathol.*, 1955, p. 376-383.

L'individu ne se connaît et ne se désigne que par ces rôles, père de..., fils de... etc. Et d'ailleurs, dans ces rôles, il est interchangeable ; dans un groupe de jeunes, tous jouent le même personnage, ils sont le même personnage. D'autre part, jamais les relations sociales ne manquent à un individu ; un jeune n'est jamais seul avec lui-même, mais il est toujours dans un groupe de jeunes formant un bloc, même dans les aventures galantes. Si le *kamo* se définit par ses relations sociales, ce n'est que d'une manière imprécise. Il ne lui reste même pas la ressource de l'individualisation par le nom, car 1) le nom n'est pas fait pour individualiser, mais pour représenter des relations. Par exemple le prénom indiquera la position de l'individu dans son groupe parental : Poindi (le cadet), Tiano (la fille aînée du chef), Hiké (la cadette) ; 2) aucun nom ne peut recouvrir la personnalité entière ; chaque individu a plusieurs noms, nom de terroir, nom dans le groupe parental, nom ancestral. Il faudrait l'ensemble des noms pour reconstituer l'identité de la personne, or 3) le rôle du nom, l'usage du nom, sont minimes. A l'école, l'élève ne dit pas son nom, soit qu'il l'ignore, soit qu'il n'ose l'employer ; dans les légendes du folklore, la plupart des héros n'ont pas de nom. Quand on s'appelle on dit : « Hé, vous les deux hommes, deux hommes, deux frères, deux hommes, d'Asawa ! » Le nom existe chez les Mélanésiens, mais n'a pas pour fonction d'individualiser une personnalité.

Leenhardt est donc fondé à conclure que les Canaques, parmi lesquels il a longtemps vécu en Nouvelle-Calédonie, ne se font pas une idée claire de leur personne. Avant l'arrivée des Européens, le Canaque parle et pense à la fois à la première et à la troisième personne. Là où nous disons « je fais », il dit « je-fais-le-moi ». C'est parce qu'il ne dispose pas d'un nom personnel qui le désigne individuellement sans équivoque, parce qu'il est pris dans un réseau de relations sociales concrètes dont il ne peut s'abstraire, c'est surtout parce qu'il n'a pas du tout l'idée que son corps c'est lui-même. « Non, ce n'est pas l'idée d'esprit que vous nous avez apportée, disait le vieux Boessoou, ce que vous nous avez apporté, c'est le corps. »

Mais, si l'on peut ici, en employant notre terminologie occidentale (qui n'implique nullement l'adhésion à une doctrine évolutionniste), parler d'une conception qui reste « en deçà » du moi, d'autres conceptions se placent « au-delà » du moi. Telle est la théorie du non-moi, de l'*anâtman*, dans l'Abhidharma indien (IIIe siècle av. J.-C.), ou celle du *mushin-no-shin* dans la secte bouddhique zen des Japonais [15]. Pour comprendre l'esprit de *mushin*, prenons l'exemple de l'escrimeur. L'escrimeur novice pense aux gestes qu'on lui a appris, il regarde son adversaire, réfléchit à sa position, calcule le mouvement qu'il va faire, craint le coup qui le menace, espère le tromper par une feinte, souhaite gagner le tournoi, cherche à faire étalage de son adresse. En un mot, il pense, il calcule, il éprouve des sentiments, il est tout plein de l'idée de soi. Dans ces conditions, il ne sera jamais assez rapide, il est comme un automobiliste novice qui pense à ses manœuvres, réfléchit à l'emplacement de ses commandes, qui calcule en face de l'imminent accident. Le véritable escrimeur est débarrassé de toutes ces pensées, il n'a pas de pensées inutiles, il ne calcule pas, il ne pense pas à lui-même, il n'a plus de pensées égoïstes : il est dans l'état de *munem* (absence de pensée), de *musô* (absence de réflexion), de *muga* (absence de moi, non-moi) ; il ne fait plus qu'un avec son sabre ; il est un automate, il s'abandonne à l'inconscient, c'est « l'esprit de non-esprit », le *mushin no shin*. C'est l'innocence de l'enfant, l'innocence des premiers habitants du jardin de l'Eden, l'état d'esprit du dieu quand il était sur le point de prononcer son premier *fiat* : l'abandon aux facultés naturelles, libres de pensées, de réflexions, d'affections quelconques. Le non-moi opère donc, et combien efficacement, le dépassement de la personne, dans la peinture et la calligraphie, dans la poésie, dans l'art des jardins, dans la cérémonie du thé, chez l'opérateur de marionnettes. Le non-moi réalise l'accomplissement parfait de l'être humain, par là il est vraiment « sincère avec lui-même » (Suzuki, *op. cit.*, p. 133). La personne des Occidentaux, avec son idéal d'unité, d'identité, d'intégration, n'est encore qu'une étape intermédiaire ; mais il ne s'agit pas non plus d'un renoncement, d'un abandon, d'une union mys-

15. Cf. Daisetz Teitaro SUZUKI, par exemple : *Essais sur le bouddhisme zen*, Paris, Albin Michel, 1940-1943, 3 vol., 1374 p. ; nombreux ouvrages en diverses langues.

tique à l'indienne. Il s'agit d'une participation active et pratique aux forces cosmiques.

Il y aurait donc bien de la naïveté, ou de l'absence d'esprit critique, en tout cas beaucoup d'ignorance, à croire que la personne, conçue à l'occidentale, est une « réalité », qu'il suffira d'observer et de décrire. Encore plus ethnocentrique est l'attitude de ceux qui pensent qu'il y a une « évolution », et que cette évolution aboutit comme dernier stade à ce que nous sommes nous-mêmes. A ces interprétations visiblement trop étroites, on serait tenté d'opposer une théorie fonctionnaliste : chaque conception du moi dans une société donnée est reliée aux institutions et aux valeurs de cette société, à la fois comme effet et comme cause. Dans les sociétés très traditionnelles et de population peu nombreuse, la société chinoise de l'Antiquité, les sociétés tribales de Mélanésie, l'individu demeure très peu différencié : à quoi y servirait l'originalité ? Ce qui importe, c'est que les relations de chacun avec tous soient bien définies. En Asie méridionale, la situation est toute différente. Il s'agit là de grandes sociétés, qui ont l'idée de la condition universelle de l'homme. Pour le penseur indien, l'individu est vraiment isolé, en face de l'univers des perceptions et des événements ; son problème se pose en termes de santé mentale, la solution ne peut se faire qu'en termes d'évasion. La doctrine japonaise du non-moi est toute différente, en dépit de l'identité des formules. Les Japonais ne sont ni des métaphysiciens ni des mystiques, ce ne sont pas non plus des hommes à rejeter définitivement leurs obligations. La doctrine du *mushin no shin* est l'art de réagir comme il faut, en surmontant les interruptions de cet état indécis qui s'appelle le choix. Alors que dans la théorie occidentale, le moment le plus intense de la personne est peut-être dans la délibération et dans le choix, dans le Zen, l'individu atteint son sommet, le plus haut degré de sa « sincérité » lorsqu'il devient spontané. L'idéal japonais de la personne n'est pas celui des petites différences personnelles bien intégrées, qu'on appelle le moi, c'est celui des actes bien adaptés, qui sont des actes universels. Ces analyses sont évidemment trop rapides, et on se résignerait encore moins à philosopher définitivement en quelques lignes sur l'accord entre l'esprit général de la culture occidentale et sa conception de la personne.

Disons seulement qu'une conception individualiste convient bien, apparemment, à une technologie matérialiste, à un droit rationnellement établi, à une morale du péché.

CHAPITRE XI

COMPORTEMENTS ET PERSONNALITÉ

La conception générale des choses dans une culture, et celle de la personne qui y est associée influencent profondément la théorie psychologique qui s'y développe. A vrai dire, aucune étude d'ensemble, justifiant cette affirmation, n'a été entreprise; elle supposerait une immense information ethnologique; mais il n'est pas impossible d'en faire voir certains échantillons [1]. On a donc des raisons de penser que les théories occidentales de la personnalité n'échappent pas davantage à ce relativisme culturel. Il est bon d'en être averti, mais on ne peut que prendre son parti de cette servitude.

Les théories psychologiques et psychosociales de la personnalité sont nombreuses et souvent mutuellement irréductibles [2].

Le problème fondamental auquel elles s'attachent est cependant commun: comment peut-on arriver à connaître, expliquer, même prévoir les comportements d'un individu dans des circonstances déterminées [3]? Pour répondre à cette

1. Voir par exemple: Jadunath SINHA, *Indian psychology: Perception*, London, Kegan Paul, 1934, 384 p.

2. Pour des exposés récents, on peut consulter J. McV. HUNT (éd.), *Personality and the behavior disorders*, New York, Ronald Press, 1944, 2 vol., 1 242 p., et spécialement le chap. I: Donald V. MACKINNON, « The structure of personality », 3-48; J.L. McCARY (éd.), *Psychology of personality*, New York, Grove Press, 1956, 383 p.; Calvin S. HALL et Gardner LINDZEY, *Theories of personality*, New York, Wiley, 1957, 572 p.

3. D'où la définition proposée par R.B. CATTELL: « La personnalité est ce qui permet de prédire ce que fera une personne dans une situation donnée » (*Personality: A systematic theoretical and factual study*, New York, McGraw-Hill, 1950, 689 p., p. 2).

question, on peut rechercher *ce qu'est* la personnalité d'un individu; mais on peut aussi faire attention au fait qu'étant placé dans certaines situations, un individu donné se comporte *par rapport* à ces situations. L'adoption du premier point de vue, qu'il est permis d'appeler substantialiste, peut amener à une interprétation synthétique, totalisante, qui recourt au concept de type, et produit les typologies; mais elle peut amener aussi à des interprétations analytiques, plus ou moins atomistiques, qui s'expriment par les notions de facteurs ou de traits. Quant au second point de vue, qu'on voudrait pouvoir appeler « situationnel » si le mot existait, son adoption conduit à mettre l'accent sur les habitudes et les attitudes, et aussi à développer les notions de statut et de rôle, dont il sera question ultérieurement.

1. Les types de personnalité

On considère souvent Hippocrate comme l'initiateur de la théorie des types psychologiques: elle se présenterait chez lui sous la forme d'un tableau des quatre tempéraments, le colérique, le mélancolique, le sanguin et le flegmatique. En fait, il y a chez Hippocrate une théorie de l'existence des quatre humeurs, sang, phlegme ou pituite, bile jaune, bile noire ou atrabile (cf. par exemple le *Traité de la nature de l'homme*, chap. IV) ; et il y a aussi chez lui une théorie du tempérament (κρῆσις, attique κρᾶσις), c'est-à-dire du mélange, entendu comme « bon mélange », du mélange en bonnes proportions, ou, comme on dira, « bien tempéré ». Ce « tempérament » est celui des aliments, mais c'est aussi celui des humeurs, et il fait la bonne santé (cf. *ibid.*). C'est seulement beaucoup plus tard qu'apparaîtra la doctrine des « tempéraments » à notre sens, c'est-à-dire des constitutions corporelles déterminées par l'une ou l'autre des quatre humeurs fondamentales: par exemple dans le traité des *Problèmes* (16, 954, 68) le pseudo-Aristote probablement au Ve ou VIe siècle de notre ère, parle de la κρᾶσις μελαγχολικῆ, (le tempérament mélancolique), avec prédominance de la bile noire. Chez Galien, au IIe siècle A.D., on trouvait déjà une liste de neuf tempéraments, dont quatre qui combinent les propriétés fondamentales, chaud, froid, sec, humide, constituent précisément le quatuor correspondant aux quatre tempéraments soi-disant hippocratiques mentionnés précédemment.

Quelle qu'en soit l'origine, la division quadripartite des tempéraments n'a pas cessé d'être connue en Occident, depuis l'Antiquité jusqu'à la période moderne et contemporaine. Mais elle n'est pas la seule : on trouve des divisions bipartites, tripartites et d'ordre supérieur. Dans la plupart des cas, les types auxquels elles aboutissent son dégagés par des procédés intellectuels assez faciles à identifier. Un premier procédé consiste à juxtaposer, sans lien ni plan, les types d'hommes que l'on a cru rencontrer dans la nature; cette technique empirique est souvent celle des littérateurs, des écrivains moraux (Théophraste et La Bruyère). – Mais en général les typologistes se tournent vers des classifications plus rationnelles. Le procédé dialectique le plus simple est alors l'opposition. Les exemples de typologies dichotomiques sont très nombreux (phtisique et apoplectique d'Hippocrate, dans d'autres textes; microsplanchnique et mégalosplanchnique de Viola; dilaté et rétracté de Corman; extraverti et introverti de Jung; extratensif et introversif de Rorschach). Le procédé de l'opposition produit parfois un troisième terme, intermédiaire ou de synthèse: ainsi chez Kretschmer, entre les deux types somatiques, le leptosome ou asthénique et le type court ou pycnique, qui correspondent à deux types psychologiques, le type porté à la schizophrénie et le type porté à la manie dépressive, on voit s'introduire un type intermédiaire, l'athlétique.

Un procédé plus compliqué est celui de la combinaison. Il consiste à distinguer d'abord diverses dimensions indépendantes de la personnalité, à prendre plusieurs valeurs ou degrés dans chacune de ces dimensions et à combiner les différents éléments ainsi analysés. Le cas le plus simple est la combinaison de deux dichotomies comme le fait Wundt, reprenant des idées de Kant. Au point de vue de la vitesse des réactions émotives, un individu est rapide ou lent; au point de vue de l'intensité, ses réactions sont fortes ou faibles. On aura ainsi quatre combinaisons, que l'on pourra identifier aux quatre tempéraments pseudo-hippocratiques: le rapide-violent définit ainsi le colérique, et ainsi de suite. Heymans et Wiersma, utilisés par Le Senne, prennent trois dimensions dichotomisées et obtiennent huit types, dont quatre sont hippocratiques: ainsi le colérique est un actif-primaire-émotif. La typologie de Bahnsen combinait quatre dichotomies et produisait seize types. Celle de Boll et Delmas parvenait en combinant cinq dispositions et trois aptitudes, susceptibles chacune de huit degrés, à 5 764 801 « cas différents », qui sont évidemment des types. Enfin on signalera un dernier procédé, celui de la subdivision: chez Kretschmer, les syntoniques, qui sont les cyclothymiques moyens et normaux, se subdivisent en cinq sous-types : les bavards joyeux, les humoristes tranquilles, les sentimentaux tranquilles, les jouisseurs qui tiennent à leurs aises, les pratiques actifs. La subdivision reste le plus souvent aussi empirique que l'était la juxtaposition. Mais elle peut aussi être systématique comme dans l'exemple que fournit Charles Fourier : partant de trois classes de passions, on traverse 12 ordres, 32 genres, 134 espèces, 404 variétés, et on arrive à 810 types de caractères.

Ces procédés formels mettent en œuvre les données les plus variées: forme du corps, forme du visage, tempérament, facultés, traits, valeurs, nature des contacts sociaux, style de la conduite, comportements expressifs; à l'époque récente, les concepts de la psychiatrie ont joué un rôle particulièrement fréquent dans les théories psychologiques, dans la mesure où, comme le dit Kretschmer, les psychoses ne sont que les caricatures de certains types de personnalité normaux. Mais, quelque restreinte que soit la base sur laquelle la classification repose, il est entendu que chaque type atteint représente des personnes, avec la richesse, la variété, la complexité infinie de leurs comportements de toute nature. La liaison totale de ces divers éléments entre eux n'est jamais démontrée, et on ne voit pas comment cela serait possible, car les relations seraient trop nombreuses pour être toutes explicitées et étudiées. Mais beaucoup de typologies ont le souci de mettre en évidence les associations au moins entre deux séries, par exemple la série corporelle et certains éléments de la série psychologique. C'est le cas de la typologie de Sheldon[4].

4. Cf. W.H. SHELDON, et coll., *Les Variétés de la constitution physique de l'homme,* Paris, Presses Universitaires de France, 1950 (1940), 382 p.; *Les Variétés du tempérament*, Paris, Presses Universitaires de France, 1951 (1942), 570 p.

Le travail de Sheldon, entreprise considérable qui a duré plus de dix ans et comporté l'examen de plus de quatre mille sujets, consiste dans une double typologie, physique et psychologique, et l'établissement des relations entre les deux. Le somatotype est une formule à trois chiffres, chacun de 1 à 7, indiquant le degré de trois composantes physiques d'un individu : l'endomorphisme, degré de développement des organes digestifs, le mésomorphisme, degré de développement des structures somatiques (os, muscles, tissu conjonctif) et l'ectomorphisme, relatif au développement de ce qui vient de l'ectoderme de l'embryon. Théoriquement, il pourrait y avoir 343 (c'est-à-dire 7^3) types physiques. En fait il y a seulement, l'expérience le montre, 76 somatotypes différents. On peut définir de même des types de tempérament à partir des trois dimensions : la viscérotonie (relâchement général, amour du confort, sociabilité, entrain, gloutonnerie alimentaire et sociale), la somatotonie (prédominance de l'activité musculaire et affirmation vigoureuse du corps) et la cérébrotonie (prédominance de la réserve, de l'inhibition, du désir de ne pas se mettre en avant). Ces deux typologies ne sont pas indépendantes, mais au contraire elles sont associées : il existe de fortes corrélations positives entre endomorphisme et viscérotonie, entre mésomorphisme et somatotonie, et entre ectomorphisme et cérébrotonie ; toutes les autres corrélations sont nettement négatives [5].

On peut dire que les typologies rencontrent toujours un succès considérable. Ce succès est un phénomène social, que la psychologie sociale ne peut manquer de constater et qui doit être expliqué. Elle semble le devoir à trois causes. En

5. TABLE XIII

Corrélations entre les somatotypes et les types du tempérament (cf. SHELDON, *Variétés du tempérament*, p. 440)

	MÉSOMORPHISME	ECTOMORPHISME	VISCÉROTONIE	SOMATOTONIE	CÉRÉBROTONIE
Endomorphisme	– 0,29	– 0,41	+ 0,79	– 0,29	– 0,32
Mésomorphisme		– 0,63	– 0,23	+ 0,82	– 0,58
Ectomorphisme			– 0,41	– 0,53	– 0,37
Viscérotonie					
Somatotonie					– 0,63

premier lieu, la typologie exprime une des caractéristiques fondamentales de la conception occidentale de personne : la personne est une, elle est intégrée. La typologie, précisément, suggère, et parfois démontre, comment les divers éléments, corporels et psychologiques, matériels et symboliques, sont associés dans un individu pour former une unité et un tout. En second lieu, la typologie répond à l'exigence de rationalité classificatoire, qui est un idéal culturel de la pensée occidentale. Elle permet d'identifier, de dénommer et de localiser le flux indéfini des actes et comportements d'un individu. Elle donne le sentiment (illusoire ou non) de comprendre, de saisir, d'embrasser la multiplicité et la diversité individuelles. La typologie enfin satisfait le narcissisme de ceux qui y ont accès ; elle leur permet de se reconnaître et de se localiser parmi les autres.

2. Facteurs et traits

La voie de la typologie conduit à rechercher plutôt ce qui est commun aux divers individus ; la voie analytique s'attache surtout à ce qui les distingue. On peut faire remonter à François-Joseph Gall (1758-1828) et à sa théorie des « forces fondamentales » la notion de « facteurs » qui se développera un siècle plus tard [6]. Gall veut en finir avec la théorie des facultés générales à quoi se borne la psychologie : elles ne peuvent en rien expliquer en quoi diffèrent les individus. C'est par des caractéristiques particulières que les hommes se distingueront : « C'est ainsi qu'on dit de tel homme qu'il est né musicien, que tel autre est né poète, que celui-ci a un talent inné pour les mathématiques, celui-là pour le dessin, que l'un est porté pour les femmes, que l'autre est un entêté... Ces qualifications désignent, avec précision, le point saillant du caractère. Il convient donc de les considérer comme les forces fondamentales de l'homme... » (Ottin, p. 123). Gall distingue une trentaine de ces forces fondamentales, telles

6. Voir GALL, *Anatomie et physiologie du système nerveux*, etc., 4 vol., 1810-1819 ; *Sur les fonctions du cerveau*, etc., 6 vol., 1822-1825. – Cf. N.-J. OTTIN, *Précis analytique et raisonné du système du Dr Gall*, Paris, 1834, 248 p.

que l'amour physique, l'instinct de la défense de soi-même, l'instinct de faire des provisions, l'amour de l'autorité, le sens des rapports des couleurs et celui des rapports des sons, la sagacité comparative, la profondeur d'esprit, le sens moral. Ces puissances individuelles ne sont pas déterminées *a priori*, mais résultent d'observations empiriques : chacune a son siège, ou son organe, dans l'encéphale ; l'association d'une caractéristique crâniologique avec un comportement particulier permet à la fois de localiser l'organe et d'isoler la fonction. C'est ainsi que l'examen d'une jeune veuve nymphomane, qui se plaignait d'une tension extrême du cervelet, convainquit Gall de l'existence de cette faculté de la sensualité et de sa localisation attestée par la présence de deux proéminences au-dessus et de part et d'autre de la fossette du cou (cf. Ottin, p. 144-145).

Les facteurs de la personnalité dans la psychologie factorielle moderne sont évidemment très différents des « forces fondamentales » de la phrénologie de Gall, même si l'inspiration des deux théories est analogue. La factorielle proprement dite débute en 1904 quand l'Anglais Spearman découvre une méthode mathématique pour analyser un facteur d'intelligence générale dans les performances aux tests d'intelligence [7]. Cyril Burt a discuté, d'un point de vue logique, l'application de la méthode de l'analyse factorielle à la psychologie [8] : on peut distinguer jusqu'à quatre sortes de facteurs, généraux, de groupe, spécifiques, et accidentels, correspondant aux catégories de la logique scolastique, *genus, species, proprium* et *accidens*. Mais si l'on se place à un point de vue psychologique, en principe tous les facteurs sont des facteurs de groupe, le facteur général et les facteurs spécifiques devenant de simples cas limites.

L'analyse factorielle s'est d'abord appliquée aux réussites intellectuelles des sujets. Les premiers factoristes parlaient des facteurs de l'intelligence (ou des vecteurs de l'esprit).

7. C. Spearman, « General intelligence objectively determined and measured », *Amer. J. Psychol.*, 1904, *15*, 201-293. Pour un exposé des techniques, on peut voir G.H. Thomson, *L'Analyse factorielle des aptitudes humaines*, trad. Paris, Presses Universitaires de France, 1950 (1939), 421 p.

8. *The factors of the mind*, London, University of London Press, 1940, 509 p., voir p. 95-168.

Mais, dès 1915, à côté du facteur g, ou facteur d'intelligence générale, l'Anglais E. Webb faisait ressortir un facteur w, ou facteur de volonté. La liste s'est progressivement enrichie, par une inclusion systématique dans les analyses des résultats des divers tests de « personnalité ». En 1944, Mackinnon (*op. cit.*, p. 39) dénombrait sept facteurs, établis chacun par les recherches de trois auteurs au moins. En 1946, dans un ouvrage très étendu intitulé *Description and measurement of personality*[9], R.B. Cattell dénombre douze facteurs, ou « traits primaires » :

I. Facteur A : Cyclothymie, schizothymie (comportant sûrement comme élément la timidité) ;
2. Facteur B : Intelligence, déficience mentale (c'est le facteur g) ;
3. Facteur C : Stabilité et maturité émotionnelle ;
4. Facteur E : Dominance, soumission ;
5. Facteur F : Dynamisme, dépression ;
6. Facteur I : Émotivité, sang-froid ;
7. Facteur K : Urbanité, grossièreté ;
8. Facteur G : Maîtrise de soi, immaturité ;
9. Facteur H : Liberté d'allure, retenue (très voisin de A) ;
10. Facteur J : Neurasthénie, détermination ;
11. Facteur D : Excitabilité, flegme ;
12. Facteur L : Enthousiasme, amertume.

Les « identifications », c'est-à-dire les dénominations de ces facteurs, évoquent plusieurs fois des notions populaires de psychologie, et même de psychologie sociale. Il ne faut pas s'y tromper : essentiellement ce sont des dimensions, dégagées par l'analyse mathématique, pour évaluer les corrélations entre un grand nombre de conduites, d'ordre très varié, produites par un grand nombre d'individus bien échantillonnés. Leurs identifications n'ont guère plus de sens que lorsqu'on parle, dans l'espace géométrique ou physique, de la longueur, de la largeur et de la hauteur.

Il n'en est pas de même de la notion de trait. Plus qu'aucune autre, la théorie des traits de personnalité est en conti-

9. Yonkers, N. Y., World Book Company, 1946, 602 p.

nuité avec la psychologie populaire. Dans la vie quotidienne, chacun décrit, explique, prévoit le comportement d'autrui, en lui appliquant des dénominations (en général des adjectifs) qui supposent en lui des dispositions plus ou moins stables, et qui singularisent cet individu. Un individu sera par exemple « agressif », « bavard », « ponctuel », « égoïste », « jovial », « généreux », et ainsi de suite. G.W. Allport n'a pas dénombré dans la langue anglaise moins de 17 953 termes, soit 4,5 % du vocabulaire anglais total, destinés à exprimer des traits de personnalité (voir *Personality, op. cit.*, p. 305). Ces expressions se classent en quatre catégories: la première (25 % du total) constitue seule une liste des traits de personnalité *stricto sensu* : abrupt, distrait, affable, sans idée de valeur, pense Allport ; la seconde (25 %) désigne des états psychologiques passagers (décontenancé, joyeux, hors de soi) ; la troisième (29 %) contient des jugements de valeur sur la personne (insignifiant, absurde, aimable) ; la quatrième (21 %) est composite : elle peut inclure des explications du comportement (enfant gâté), des caractéristiques physiques associées à des traits psychologiques (joufflu, boulot, enroué), ou des désignations de capacité ou de talent (doué, capable, fécond). Toute une conception de la psychologie de la personne est contenue dans un tel vocabulaire. Il est important de noter que le psychologue, consciemment ou inconsciemment, part de là quand il s'engage dans une analyse et une théorie de la personne.

Le psychographe de G.W. Allport (*op. cit.*, p. 403-428) est un bon exemple d'une théorie de la personnalité reposant sur la notion de traits. Ces théories philosophico-scientifiques, greffées sur la psychologie populaire, sont substantialistes comme celle-ci: elles conçoivent les traits comme existant dans la personne. Ce sont eux qui font que pour une personne un grand nombre de situations sont fonctionnellement équivalentes, en d'autres termes qui font que son comportement apparaît logique, conséquent, cohérent. C'est par eux, agissant comme moteurs ou comme guides, que la personne, à travers toutes sortes de circonstances et de conduites, peut être reconnue comme une et identique. On admettra sans doute que le trait est une abstraction, une construction de l'esprit; on pourra même lui chercher des soubassements, par exemple des soubassements biophysiques (notamment dans le tempérament). Ils n'en sont pas moins conçus comme réels, en ce sens qu'ils sont fondés, et non pas illusoires : fondés précisément sur la continuité, la cohérence, l'identité reconnue des diverses conduites de la personne, et qui font qu'on se récrie : « C'est bien d'elle ! », « Je la reconnais bien là ! ». Certes, on ne prétend pas que la cohérence et l'unité sont absolues. Un avare a ses moments de générosité, un lâche peut être galvanisé par l'énergie du désespoir. C'est un des procédés de la comédie de présenter des caractères sans nuances ni complications, du mécanique plaqué sur du vivant. Mais si l'on se place au point de vue de la signification, et notamment quand on étudie les mouvements expressifs [10], on constate expérimentalement l'existence d'une cohérence, d'une unité personnelles. La psychologie des traits est le point par lequel s'établit le plus facilement le passage de la conception vulgaire à la conception scientifique de la personnalité.

3. Les habitudes et les attitudes

Par opposition aux théories substantialistes, qui font de la personne une réalité, possédant une structure permanente, que l'on cherchera volontiers à rattacher à des éléments corporels, d'autres théories mettent l'accent, pour expliquer la conduite individuelle, sur les influences de la situation.

Telle est l'inspiration de la théorie behavioriste. L'idée qu'il existe une structure durable, un ensemble et même un système de traits généraux, commandant des formes cohérentes et stables de conduites, et constituant une entité qui serait « la » personnalité, une telle idée, disent les behavioristes, montre bien que la psychologie reste sous l'influence de vieilles notions théologiques relatives à l'âme [11]. En réalité, disent-ils, les actes des individus sont appris. Les circons-

10. Cf. G.W. Allport et P.E. Vernon, *Studies in expressive movements*, New York, Macmillan, 1933, 269 p.

11. Cf. Edwin R. Guthrie, « Personality in terms of associative learning », *in* McV Hunt (éd.), *Personality and the behavior disorders*, New York, Ronald, 1944, p. 49-68, cf. p. 49.

tances dans lesquelles les individus sont placés le conduisent à réagir. La récurrence de certaines situations produit chez les individus des habitudes. Beaucoup de ces circonstances sont sociales, et l'apprentissage de la conduite est en grande partie un apprentissage social. On pourra donc définir la personnalité comme « les habitudes et systèmes d'habitudes d'importance sociale qui sont stables et résistants au changement » (Guthrie, *ibid.*, p. 58).

Une telle théorie est présentée par exemple par E.R. Guthrie (*The psychology of learning,* New York, Harper, 1935), C.L. Hull *(Principles of behavior,* New York, Appleton, 1943, 422 p.), N.E. Miller et J. Dollard (*Social learning and imitation,* New Haven, Yale University Press, 1941; London, Kegan Paul, 1945, 284 p.). « On fait davantage connaître un homme, explique le même Guthrie (*ibid.*, p. 61), quand on dit quelle est sa situation sociale, que quand on énumère de ces vagues qualités que constituent l'extraversion, la dominance ou l'indécision. Quand nous savons qu'un homme est un .nilitaire professionnel, nous savons beaucoup sur ses talents et ses capacités, sa manière de penser, de se tenir, ses opinions, ses ambitions. Nous savons cela parce que nous connaissons les conditions de vie auxquelles il a eu à s'adapter, ce qu'il doit avoir appris. » Les traits généraux de la personnalité d'un individu, par conséquent, ne seront rien d'autre que le résultat des influences produites par les caractéristiques générales des situations récurrentes où il aura été placé.

La théorie behavioriste de la personnalité est intéressante en raison même de son caractère doctrinaire. Elle ne met nullement en doute que la personnalité humaine soit une, intégrée, stable, cohérente, comme le veut le schéma culturel occidental. Elle s'efforce seulement de prouver que ces caractéristiques qu'elle admet comme des faits, ne sont pas les propriétés d'une entité substantielle, mais l'effet pour ainsi dire mécanique de la situation. Cependant, concrètement, elle ne renseigne guère sur la manière dont ces habitudes se constituent en système pour former une personne; elle concentre son effort – mais là, elle va très loin – sur le processus de l'apprentissage, sur la formation des habitudes. L'analyse concrète de la formation et de la nature des relations entre la situation et la personne (et non plus seulement un individu quelconque), doit être cherchée dans des théories plus limitées et plus précises. Parmi celles-ci, il faut nommer l'étude des attitudes.

A prendre le mot dans son sens le plus général, l'attitude désigne, en psychologie sociale, la manière dont une personne se situe par rapport à des objets de valeur. L'étude des attitudes est donc au cœur d'une théorie de la personnalité : les comportements d'un individu pourront être décrits, compris et même prédits par ses attitudes. Mais, à partir du moment où l'on pose l'idée de personnalité, on implique qu'il doit exister des corrélations entre les divers comportements de la personne, et notamment entre ses attitudes et ses autres caractéristiques. Un certain nombre d'auteurs ont donc été conduits à retrouver la théorie substantialiste dans leur étude des opinions, notamment en cherchant à établir des corrélations entre les attitudes et les traits. Les recherches de Adorno et ses collaborateurs sur la « personnalité autoritaire[12] » s'inspirent dans une certaine mesure de cette théorie, mais l'exemple le plus frappant dans la littérature récente est celui de H.J. Eysenck [13]. Par une analyse factorielle appliquée à des mesures d'opinions, Eysenck trouve deux « facteurs », R (radicalisme-conservatisme) et T (dureté-mollesse). Le facteur R est une « dimension essentielle » des attitudes politiques, mais T est vraiment un facteur de personnalité en relation étroite avec l'introversion-extraversion, dichotomie qui résume elle-même différents traits tels que l'agressivité et la dominance, ou la rigidité, l'intolérance à l'ambiguïté, l'étroitesse d'esprit et le caractère concret de la pensée. On en revient donc à une théorie substantialiste : les opinions sont déterminées par quelque chose de réel, existant dans la personne.

Il existe toutefois d'autres manières d'étudier les opinions des individus. On peut notamment rapporter les opinions aux caractéristiques sociologiques par lesquelles les individus se classent. On constate alors des différences souvent très sensibles de la répartition de ces opinions, selon le sexe, l'âge, la

12. T.W. ADORNO, E. FRENKEL-BRUNSWICK, D.J. LEVISON et R.N. SANFORD, *The authoritarian personality*, New York, Harper, 1950, 992 p.
13. *The psychology of politics*, London, Routledge, 1954, 317 p.

profession, l'habitat, le niveau économico-social, l'affiliation religieuse, le niveau des études. Un behavioriste n'hésitera pas (cf. Guthrie, *op. cit.*, p. 59) à considérer de telles liaisons comme causales. On est bien cette fois dans le domaine des interprétations « situationnelles » ; mais il faut reconnaître que l'explication, dans ce cas, reste assez obscure. Comme le disent Smith, Bruner et White [14], on est ici « dans une zone crépusculaire, qui n'est clairement, ni psychologique, ni sociologique ».

L'auteur qui s'est le plus efforcé de « psychologiser » les caractéristiques sociologiques associées aux différences d'opinion est probablement Paul F. Lazarsfeld [15], notamment par son « index de prédisposition politique » (c'est-à-dire de prédisposition à voter pour les démocrates). Cet index combine l'effet du niveau socio-économique avec celui de l'affiliation religieuse et de l'habitat et repose sur une double idée : d'une part, l'idée de la participation à certaines expériences et à certains besoins communs dans les groupes ; d'autre part, l'idée de l'influence personnelle qui s'exerce au sein des groupes. Mais, comme le remarquent Smith, Bruner et White (*op. cit.*, p. 14), il s'agit là d'hypothèses qui resteraient à démontrer : l'indice de prédisposition politique localise les problèmes, il ne les résout pas.

En réalité, il y a un risque de malentendu quand on cherche à expliquer et à décrire les personnes par leurs opinions. Il est bien vrai que les opinions font connaître les personnes parce qu'elles les expriment ; mais ce n'est pas par leur contenu propre, objectif, par exemple en étant des opinions de « droite » ou de « gauche », « laïques » ou « cléricales » ; ce qui compte et est significatif, c'est la fonction de ces opinions pour ces personnes. C'est donc par rapport aux personnes et du point de vue des personnes qu'il faut analyser les opinions, si on veut les faire servir à la compréhension des personnes. A cette tâche se sont attachés Smith, Bruner et White dans un travail (*op. cit.*) qui ne leur a pas coûté moins de dix ans d'efforts.

14. M. Brewster SMITH, Jerome S. BRUNER et Robert W. WHITE, *Opinions and personality*, New York, Wiley, 1956, 294 p., p. 11.

15. Voir notamment *The people's choice*, Duell, Sloan and Pearce, 1944, 178 p., 2e éd., New York, Columbia University Press, 1948.

Selon ces auteurs, une psychologie de l'opinion doit considérer trois aspects de l'opinion : son objet, l'orientation de la personne qui opine et sa position. L'objet de l'opinion, c'est le problème sur lequel la personne va opiner ; mais il s'agit du problème tel qu'il apparaît à la personne, distinct par conséquent de son corrélatif objectif, qu'on appellera, si on peut, le thème. Dans cet objet de l'opinion on étudiera notamment le contenu, la différenciation et l'organisation, l'actualité, ou relief, du problème, la mise en perspective temporelle. Le second aspect à étudier est l'orientation : l'objet de l'opinion met en jeu des tendances à l'action, mouvement vers l'objet (rapprochement), mouvement en s'écartant de lui (éloignement), mouvement contre (hostilité). De l'orientation, il faut distinguer la position. C'est la traduction de l'orientation de la personne dans le langage concret : s'il s'agit d'opinions politiques, dans le langage de la politique. En d'autres termes, la position est la préférence pour une proposition particulière d'action collective. Cette position, politique ou autre, peut coïncider avec l'orientation du sujet, mais elle peut aussi s'en écarter beaucoup. La position peut, par exemple, être moins extrême que l'orientation.

On peut mettre en évidence l'accord général entre les opinions et les traits de la personne : elles révèlent les relations entre la réflexion intellectuelle et le sentiment ; on y découvre le ton de l'humeur : optimisme ou pessimisme, confiance ou impuissance, ressort moral ou résignation ; enfin les opinions mettent en évidence le niveau d'activité : un individu sera très actif, réclamera des actions, restera passif, et ainsi de suite. Mais c'est surtout par les fonctions des opinions qu'on peut comprendre le fait qu'une personne a une opinion et qu'ainsi l'étude des opinions sert la psychologie de la personnalité. On peut distinguer trois fonctions des opinions, qui correspondent à trois aspects de la personne.

Une personne est d'abord un individu qui est situé dans le monde, c'est-à-dire dont le comportement se déroule dans un environnement qui constitue pour lui la réalité. La première fonction des opinions sera donc l'adaptation à la réalité, ou « évaluation de l'objet ». Nos attitudes et opinions nous aident à classer les objets du milieu où nous sommes placés et par là mettent à notre service des prédispositions pour agir et affronter ces objets.

Une personne est, en second lieu, un personnage dans un groupe. Or les opinions servent à adapter l'individu à son groupe, à le faire accepter par le groupe. Quand cette acceptation est un besoin fort pour la personne, elle exprime plus aisément des opinions acceptables et réfrène ou nuance l'expression d'opinions moins approuvées. C'est là une relation fréquente entre les opinions exprimées et le groupe d'appartenance. Mais il y a aussi les opinions éprouvées : on peut dire, en général, qu'elles tendent à avoir la même fonction par rapport au groupe de référence. Dans le concret, il est vrai, les choses sont plus conpliquées, comme T.M. Newcomb l'a montré dans son étude du collège de Bennington [16]. Smith, Bruner et White soulignent en outre que, dans le domaine social, les opinions exercent encore d'autres fonctions : on peut former une opinion simplement pour prouver aux autres et à soi-même son indépendance, son autonomie ; ou pour manifester son hostilité envers les autres en exprimant des opinions peu orthodoxes ; on peut satisfaire un besoin d'identification à un groupe : c'est ainsi qu'un individu pensera qu'il a l'obligation d'avoir des opinions sur certains sujets.

Enfin, une personne est un individu qui a des besoins, des pulsions : défense du moi, besoin de dépendance, besoin d'autonomie, d'hostilité, désir de statut. A cet égard les opinions ont une fonction d'extériorisation : elle résulte du fait que l'individu aperçoit une analogie entre un événement du milieu extérieur et un problème intérieur non résolu. C'est, si l'on veut, de la projection et du transfert, mais en fait les mécanismes sont plus nombreux et plus riches. En tout cas, la relation entre les opinions que forme une personne et ses besoins sous-jacents n'est pas rigide ni bi-univoque. Deux individus ayant des pulsions agressives peuvent former en politique étrangère des opinions antithétiques, l'un canalisant son agression en hostilité contre l'ennemi, l'autre esquivant le problème en proposant une politique isolationniste.

Il n'y a pas lieu de privilégier une fonction aux dépens des

16. Cf. T.M. NEWCOMB, *Personality and social change*, New York, Dryden, 1943, 225 p.

autres quand on décrit et explique une personne par ses opinions : à insister sur le processus d'extériorisation des exigences internes, on verse dans une doctrine d'irrationalisme ; à insister sur l'évaluation de l'objet, on verse dans le rationalisme. A souligner trop les exigences sociales, on donne de la personne une image passive. L'intérêt d'une psychologie de la personnalité appuyée sur les phénomènes d'opinion, est qu'elle laisse entrevoir toute la complexité des comportements.

CHAPITRE XII

LA CONSCIENCE DE SOI ET LE STATUT DE LA PERSONNE

Les théories de la personnalité tendent, comme on l'a vu, à être des théories générales du comportement. Ce comportement, on peut le considérer comme un événement, perdu dans la masse des événements de l'univers. En conséquence, on l'étudiera du point de vue de l'observateur, animé, selon le cas, d'une philosophie substantialiste ou situationnelle. De toute manière, et en dépit de la confusion fréquente du langage chez les auteurs qui introduisent inconsidérément ici l'expression de « personne », le sujet du comportement ne sera jamais qu'un individu, sans qu'on puisse faire de différence entre la « personnalité » ainsi conçue et l'individualité de l'animal [1].

Mais on peut également chercher à étudier un comportement humain en se plaçant au point de vue de son auteur. Ce qui fait que cette position est pleinement légitime c'est que, à la différence d'une cause physique, le sujet psychologique se pense lui-même : il est une personne, qui existe pour soi. Cette idée d'autofinalité de la personne (au moins dans la conception occidentale et par opposition, par exemple, à la conception canaque) se comprend par la catégorie grammaticale du réfléchi et a été développée par Sherif et Cantril sous la forme de la théorie de l' « implication personnelle » : le sujet s'implique lui-même dans un très grand nombre de ses actions [2].

1. C'est pourquoi on a pu écrire des psychologies de la « personnalité animale ». Voir H. Munro Fox, *The personality of animals*, Pelican Books, éd. anglaise, 1940, édit. américaine 1947, 116 p.

2. Muzafer Sherif and Hadley Cantril, *The psychology of ego-involvements : social attitudes and identifications*, New York, Wiley, 1947, 525 p.

On a vu antérieurement l'intérêt d'une telle position, par exemple pour interpréter les comportements perceptifs ou de mémoire, et tout spécialement pour interpréter les comportements d'opinion. La généralisation de cette position, qui commence par une analyse objective de la conscience de soi, conduit, ainsi qu'on va le voir, à une théorie de la personnalité différente des précédentes, dont les caractères psychosociaux sont très accusés.

1. La conscience de soi

La conscience de soi et la conscience tout court sont deux choses bien différentes. G.H. Mead l'a expliqué par de pénétrantes analyses [3]. La conscience est une subjectivité, en ce sens qu'elle se manifeste dans des expériences qui ne sont accessibles qu'à un seul sujet : ainsi la conscience d'une douleur. Une telle conscience ne donne pas forcément un sujet, un moi. Certes, si nous souffrons, nous pouvons en un sens rapporter cette souffrance à notre moi, puisque c'est nous qui souffrons, et même puisque c'est nous, ou quelque chose de nous, qui sommes la cause de cette souffrance : par exemple cette dent malade est notre dent, ou cette offense subie par nous est notre offense. Mais précisément par là même, nous nous dissocierons, nous nous distinguerons de cette expérience pour la comprendre et la juger objectivement, comme les stoïciens nous invitaient à le faire. Cette conscience n'était donc nullement une conscience d'un moi. Il peut même arriver que des expériences nous soient données sans référence à nous-mêmes, d'une manière pour ainsi dire atmosphérique. Ainsi, certains jours, le monde entier semble en état de dépression, le temps est maussade, « le ciel bas et lourd pèse comme un couvercle », les valeurs auxquelles nous sommes attachés sont en train de sombrer. C'est bien là une expérience de conscience sans conscience de soi. Il existe d'ailleurs un développement de la conscience de soi, que les psychologues généticiens ont analysé en étudiant la petite enfance.

3. G.H. Mead, *Mind, self and society*, Chicago, University of Chicago Press, 1934 (posthume), 401 p., cf. p. 163, 165-173.

La conscience de soi comporte divers aspects, et d'abord un aspect formel : elle est la conscience qu'on est un moi. Ici les influences culturelles jouent un rôle déterminant, par la forme prise par la notion de personne dans la société où est placé le sujet. Mais la conscience de soi comporte aussi un contenu, qui intéresse également au plus haut degré la psychologie et la psychologie sociale. Enfin la conscience de soi, pas plus que la conscience tout court, ne se réduit à un simple spectacle : elle produit quelque chose, elle a des fonctions, elle agit selon certains mécanismes.

On ne reviendra pas sur la notion de personne, qui a été discutée au chapitre X. Mais parmi les éléments du contenu du moi, il convient d'abord de dire un mot de la conscience du corps. Il n'est pas douteux que l'image de notre corps joue un rôle important dans la conscience de soi. Comme le disait le vieux Canaque Boessoou au pasteur Leenhardt, « non ce n'est pas l'idée d'esprit que vous nous avez apportée, ce que vous nous avez apporté, c'est le corps » (cf. *supra*, p. 179). Le corps est en effet le « lieu de passage pour la réalisation de nos rapports avec le monde [4] ». Mais ce serait une grave illusion de renvoyer l'image du corps à des sensations immédiates, à la cénesthésie. Dès 1893, Bonnier a démontré que la notion de cénesthésie n'est pas scientifique [5]. Schilder a étudié chez l'enfant la genèse de l'image du corps [6]. Chez l'adulte, l'image du corps est certes liée à des phénomènes psychophysiologiques : chez les amputés, d'une part les images du pied et de la main, et particulièrement des doigts, résistent davantage aux mutilations, apparemment parce que ces organes ont joué un rôle plus important dans les perceptions ; d'autre part, dans l'endormissement, les images corporelles qui subsistent le plus longtemps sont celles où se concentre l'activité libidineuse, telles que bouche, mamelons, et surtout la zone génitale (cf. Lhermite, p. 23, 25, 73).

4. Cf. Médard Boss, *Introduction à la médecine psychosomatique*, trad., Paris, Presses Universitaires de France, 1959 (1954), 185 p., p. 33.

5. Cf. Jean Lhermitte, *L'Image de notre corps*, Paris, Ed. de la Nouvelle Critique, 1939, 255 p., p. 12.

6. Paul Schilder, « The image and appearance of the human body », *Psychol. Monogr.*, n° 4, London, 1935 ; cf. R.G. Barker, « Adjustement to physical handicap and illness », *Soc. Sci. Res. Council Bull.*, n° 55, revised, 1953, 440 p., p. 89 ; Lhermitte, *op. cit.*, p. 17-21, 24.

Mais que l'image du corps soit surtout sociale, c'est ce que suggèrent diverses observations convergentes. Ainsi les phénomènes d'autoscopie, c'est-à-dire de prétendue perception directe de ses organes internes par le sujet, ne révèlent qu'une morphologie viscérale décalquée sur les tableaux présentés par l'étal des bouchers ou par les planches populaires d'anatomie (Lhermite, p. 233), analogues aux dessins conventionnels par transparence que produisent nos enfants ou certains artistes primitifs [7]. Ces images conventionnelles sont vues par chaque culture d'une manière propre : le corps du Canaque (cf. Leenhardt, *Do Kamo, op. cit.*, p. 25-26) se comprend par des analogies végétales : la peau est l'écorce, la masse des chairs est la chair ou le noyau du fruit, l'ossature est le corps du bois, les os enveloppants sont la coquille ou la calebasse, les intestins sont des entrelacs de liane. Chez les Grecs modernes, le corps est comparé à des substances dures et froides : le cou est de cristal, les seins sont de marbre, l'amoureux dit : « Toute la nuit, étendu, j'ai embrassé de l'or [8]. » Finalement on remarquera combien le siège du moi dans le corps varie culturellement. Un Japonais dit « moi » en se touchant le nez ; l'Occidental se frappe le cœur, et ce n'est pas un geste superficiel, car les opérations du cœur entraînent des troubles psychologiques dix fois plus souvent que les interventions chirurgicales banales (M. Boss, *op. cit.*, p. 36) ; mais ce siège corporel de la personne est appris, car les enfants américains interrogés par Horowitz, en 1935 désignèrent, l'un son abdomen, un autre sa mâchoire, un autre sa tête [9].

L'existence de conditions sociales de la conscience du corps se retrouve dans la conscience de soi en général. Une première condition de la conscience de soi est l'existence d'un cadre ou, mieux, d'un contexte social. Halbwachs, on s'en souvient, l'a fait remarquer en analysant le fonctionnement

7. Cf. Florence Goodenough, *L'Intelligence d'après le dessin*, trad., Paris, Presses Universitaires de France, 1957, 133 p., p. 116, fig. 81 ; Leonhard Adam, *Primitive art*, Pelican Books, 1940, 247 p., p. 38, fig. 3.

8. Margaret Mead (éd), *Sociétés, traditions et technologie*, Paris, Unesco, 1953, 407 p., p. 72.

9. Travail inédit ; cf. Murphy, Murphy et Newcomb, *Experimental social psychology*, New York, Harper, revised ed., 1937, 1121 p., p. 428-429.

ÊTRES VIVANTS VUS PAR TRANSPARENCE
(Fig. 1, 2, 3 reproduites d'après Leonhard ADAM, *Primitive art*, Pelican Books, 1940, 247 p., p. 38, fig. 3.)

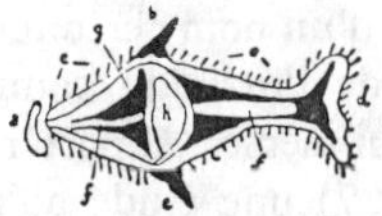

Fig. 1
Poisson, dessin au crayon, Nouvelle-Irlande, d'après E. STEPHAN (*a.* tête ; *b.* nageoire dorsale ; *c.* nageoire ventrale ; *d.* nageoire caudale ; *e.* écailles ; *f.* colonne vertébrale et arêtes ; *g.* chair comestible ; *h.* intestins).

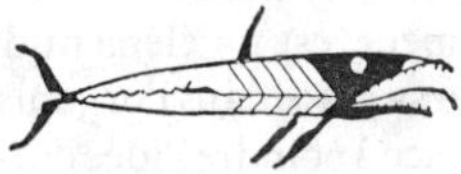

Fig. 2
Baleine blanche, dessin au crayon, Eskimo de l'Alaska, d'après H. HIMMELHEBER, *Eskimo-Künstler*.

Fig. 3
Scène mythologique : un loup (dont les vertèbres sont représentées) dévore un homme. Détail d'une peinture murale dans une maison Kwakiutl, d'après L. ADAM, *Nordwest-amerikanische Indianerkunst*, pl. 25.

Fig. 4
Un homme : l'estomac est représenté comme un sac. Dessin par une fillette américaine de 9 ans 5 mois. D'après Florence GOODENOUGH, *Measurement of intelligence by drawings*, copyright 1926 by Harcourt, Brace and World, Inc., nouveau copyright 1954. Reproduit avec l'autorisation des éditeurs. Cf. l'édition française, *L'Intelligence d'après le dessin*, Presses universitaires de France, 1957, p. 116.

de la mémoire. Si nous avons peu, ou plutôt si nous n'avons pas de souvenirs de notre petite enfance, c'est que nos expériences se sont déroulées sans cadres, sans contextes collectifs. Or la conscience de soi d'un individu consiste en bonne partie à faire pour soi la synthèse de ses expériences passées. Une seconde condition sociale, beaucoup plus spécifique, de la conscience de soi, est la possession d'un nom personnel. C'est le nom qui consacre l'existence de l'individu comme personne, pour les autres et pour lui-même. Allport rappelle, avec à-propos (*op. cit.,* p. 163, n. 7) une étude qu'il fit en 1936 avec Schanck : la justification la plus forte du meurtre, après la défense de la personnalité physique, est l'atteinte au nom de l'individu, et passe bien avant la défense de ses biens matériels. Or le nom, très précisément, est un élément du statut de l'individu ; il contribue à fixer sa place dans l'organisation sociale des personnes : ainsi commence à poindre l'idée de la relation intime qui existe entre la conscience de soi, ou plus généralement le comportement personnel, et le statut de la personne.

D'autres éléments sociaux pourraient être analysés comme agissant sur le développement de la conscience de soi. On pensera ici aux possessions et attributs personnels, mais en premier lieu aux vêtements et à la parure; les bottes qui alourdissent la démarche, le sabre qui traîne le long de la jambe, le pistolet qui pèse sur l'abdomen, le ceinturon qui impose une rigidité à la taille, ou encore l'ampleur de la robe du magistrat et de l'universitaire, le léger vêtement sportif et colonial, ouvert sur la poitrine, les coudes et les genoux, et, pour les femmes, le contact et le bruit du froissement de la soie, de la faille, du linon, ajoutent de complexes impressions au sentiment du corps, que n'épuisent pas les interprétations générales de l'anthropologie philosophique [10]. On a remarqué (cf. Allport, *op. cit.,* p. 164) que lorsqu'ils sont dévêtus, les enfants parlent plus librement, avec moins de ces restrictions qui s'attachent au rôle et au statut. Carlyle évoquait la harangue du lord nu devant une chambre des lords sans vêtements [11]. Assurément la conscience de soi s'incorpore les additions sociales à la personne.

10. Voir Franz KIENER, *Kleindung, Mode und Mensch,* München, Reinhardt, 1956, 280 p.
11. *Sartor Resartus* (1833), I, 9.

La conscience de soi n'est pas une réception passive d'impressions ; elle fonctionne, selon des processus qui méritent de retenir l'attention des psychologues sociaux. L'estime de soi est l'un de ces aspects dynamiques de la conscience de soi ; elle entretient des rapports avec le physique, taille, beauté, infirmité [12] ; elle produit des jugements sur soi-même qui comportent notamment les buts que l'on s'assigne, et qui constituent le niveau d'aspiration [13] ; ils comportent d'autre part le sentiment de sa valeur ou de sa culpabilité, celui-ci très actif dans les sociétés où la conscience morale est forte. Ces sentiments entraînent éventuellement des illusions sur soi-même qui se manifestent dynamiquement par le processus de rationalisation, par lequel l'individu se rend acceptable à soi-même ; avec, comme cas particulier, la projection par quoi on se rend acceptable à soi-même en s'affirmant que les autres sont identiques à soi.

A ces processus peuvent être rattachés les sentiments d'infériorité et le processus de compensation. Ni la notion d'échec, ni même celle de la conscience d'échec ne rendent compte suffisamment des sentiments d'infériorité. En réalité ils impliquent : 1) un certain système de valeurs existant objectivement dans la société (par exemple, on se souvient qu'aux îles Marquises il n'existe pas de valeur spécialement attachée à la puissance sexuelle) ; 2) un certain système de statuts, comportant certaines réussites ; 3) l'aspiration de l'individu à un certain statut ; 4) le sentiment d'un échec par rapport aux valeurs impliquées par le statut désiré. Le sentiment d'infériorité est donc social au premier chef. Il peut devenir la source d'efforts compensatoires qui, dans le domaine propre de l'échec ressenti, ou dans d'autres, relèveront l'individu à ses propres yeux. La personnalité pourra donc être compensée ou même surcompensée et cet aspect de la personnalité sera à la fois une description, une explication, et un moyen de prédiction des comportements. Le sentiment d'infériorité peut aussi mettre en œuvre des mécanismes de défense qui s'adresseront soit aux autres, soit à soi-même.

12. Voir R.G. Barker, *op. cit.*, p. 16-22, 81-84.

13. Voir bibliographie dans Francine Robaye ; *Niveaux d'aspiration et d'expectation*, Paris, Presses Universitaires de France, 1957, 223 p., p. 219-222.

Un troisième aspect dynamique de la conscience de soi est le processus d'identification et ses résultats. Ce concept a été introduit par les psychanalystes, pour représenter un attachement émotionnel à une personne tel que le sujet se comporte comme s'il était cette personne; on parle ainsi des identifications qui se produisent dans la famille. Mais le concept doit être généralisé : il existe notamment des identifications personnelles à des groupes. Souvent l'individu s'identifie aux groupes auxquels il est objectivement attaché comme membre, et l'on parlera alors, dans un sens sociologique, des « groupes d'appartenance » auxquels il est identifié. Mais il peut aussi s'identifier à d'autres groupes et c'est pourquoi la notion seule admissible au point de vue de la psychologie sociale est celle de « groupe de référence » : le groupe de référence est celui auquel l'individu est identifié. C'est un élément important de la conscience de soi, et par suite de la personnalité.

2. Le statut et le rôle

Les analyses précédentes n'ont pu éviter de faire intervenir les notions de statut et de rôle. Il convient de les présenter directement. Quand on compare les comportements d'individus appartenant à des cultures différentes, on voit qu'ils diffèrent, et on introduit alors, selon le biais choisi, la notion de mœurs ou celle de structure personnelle fondamentale. Dans la terminologie de Linton, ces traits de comportement sont des universaux [14]. Mais quand on pénètre dans une société, on constate une différenciation des comportements, correspondant à des fonctions sociales différentes, et à des places sociales déterminées. Si l'on prend pour centre d'observation un individu, la place qu'il occupe détermine son statut et son rôle : son statut est l'ensemble des comportements à quoi il peut s'attendre légitimement de la part des autres, son rôle l'ensemble des comportements à quoi les autres s'attendent légitimement de sa part. Dans la pratique, on oublie souvent

14. Ralph LINTON, *The study of man*, New York, Appleton, 1936, 503 p., p. 272-273.

cette distinction et on fait entrer le mot statut dans des usages qui recouvrent à la fois le sens strict du mot statut et celui du rôle. Beaucoup de statuts sont complémentaires : ainsi mari-épouse, malade-médecin, acheteur-vendeur, chef-surbordonné. Le système social consiste, en réalité, dans un système de statuts. Le fait que les sociétés fonctionnent et subsistent oblige à supposer que, dans l'ensemble, les divers statuts sont compatibles.

En poursuivant l'analyse, on voit que des distinctions s'imposent dans la notion de statut. Tout individu possède un grand nombre de statuts qui coexistent, ce sont les statuts particuliers ; mais il a aussi dans la société une position d'ensemble et quand on parle du statut d'un individu, c'est surtout à ce statut total ou global qu'on se réfère. On doit aussi distinguer entre le statut prescrit, donné à l'individu, dont il ne sortira pas quoi qu'il fasse : par exemple son sexe, ou son âge ; et les statuts acquis auxquels, dans une mesure plus ou moins grande selon les sociétés, un individu pourra accéder par son industrie, ou par sa chance. Enfin on se souviendra (cf. *supra*, p. 83-84) que pour les déviants il existe dans les sociétés des statuts « anormaux ».

La notion de statut a son origine dans l'ethnologie et dans la sociologie. Elle n'en est pas moins fort importante pour la psychologie sociale, car l'individu, sous les réserves que l'on verra, s'identifie à son statut ; le statut est un élément de la conscience de soi. Et, à considérer les choses objectivement, le statut est associé de plus d'une manière aux caractéristiques individuelles. C'est ce que Cattell, dans un ouvrage précédemment cité, s'est efforcé de montrer en réunissant un ensemble de données [15]. Il note, dans ses propres recherches et dans la littérature psychologique, diverses associations entre les aptitudes et le statut : c'est le cas de l'intelligence [16],

15. *Personality*, 1950, cf. p. 404-413. Le statut, au sens où l'entend Cattell, est essentiellement celui qui résulte de la stratification sociale, c'est-à-dire, bien que l'auteur s'en défende, le rang de l'individu dans la classification socio-économique, tel qu'il résulte de la répartition et de la consommation (fortune) et de la production (profession).

16. *Op. cit.*, p. 407. Voir aussi R.B. CATTELL, *A guide to mental testing*, London, University of London Press, 1936, p. 32 ; « The concept of social status », *Soc. Psychol.*, 1942, *15*, 293-308, p. 301 et « The cultural functions of social stratification : II. Regarding individual and group dynamics », *J. soc. Psychol.*, 1945, *21*, 25-55, p. 27.

de la stabilité émotionnelle, de l' « honnêteté » telle que l'étudient Hartshorne et May [17]; sur ce dernier point, d'autres auteurs ont apporté des confirmations et des généralisations : le développement moral est supérieur dans les classes supérieures. Une étude approfondie de Francis a montré que ce qui compte ici, ce ne sont pas les conditions objectives du milieu : foyer surpeuplé, antihygiénique, laideur de l'environnement dans l'enfance, mais les attitudes des parents, relativement à la santé, aux problèmes sexuels, au choix des camarades de jeu, aux activités de la communauté (Cattell, 1950, *op. cit.*, p. 407-408).

Une autre association est celle des attitudes et intérêts avec le statut. Depuis les premières études d'attitudes dans les laboratoires universitaires, et bien plus encore dans les sondages d'opinion publique, on a constaté que dans l'ensemble les opinions varient considérablement avec le statut. Il ne faudrait pas se hâter d'y voir une relation causale simple. Dès 1936, Stagner a fait ressortir que les attitudes « fascistes » sont associées à la fois à un niveau économique bas et à un niveau économique élevé, les attitudes libérales étant fréquentes surtout au niveau moyen [18]. Un autre auteur, Kornhauser, après un examen des résultats des enquêtes d'opinion, déclare que c'est une pure fiction de poser un déterminisme simple et automatique des opinions sociales par des facteurs économiques : c'est notamment l'inadaptation personnelle, bien plus que le niveau économique, qui provoque les attitudes d'opposition [19]. Il reste vrai cependant que le statut inférieur est davantage associé avec les intérêts les plus combatifs et les plus agressifs. Bien plus, au niveau supérieur, on trouve moins de préjugés présents d'une manière quelconque, c'est-à-dire non intégrés dans la personnalité du sujet (cf. Cattell, 1950, *op. cit.,* p. 409). Cattell enfin (*ibid.,* 410-413) fait état d'observations sur les relations entre le statut et les maladies mentales que l'on retrouve, en plus détaillé, dans le

17. Testing the knowledge of right and wrong », *Relig. Educ.*, 1926, 539-554.

18. Roos STAGNER, « Fascist attitudes : their determining conditions », *J. soc. Psychol.*, 1936, *7*, 438-454.

19. Arthur W. KORNHAUSER, *Industrial conflict : A psychological interpretation,* New York Dryden Press, 1939, 583 p.

travail extrêmement soigné de Hollingshead et Redlich [20] : il paraît exister une relation inverse entre le niveau socio-économique et la fréquence des maladies mentales ; les psychoses notamment paraissent se produire plus souvent dans la couche inférieure du niveau moyen qu'au niveau supérieur.

3. Comportement personnel et statut

Ces diverses études montrent l'existence de corrélations, sans en chercher la signification. Les traits, les attitudes, les inadaptations ne sont pas seulement des caractéristiques des individus ; ce sont aussi des expressions de la personne. Le statut lui-même n'est pas simplement attaché à cette personne : elle le pense, il fait partie de sa conscience de soi.

On doit d'abord souligner que le statut exerce, pour l'individu à qui il s'attache, des fonctions bien définies. A cet individu il apporte un point d'ancrage, un cadre de référence, une norme, et d'abord par ses conditions formelles : il est bien défini, il s'exprime de façon convergente dans les innombrables circonstances où nous sommes en relation avec les autres et surtout il possède deux propriétés qu'aucune autre source de normes ne possède à un égal degré : il se donne comme légitime, authentique ; et il nous appartient en propre, il est nôtre.

En même temps le statut comporte un contenu, et ce n'est pas moins important. Il détermine, avec précision, le comportement de l'individu dans la vie sociale, et les comportements des autres à son égard, ce qu'on attend de lui et ce qu'il doit attendre des autres. La morale, l'éducation, le droit, qui passent pour les institutions normatives essentielles, en réalité ne prescrivent que d'une manière générale, en sous-entendant toujours des ajustements particuliers. Le statut exprime avec précision, individuellement, les droits et les devoirs. Le statut donne à l'individu la définition sociale de lui-même.

En conséquence le statut contribue à donner à un individu

20. A.B. Hollingshead et Frederik C. Redlich, *Social class and mental illness : a community study*, New York, Wiley, 1958, 442 p.

un sentiment de sécurité personnelle. Cette notion de sécurité ne dépend pas seulement de la qualité agréable ou désagréable des impressions que le milieu est susceptible de nous donner. Elle est fondée surtout sur le caractère stable et prévisible des expériences que nous ferons dans le monde. Le statut est précisément un système protecteur de cette nature : il définit les comportements de l'individu qui seront accueillis avec approbation par l'entourage et quelles réactions de l'entourage devront être attendues et acceptées par lui avec satisfaction. C'est le statut qui permet à l'individu de s'avancer avec confiance dans la vie.

On peut pousser davantage cette analyse de ce que le statut représente pour la personne : le statut s'incorpore à la conscience de soi, et d'abord à cet aspect de la conscience de soi qui est l'estime de soi. Dans la notion de statut, il y a certainement l'idée d'une hiérarchie. Cela est évident dans le domaine économique à quoi, on l'a vu, certains auteurs tendent à réduire le statut; mais c'est vrai des autres domaines, tels que le familial, le religieux, le politique, l'intellectuel. Il y a donc des statuts inférieurs, subordonnés, et des statuts supérieurs, dominants. On pourrait alors penser que, si les statuts supérieurs exaltent l'estime de soi, les statuts inférieurs la diminuent ou l'oppriment. Cela peut se produire, dans certaines circonstances, dépendant de certaines attitudes prises par l'individu par rapport à son statut.

Mais il faut montrer que cette dépréciation de la valeur de la personne ne tient pas à la nature du statut. En lui-même, il comporte des valeurs positives. On a vu antérieurement que la personnalité a pour l'individu une valeur positive. Cette valeur provient de ce que l'individu est attaché à des valeurs, et que ces valeurs sont à lui; porteur de valeurs, et agent des valeurs, l'individu prend à ses yeux de la valeur. On peut préciser maintenant le lieu de ces valeurs : elles résident dans le statut. Le statut, centre des attitudes, produit les valeurs pour l'individu, et le milieu qui l'entoure reconnaît en lui ces valeurs, les respecte, et le traite en conséquence. C'est là une analyse bien abstraite, il est vrai, mais on pourrait l'illustrer immédiatement. Il n'y a pas de sot métier, dit-on, et en effet toute position sociale comporte des valeurs positives. Bien plus, les positions sociales que le droit, la morale, l'opinion des autres groupes sociaux peuvent considérer comme inférieures, ont leur honneur et leur valeur. Un criminel peut avoir, à sa façon, le respect de lui-même, il peut être un vrai criminel, un bon criminel, un grand criminel, et en tirer de la fierté.

Les expérimentateurs ont mis en évidence l'influence du statut sur cet aspect de la conscience de soi qu'est le niveau d'aspiration. Ainsi, dans les expériences de groupe, le sujet tend à s'identifier à son groupe, le niveau moyen de réussite du groupe devient sa norme et définit ainsi son statut : on constate alors que les sujets qui (par leur habileté supérieure, ou parce qu'ils ont des tâches plus faciles) ont des réussites supérieures, s'assignent à eux-mêmes des niveaux de réussite inférieurs à leurs réussites effectives, tandis que le contraire se passe pour les moins bons [21]. Dans des expériences où les sujets peuvent comparer, réellement ou illusoirement, les résultats obtenus dans leurs groupes avec ceux qui ont été obtenus dans d'autres groupes, le niveau d'aspiration individuel n'est pas moins affecté : il s'élève si le sujet voit le groupe externe de statut inférieur réussir mieux (ainsi chez des étudiants d'université se comparant à des élèves de l'enseignement secondaire); il s'abaisse si le sujet se compare à un groupe extérieur qu'il considère comme de statut supérieur (par exemple chez les étudiants de couleur se comparant à des étudiants blancs) [22]. Pour le dire en termes simples, le niveau des tâches qu'une personne s'assigne, ou si l'on veut, la hauteur de son ambition, dépend de l'idée qu'elle se fait d'elle-même, idée inspirée en grande partie de son statut tel qu'elle le voit; et la mesure de ce statut est apportée par ce qui apparaît comme normal par son groupe, ou par une comparaison, stimulante ou démoralisante, avec les réussites des groupes reconnus par le sujet comme inférieurs ou supérieurs au sien.

21. Cf. H.H. ANDERSON et H.F. BRANDT, « Study of motivation involving self announced goals of fifth grade children and the concept of level of aspiration », *J; soc. Psychol.*, 1939, *10*, 209-232; E.R. HILGARD, E.M. SAIT et G.A. MARGARETH, « Level of aspiration as affected by relative standing in an experimental social group », *J. exp. Psychol.*, 1940, *27*, 411-421.

22. L. FESTINGER, « Wish, expectation and group standards or factors influencing level of aspiration », *J. abnorm. soc. Psychol.*, 1942, *37*, 184-200; P.M. PRESTON et J.A. BAYTON, « Differential effect of a social variable upon three levels of aspiration », *J. exp. Psychol.*, 1941, *29*, 351-369.

Il en est ainsi du moins pour les individus qui acceptent leur position dans la société, qui sont en paix avec leur statut. Qu'ils constituent la majorité des sujets rencontrés dans les expériences, c'est ce qu'en suggèrent les résultats. Mais la situation n'est pas universelle. Une étude des relations entre comportement personnel et statut devrait inclure une référence aux cas où le statut de l'individu lui pose des problèmes. C'est ce qui se passe dans l'adolescence, au moment de « l'entrée dans la vie », quand le statut de l'enfance ne suffit plus à définir la personne, et quand le statut d'adulte n'est pas encore acceptable, ni par l'entourage, ni souvent par le sujet lui-même. C'est le cas de l' « homme marginal » [23], pris entre des loyalismes contradictoires, successivement accepté et rejeté par les groupes auxquels il est attaché, dont l'immigrant est le type, et l'adolescence un épisode particulier. C'est enfin le cas des individus qui repoussent leur statut et veulent remettre en question, et leur position personnelle, et l'organisation sociale en général, productrice et régulatrice des statuts. Il apparaît bien, comme Hyman l'a montré empiriquement [24], que les comportements de révolte sociale, les attitudes révolutionnaires, ne sont pas associés spécialement à un statut économique particulier, contrairement à ce qu'on peut imaginer, mais à une position déterminée de l'individu à l'égard de son statut personnel.

23. Cf. E.V. STONEQUIST, *The marginal man*, New York, Scribner's, 1937, 228 p.

24. Herbert H. HYMAN, « The psychology of status », *Archives Psychol.*, 1942, n° 269, *94* p., p. 80.

QUATRIÈME PARTIE

L'INTERACTION ENTRE LES PERSONNES

CHAPITRE XIII

LA COMMUNICATION ENTRE LES PERSONNES

Dans les trois domaines présentés jusqu'à ce point – individu et culture, comportement dans les conditions sociales, personnalité -- la psychologie sociale réintroduit la considération des contextes sociaux dont la psychologie générale se débarrasse en tant qu'éléments parasites ; cependant, comme celle-ci, elle continue à prendre l'individu isolé pour centre d'intérêt.

Mais les individus agissent et se comportent socialement : non seulement la conduite de l'individu considéré prend d'autres personnes pour objet, mais encore ces autres personnes sont des interlocuteurs et des partenaires, ils répondent à ces actions. Dans la relation entre l'individu A et l'individu B, B n'est pas seulement le stimulus de A, considéré d'abord seul comme réagissant ; à son tour A devient stimulus pour B qui dans une deuxième phase réagit à la réaction qu'il a pu provoquer. Ainsi s'introduit en psychologie sociale la notion d'interaction. Cette notion dépasse celle d'adaptation, de réciprocité (A est pour B ce que B est pour A), ou de complémentarité (si A est fils de B, B est père de A) pour impliquer l'idée de *feed-back* (« alimentation à rebours ») qu'on peut rendre par des expressions telles que « couplage rétroactif » ou « rétroaction ». Dans l'interaction de deux lutteurs, où chacun tient compte des attaques, des esquives, des feintes de l'autre, c'est en effet la notion de *feed-back*, de couplage rétroactif, qui rend le mieux compte de ce qui se passe.

1. Notion et aspects de la communication

La première forme à étudier de l'interaction humaine est la communication. Cette expression, qui a pris progressivement une grande importance en psychologie sociale et en sociologie, paraît s'être spécialisée, dans le sens précis qu'elle y possède, avec Cooley en 1909 : « Par communication, écrivait cet auteur [1], on entend ici le mécanisme par lequel les relations humaines existent et se développent. » En d'autres termes, la communication sera le processus par lequel des significations sont transmises entre des personnes [2]. Mais il est plus facile de dénommer ce processus que de le comprendre. Malebranche a fait ressortir l'insurmontable difficulté métaphysique de l'idée d'une communication immédiate avec autrui (*Recherche de la Vérité*, 1674, Livre III, partie 2, ch. VII, § 5). Mais cette difficulté n'est pas la seule et G.H. Mead remarquait (*Mind, self and society, op. cit.*, p. 257) que la communication ne peut pas préexister à l'existence de relations entre les individus : car la communication consiste à créer un état d'esprit commun entre celui qui communique et celui qui reçoit la communication, ce qui suppose des relations antérieures (et cela rendra impossible la communication avec les Martiens). Or, réciproquement, le fonctionnement d'une société de personnes serait impossible s'il n'y avait pas de communication ; les hommes en effet ne sont pas des machines, ils ne peuvent pas coordonner leurs actions par les voies de la causalité physique : toute interaction humaine suppose l'intermédiaire d'idées qui sont communiquées.

Quoi qu'il en soit, l'existence des communications doit être constatée en fait. La psychologie sociale en distingue deux catégories : les communications de masse, ou mieux, dans les masses, c'est-à-dire la transmission des idées à un grand nombre de personnes à la fois ; et la communication de personne à personne, dans les relations que, depuis Cooley (*ibid.*,

1. Charles Horton COOLEY, *Social organization : A study of the larger mind*, New York, Scribner's, 1909, 436 p., p. 61.
2. En 1753, dans le *Discours sur l'origine de l'inégalité*, J.-J. Rousseau fait déjà usage du mot dans ce sens, et il souligne l'importance de la notion.

p. 23), on appelle primaires. C'est de cette deuxième catégorie de communication qu'il s'agit présentement, la première étant réservée pour des exposés ultérieurs.

2. La communication sans langage

L'instrument privilégié de la communication est évidemment le langage. Mais il existe aussi une communication sans langage, et à côté du langage. On le voit bien dans le cas des aveugles : privés de la possibilité de lire les expressions sur le visage et dans l'attitude corporelle d'autrui, les aveugles communiquent moins bien que les voyants, par exemple dans les relations amoureuses [3]. Les trois éléments qui jouent le rôle le plus important dans la communication entre personnes, sont l'apparence physique, le geste, et l'expression momentanée du visage. Ce rôle comme celui du langage lui-même, est double : permettre de transmettre des idées et des sentiments, ou au moins les nuancer et les préciser ; aider à faire comprendre la personne, l'exprimer.

Si on considère le premier de ces éléments, l'apparence physique du point de vue de l'individu qui est perçu, on admettra que cet individu n'a pas d'action directe sur son corps, ni sur les traits permanents de son visage. Cependant, par l'habillement, par la parure, une personne transmet indiscutablement des significations, et elle donne, volontairement ou involontairement des expressions d'elle-même, qui peuvent être véridiques ou fallacieuses [4]. Réciproquement,

3. Cf. Pierre HENRI, *Les Aveugles et la société*, Paris, Presses Universitaires de France, 1958, 465 p. : « L'aveugle, qui ne peut ni exprimer ses sentiments, ses désirs, par le regard, ni surtout lire dans le regard d'autrui les consentements tacites ou les imperceptibles manifestations de contrariété, est bien mal armé pour jouer le rôle d'un séducteur... Au premier stade des relations d'ordre sexuel, seuls sont socialisés, et par conséquent admis, les processus visuels d'information et d'expression » (p. 178).

4. Il est surprenant de constater combien ce thème d'étude a peu retenu l'attention des spécialistes de la perception des personnes et de la psychologie du vêtement. On trouvera quelques stimulantes esquisses d'analyses dans J.C. FLÜGEL, *The psychology of clothes,* London, Hogarth, 1930, 257 p., notamment dans le ch. VI, bien qu'il concerne davantage les attitudes de la personne à l'égard des vêtements, que l'expression de la personne par le vêtement.

l'apparence physique est un élément constamment utilisé dans la compréhension d'une personne par une autre. On retrouvera cette question dans le chapitre suivant ; dès à présent, il faut remarquer que l'absence de validité réelle de la physiognomonie vulgaire n'empêche pas son importance sociale. Chaque individu transporte dans son entourage, en toute société, un message, trompeur ou non, de ce qu'il est, de ce qu'il a, de ce qu'il fait. L'apparence physique est un stimulus social qui joue son rôle dans la communication entre les personnes.

Le geste, c'est-à-dire l'attitude corporelle et la gesticulation, et si l'on veut aussi les mouvements expressifs [5], ne donnent pas moins accès à la personne, à ce qu'elle est en permanence, comme aussi bien à son humeur, à son intention du moment. Assurément un individu est beaucoup plus le maître de ses gestes que de son physique ; il faut cependant remarquer que la gesticulation d'un individu se relie tout autant à sa nature, psychophysiologique, sociale ou culturelle, qu'à son comportement délibéré. Le geste que l'on a appelé autique [6] : mains qui se tordent pendant que le sujet écoute, pieds qui remuent sous la table dans l'impatience, n'est pas destiné à la communication, mais trahit la personne ; le geste habituel, révérence du diplomate, chaude poignée de main du politicien, doigt levé du professeur, exprime bien davantage que ce qu'il entend communiquer ; les gestes symboliques enfin, par lesquels nous exprimons avec notre corps, comme par notre mimique, notre doute, notre approbation, notre indifférence, notre enthousiasme, notre désir de voir une personne venir à nous, ne sont que des éléments d'un langage déterminé culturellement : au Japon on appelle en ramenant les doigts vers le corps, la paume faisant face au sol, on fait le signe de l'adieu en remuant les doigts d'une main présentée transversalement [7] ; Efron et Foley ont opposé la gesticulation juive discursive ou idéographique, décrivant la courbe du

5. Cf. G.W. ALLPORT et P.E. VERNON, *Studies in expressive movements*, New York, MacMillan, 1933, 219 p.

6. Cf. M.H. KROUT, « Austistic gestures », *Psychol., Monogr.*, 1935, *46*, n° 4.

7. Cf. Atsuharu SAKAI, *Japan in a nutshell*, Yokohama, Yamagata, 1949, 258 p., p 255.

processus intellectuel, à la gesticulation picturale ou physiographique des Italiens, qui décrit les objets [8].

Mais l'élément le plus expressif et le plus important pour l'interaction dans la communication entre personnes, en dehors du langage, reste l'expression du visage, la mimique. La mimique a d'abord pour fonction de stimuler les individus qui interagissent ; un comportement d'échange social, tel que la conversation, est une chaîne de réactions souvent fort animées : or les émotions éprouvées par les interlocuteurs à chaque instant sont assez faibles ; c'est l'expression du visage de l'interlocuteur qui produit la stimulation nécessaire. L'expression du visage sert aussi à orienter l'interaction. C'est cette expression, mieux que les mots employés, qui fait comprendre l'intention du partenaire, qui donne à un « je vous prie », le sens d'un ordre, qui indique si une affirmation est sérieuse, plaisante, ironique, irritée, reconnaissante ; la direction du regard désigne ce à quoi pense l'interlocuteur, l'objet vers lequel il va diriger son action. L'aptitude à soutenir le regard d'autrui exprime une réelle dose d'agressivité et c'est aussi un moyen de se soumettre la volonté du vis-à-vis : les vendeurs s'entraînent à fixer le haut du nez de leur client. Au laboratoire, les sujets qui réussissent à faire des opérations arithmétiques sans baisser les yeux devant l'observateur sont les plus agressifs [9].

Toute une littérature, désormais classique chez les psychologues sociaux, concerne la prétendue aptitude à comprendre immédiatement l'expression des émotions chez autrui (cf. *supra*, p. 102-103). En fait, comme l'habillement, comme le geste, l'expression du visage est en grande partie un langage ; si elle est comprise aussi aisément, c'est que sa fonction est d'être comprise : le sujet l'utilise pour s'exprimer. Mais comme dans tout langage, la signification d'une mimique, pas plus que le sens d'un mot, ne se limite à elle-même : elle est liée à tout le système de signification de la société où elle se manifeste.

8. David EFRON et John P. FOLEY, Jr., « A comparative investigation of gestural behavior patterns in Italien and Jewish groups living under different as well as similar environmental conditions », *Z. Sozialforschung*, 1937, 6, 151-159, reprod. *in* HARTLEY and NEWCOMB (ed.), *Readings in social psychology*, Holt, 1947, 672 p., p. 33-40.

9. Cf. H.T. MOORE et A.R. GILLILAND, « The measurement of aggressiveness », *J. applied Psychol.*, 1921, 5, 97-118.

3. Linguistique et psychologie

Le mécanisme le plus important de la communication reste évidemment le langage des mots, le langage verbal. Il y a lieu de distinguer entre le langage proprement dit, qui est la fonction ou le mécanisme de la communication verbale, la langue, qui est l'instrument de cette fonction, composée d'éléments (phonèmes et morphèmes) et des règles de leur usage, et les langues, qui sont les formes diverses prises par cet instrument dans les diverses sociétés.

Aucun de ces aspects n'est indifférent à la psychologie sociale, ainsi que divers précédents chapitres ont pu le montrer. Mais, plus encore qu'à la linguistique qui, à travers les langues, recherche (d'une manière surtout descriptive) les propriétés, par exemple structurales, de la langue, la psychologie sociale s'intéresse à la psycholinguistique qui étudie la langue telle qu'elle est utilisée en fait [10].

Considérée abstraitement, la communication a pour fonction de transmettre de l'information. Qu'est-ce que l'information? C'est quelque chose qui diminue l'incertitude, c'est-à-dire qui diminue le nombre des possibilités entre lesquelles on doit choisir. On définira comme unité d'information, une information qui diminue de moitié le nombre de possibilités de choix. Deux unités d'information diminueront donc le nombre des choix possibles des trois quarts. Aux unités d'information, réparties en progression arithmétique, correspond donc une progression géométrique dans la réduction des possibilités de choix. La théorie échafaudée à partir de ces considérations conduit à conclure que la méthode de communication qui serait la plus efficiente, c'est-à-dire qui utiliserait le nombre minimum de messages, serait celle qui utiliserait chaque élément du langage aussi souvent qu'un autre.

Or c'est tout le contraire qui se produit en fait. Des comp-

10. Cf. George A. Miller, *Langage et communication*, trad., Paris, Presses Universitaires de France, 1956 (1951), 404 p. ; B. Mandelbrot, « Linguistique statistique macroscopique », *in* Apostel, Mandelbrot et Morf, *Logique, langage et théorie de l'information*, Paris, Presses Universitaires de France, 1957, 207 p., p. 1-78.

tages statistiques opérés par divers auteurs concordent pour établir que certains mots sont beaucoup plus employés que d'autres ; plus précisément, si f est une certaine fréquence d'emploi, par exemple dans un texte (une fois, deux fois, trois fois, etc.), et si n est le nombre de mots qui apparaissent avec ces fréquences, on a la loi

$$n\, f^{r} = K$$

r et K étant deux constantes. Pour le français, r vaut environ 1,4 [11]. En d'autres termes, certains mots, en petit nombre, sont employés très souvent, d'autres, très nombreux, le sont très rarement. Notre langage est donc peu efficient, et il est de plus très redondant. La redondance peut se mesurer par la probabilité, connaissant les premiers éléments d'un message, de deviner les éléments suivants. Pour l'anglais on évalue cette redondance à 75 ou 80 %. Une des grandes sources techniques de redondance réside dans les règles de la grammaire : elles font qu'une expression étant commencée, les choix pour continuer sont très limités [12]. Les auteurs se plaisent à souligner que cette inefficience du langage est compensée par la sécurité qu'elle apporte : elle assure que si le message est altéré dans la transmission, l'erreur deviendra immédiatement visible. Mais en fait, elle a d'autres sources, car la fonction du langage, on le verra, ne se limite pas à communiquer des messages.

Ces problèmes ne sont pas les seuls que rencontre l'étude psychologique du langage. Le plus difficile est sans doute celui de la nature de la signification. Naturellement on peut dire que la signification est la relation qui existe entre un symbole (mot ou morphème) et la chose symbolisée. Mais

11. Cf. M.-L. DUFRÉNOY, « Analyse statistique du langage », *J. Soc. Statis*, Paris, 1946, *87*, p. 208-219, p. 218. La loi citée est la « loi de Zipf ».

12. Sans prononcer le mot, Sapir analyse la redondance de phrases telles que *illa alba femina quae venit*:

illa : une seule – féminin – qui fait l'action;
alba : une seule – féminin – qui fait l'action;
femina : une seule – féminin – qui fait l'action;
quae : une seule – féminin – qui fait l'action;
venit : elle (c'est-à-dire ni je, ni toi) – seule – maintenant.

Cf. Ed . SAPIR, *Le Langage*, trad., Paris, Payot, 1953 (1921), 222 p., p. 90.

cette relation n'est pas simple. On se souvient que dans le *Cratyle*, Platon suggère que le mot imite l'essence de la chose ; c'est dire au moins que la signification se limite à la relation entre le mot et la chose. Une telle théorie peut s'admettre à la rigueur pour un mot qui désigne effectivement une chose matérielle. Mais que désigne un mot comme « Platon » ? Ce mot ne prend son sens que par beaucoup d'autres symboles. En de tels cas au moins on peut donc dire que la signification d'un mot déterminé n'est pas indépendante, mais qu'elle est en relation avec beaucoup d'autres mots. En fait, il faut dire que les significations des mots constituent un immense ensemble, qui tend à former un système intégré. La signification d'un mot, par conséquent, ne doit pas être recherchée seulement dans la relation entre le signe et la chose signifiée, mais dans le système significatif de l'individu, ou plutôt du groupe social dont il fait partie.

C'est pourquoi même une théorie par le conditionnement individuel et social; comme celle de Skinner, qui apparaît pourtant comme l'une des plus réalistes, et des plus proches des faits, est encore loin d'être satisfaisante [13]. Le sens des mots, dit Skinner, se fixe par renforcement : les usages corrects en réponse à un stimulus, sont suivis d'autres stimuli qui les renforcent. Ce rôle des autres personnes et de la culture en général, explique aussi l'inégalité du développement du langage dans les différents secteurs de chaque société : une culture développe un vocabulaire riche pour exprimer les distinctions qui y sont importantes, et se contente d'un vocabulaire rudimentaire dans les domaines où elle n'est pas intéressée [14]. Une expérience déjà ancienne fait bien ressortir le caractère trop simple de ces explications [15] : on associe des syllabes dépourvues de sens avec la présentation d'aliments

13. B.F. SKINNER, *Verbal behavior*, Cambridge, Harvard University Press, 1947, 478 p.

14. Les idées de Skinner ne sont peut-être pas aussi neuves que le croient certains auteurs. Meillet, dès les débuts de ce siècle, a montré comment le vocabulaire et ses changements sont liés à des intérêts sociaux et à des transformations sociales. Cf. A. MEILLET, *Linguistique historique et linguistique générale*, Paris, Champion, 1921, 335 p., et spécialement p. 130-148, 230-271, 272-280.

15. Cf. G.H.S. RAZRAN, « Conditioned responses », *Arch. Psychol.*, 1935, nº 191, 124 p.

pour former des réactions conditionnées. Dans un groupe A de sujets, les mots sont donnés pour ce qu'ils sont, des syllabes arbitraires. Dans le groupe B, on prétend que ce sont des mots d'une langue africaine, le « benga ». Les résultats montrent que le conditionnement est plus fort dans ce groupe que dans le groupe A. L'association significative dépend donc aussi d'autres choses que du conditionnement, et c'est cette autre chose qui a jusqu'ici résisté à l'analyse.

4. Psychologie sociale du langage

Toutefois la psycholinguistique, même complétée par la théorie de la signification, est loin d'épuiser tous les problèmes que le langage pose à la psychologie sociale. En particulier, il est clair que le phénomène étudié jusqu'ici est essentiellement la parole, non les « parlants ». Il en va ici comme en science économique, quand on dit par exemple que les dépenses d'un consommateur sont fonction de ses revenus. Le consommateur est rejeté hors de la relation

$$\text{dépense} = f\ (\text{revenus}),$$

il devient simple épiphénomène. Or l'échange verbal est aussi un ensemble de conduites, que l'on peut étudier par rapport à leurs auteurs et aux contextes sociaux où elles se déroulent. Il faut dire que cette idée d'une psychologie sociale du langage, apparemment fort importante, n'a guère retenu l'attention jusqu'ici [16].

Pour l'observateur naïf, les individus utilisent le moyen du langage pour transmettre des idées. En réalité, l'utilisation du langage dans l'interaction répond à au moins trois sortes d'intentions, très visibles : appeler des réponses verbales, salutations, appels, questions ; produire des actions (ordres) ; produire une attention qui se prolonge, par des affirmations de propositions [17]. Mais cette analyse est encore trop géné-

16. On trouvera *passim* quelques notations intéressantes dans : Marcel COHEN, *Pour une sociologie du langage*, Paris, Albin Michel, 1956, 396 p.

17. Cf. Charles C. FRIES, *The structure of English*, New York, Harcourt Brace, 1952, 304 p.

rale. Le langage est une activité institutionnalisée, et qui a des fonctions.

Si l'on considère le langage comme une institution, on constatera d'abord qu'il comporte des formes, bien établies et reconnues, telles que prières, discours, proclamations et conversations. Chacune de ces formes se subdivise elle-même : par exemple on reconnaît la conversation de salon, la conversation-sur-le-palier, la conversation-confidence, la conversation galante et ainsi de suite. A cette liste il faut joindre les différents usages esthétiques, genres littéraires et dramatiques, jeux de mots et plaisanteries, chansons, récits populaires, comportant leurs règles d'emploi reconnues et sanctionnées. L'institution du langage comporte en second lieu des occasions codifiées de recours à telle forme déterminée de langage. On ne parle pas seulement quand on a quelque chose à dire et parce qu'on désire le dire. Dans bien des cas, on doit dire ce qu'on n'a pas envie de dire, ou ne pas dire ce qu'on voudrait dire. Certaines de ces occasions sont donc négatives : on ne parle pas en présence d'un supérieur, sauf s'il vous sollicite ; on ne parle pas non plus quand on désire faire respecter son quant-à-soi. D'autres sont positives : on parle pour se mettre à l'aise, ou mettre à l'aise les autres, pour diminuer la distance sociale, pour surmonter l'intimidation ; et on parle encore parce que le moment est venu de porter le toast, de faire le discours, et que ce rôle revient, par accord tacite ou exprimé, à cette personne.

Il y a donc, en troisième lieu, dans l'institution du langage, une distinction sociale de rôles et souvent une distribution individuelle de ces rôles. On en trouvera des exemples dans le porte-parole, dans le conférencier, le directeur de la conversation, le contradicteur, le muet, le bouffon. Un quatrième aspect de l'institution concerne les thèmes abordés dans tel usage déterminé du langage, en telle occasion, avec tel rôle. Le choix des thèmes paraît réglé par un jeu subtil d'obligations, de tabous, de convenances ; le respect ou le manquement à ces règles est sanctionné par l'approbation, le sourire, le scandale, l'opposition ultérieure du groupe. Au-delà des thèmes, on pourrait reconnaître l'existence de certaines variations, parfois fort subtiles, de l'usage du langage qu'on pourrait appeler les tons. Un cas particulier en serait le « style administratif » qui, par exception, a fait l'objet d'une étude [18]. On doit enfin reconnaître, dans le cadre du langage comme institution, des variations géographiques et sociologiques dans l'usage de la langue, explorées par d'assez nombreux auteurs (cf. M. Cohen, *op. cit.*, 168-194, bibliogr., p. 195-213).

Cet ensemble de règles, de convenances, d'usages, varie selon les cultures, et même les sous-cultures. Les délibérations publiques obéissent en Occident à des conventions déterminées, écrites et non écrites ; on ne les retrouve pas en d'autres sociétés. Kluckhohn a ainsi décrit (*The Navaho*, 1947, *op. cit.*, p. 70-71) l'allure des palabres chez les Indiens de l'Arizona : longs discours, avec référence polie aux orateurs précédents, répétition sans fin des questions déjà traitées, relation étendue du détail d'événements qui pour le témoin étranger sont sans rapport avec le sujet. « La pratique actuelle de voter pour des candidats ou des décisions est une innovation des Blancs et continue à mettre mal à l'aise les Navajos âgés ou entre deux âges, car le modèle navajo était de faire durer la discussion jusqu'à atteindre l'unanimité, ou au moins jusqu'au point où les opposants avaient le sentiment qu'il était inutile ou impoli d'exprimer davantage leur désaccord. »

Le langage doit enfin être considéré dans les fonctions qu'il exerce pour l'individu et pour le groupe. A cet égard, le langage est d'abord l'instrument indispensable pour l'adaptation de l'individu à son groupe : c'est par le langage que se transmettent les valeurs et les notions, et si ce rappel est une banalité, cela n'enlève rien à l'importance de l'idée. Mais le langage exerce d'autres fonctions, plus spécifiques. Utilisé par la personne, il est une action sociale, et par là il a une finalité propre : il révèle socialement la personne. Les psychologues factoristes ont bien vu, à côté du facteur g d'intelligence générale apparaître un facteur verbal v, et même un facteur w d'aisance verbale (*word fluency*), mais dans les différences de comportement verbal, ils ont reconnu simplement des différences d'aptitude. C'est Burt (*The factors of the mind*,

18. Robert CATHERINE, *Le Style administratif*, Paris, Albin Michel, 1947, nouvelle éd. 1954, 173 p.

op. cit., p. 407, n. 1) qui a pressenti la nécessité de leur chercher d'autres sources. Un enfant taciturne, disait-il, peut être peu émotif, ou inhibé, ou enfin, mais peu probablement, d'aptitude verbale faible ; un enfant loquace et bavard, d'un autre côté, doit être à la fois émotif et peu inhibé ; on reconnaît en lui le type cyclothymique. Une analyse, reprise de ce point de vue, dégagerait sans doute, selon la manière d'utiliser le langage, le discoureur, le pédant, le timide, le taciturne et ainsi de suite.

Le langage n'exprime pas seulement la personne ; il lui sert aussi à se mettre en valeur. On a montré que les questions posées par un enfant de cinq ans n'ont pas seulement pour but la satisfaction de la curiosité, mais aussi et bien plutôt la possibilité d'attirer l'attention des adultes [19]. Dans le même sens, Diderot observait dans *Jacques le Fataliste :* « Le peuple aime à parler, cela le tire de son abjection. » Certes il existe d'autres activités socialisées qui ont ainsi pour fonction d'attirer l'attention sur la personne ; aucune pourtant ne peut rivaliser, en fréquence et en facilité, avec l'usage de la parole. Par le langage nous imposons aux autres la reconnaissance *de facto* de notre existence comme personne. Nous les forçons à nous écouter, à nous prolonger leur attention, à nous répondre ; nous les obligeons à participer à la question qui nous préoccupe, à entendre ce que nous avons à en dire, à nous exposer leurs propres vues, que nous pouvons répéter plus tard à d'autres, prouvant ainsi que nous avons eu un contact avec cet interlocuteur dont le prestige nous atteint par contagion. On comprend alors la rigueur relative de la réglementation qui préside à l'échange verbal, l'interdiction faite par exemple à l'inférieur de parler le premier ; quand les règles s'assouplissent, elles demeurent sous la forme de la politesse. Mais on trouve également dans ces remarques un principe pour interpréter la typologie psychologique des interlocuteurs : un bavard, par exemple, sera souvent quelqu'un qui, par insécurité personnelle, a besoin d'imposer sa personnalité à autrui.

Le langage aura donc finalement une fonction psychothé-

19. D. McCarthy, *The langage development of the pre-school child*, 1930, cité par Murphy et Newcomb, *Experimental social psychology*, *op. cit.*, p. 583-585.

rapique. Là où l'agression physique est interdite, l'injure est un substitut utile. Le bavardage de la ménagère, la médisance entre honnêtes gens, le mauvais esprit du rebelle, ont une utilité souvent méconnue, en ranimant les valeurs personnelles aux yeux des autres, en restaurant l'estime de soi, en apportant des compensations à un statut qui ne satisfait pas. Les langages spéciaux, les argots, doivent être considérés aussi de ce point de vue. L'argot a des fonctions psychothérapiques et sociothérapiques. Son caractère généralement ordurier montre qu'il est un substitut de l'expression directe de tendances agressives, consécutives à des frustrations. Son caractère ésotérique sert à affirmer l'existence d'un groupe fermé et permet à l'individu d'y prouver son appartenance [20].

20. Cf. Wilbert E. MOORE, *Industrial relations and the social order*, New York, MacMillan, 1947, 555 p., p. 323-326.

CHAPITRE XIV

LES COMPORTEMENTS DANS LES PETITS GROUPES

La communication, et tout particulièrement la communication par le langage, fournit une illustration immédiate de l'interaction entre personnes : je vous parle, vous me répondez, je réponds à votre réponse ; et si un troisième personnage est présent, il ne tardera pas à se mêler à nos échanges. Un autre exemple serait les comportements de joueurs : chaque participant tient compte des coups du ou des adversaires et, éventuellement, du ou des partenaires et en même temps lui impose, ou leur impose, de s'ajuster à lui.

Toutefois, peut-on penser, dans l'échange des paroles ou des coups, c'est une sorte de convention, pouvant d'ailleurs être seulement implicite, qui est au principe de l'interaction, et qui nous prescrit, ou au moins nous suggère, de nous ajuster, vous à moi, moi à vous. Mais il est facile de faire voir que les interactions dans les petits groupes ne sont pas seulement des phénomènes de l'ordre de la convention. C'est ce que montre par exemple une observation faite, dans une usine de fabrication de matériel électrique, sur cinq ouvrières chargées du montage de relais téléphoniques : le fonctionnement poursuivi pendant cinq ans du célèbre « atelier expérimental de montage des relais » présente, au cours de certaines phases significatives, des corrélations élevées entre les productions journalières des ouvrières. En d'autres termes, il existe un parallélisme, mis en lumière par l'analyse statistique et d'ailleurs invisible autrement, dans les variations des rythmes du travail individuel au sein du groupe. Tout se passe comme si les ouvrières, dont les vitesses individuelles de travail sont différentes, se mettaient expressément d'accord, à certains moments, pour travailler plus vite ou moins vite, pour s'ajuster délibérément les unes aux autres. Seulement une telle convention d'accord n'existe nullement et l'on est au contraire en présence d'un phénomène qui n'est pas voulu et qui échappe même à la conscience claire des sujets individuels [1].

Qu'il se pose ainsi à la psychologie sociale un thème de recherche sur les comportements en groupe, c'est ce qui est apparu dès la constitution de cette science. On peut même dire que c'est dans ce domaine que la psychologie sociale a vu se concentrer les premiers efforts pour inventer et appliquer des techniques objectives de recherche, avec des auteurs tels que Binet, Moede, F.H. Allport [2] ; et c'est peut-être là qu'elle a connu, après des débuts modestes, la prolifération la plus abondante. Une bibliographie de 1407 titres, établie en 1954, montre qu'à cette date, la production qui commence au début du siècle avec un titre par an, est arrivée à un taux de trois par semaine ; cependant que les cours universitaires consacrés spécialement aux petits groupes atteignaient aux États-Unis le nombre de deux cents [3]. L'étude des petits groupes est plus qu'un chapitre courant de la psychologie sociale, et pas seulement pour des raisons de volume ; elle a son histoire propre, ses techniques, son esprit, ses ambitions et aussi ses chapelles. On ne peut se dispenser d'en prendre une vue générale avant d'aborder les problèmes des comportements dans les petits groupes.

1. L'observation qui vient d'être sommairement rapportée fait partie des études de psychosociologie industrielle entreprises dès 1927 à la *Western Electric*. Voir notamment T.N. WHITEHEAD, *Leadership in a free society*, Cambridge, Harvard University Press, 1939, 266 p. ; *id.*, *The industrial worker*, Harvard University Press, 1938, 2 vol., 265 p. + planches. En français, J. STOETZEL, *La Psychologie collective dans la vie industrielle*, Paris, Cégos, 1943, 16 p. ; Georges FRIEDMANN, *Problèmes humains du machinisme industriel*, Paris, Gallimard, 1946, 426 p., p. 301-323.

2. Alfred BINET, *La Suggestibilité*, Paris, Schleicher, 1900, 395 p. ; W. MOEDE, *Experimentelle Massenpsychologie*, Leipzig, Hirrjel, 1920 ; F.-H. ALLPORT, *Social psychology*, Boston, Houghton-Mifflin, 1924.

3. Fred L. STRODTBECK et A. Paul HARE, « Bibliography of small group research from 1900 through 1953 », *Sociometry*, 1954, *17*, 107-178 ; cf. F.L. STRODTBECK, « The case for the study of small groups », *Amer. sociol. Rev.*, 1954, *19*, 651-657.

1. Les études de petits groupes

En 1935, Dashiell publiait, avec l'exposé de ses propres travaux, une vue générale des recherches antérieures sur le comportement dans les groupes [4]. L'image qui se dégage de cette synthèse, reprise dans plusieurs ouvrages publiés vers le même moment [5] est très intéressante parce que très différente de celle que donneront les travaux ultérieurs. Un concept fondamental, provenant de F.H. Allport (1924) était celui de la « facilitation sociale » : indépendamment de tout aspect de rivalité, la situation de groupe a un effet de stimulation sur le comportement des individus (on boit et on mange plus en compagnie que seul). Il est vrai que le groupe produit aussi de l'inhibition, et il s'agit de préciser quand et comment. D'autre part, on doit aussi étudier les processus d'imitation et de suggestion qui restent, à cette époque, des concepts centraux de la psychologie sociale. Enfin une préoccupation essentielle était la suivante : dans l'exécution des tâches, les groupes sont-ils supérieurs à l'individu moyen qui en fait partie ?

La perspective présentée vingt ans plus tard [6] est tout autre. Elle met l'accent sur la structure des groupes, leur fonctionnement et les problèmes de l'autorité. L'apparition de ces préoccupations nouvelles a été préparée par divers cou-

4. J.F. Dashiell, « Experimental studies of the influence of social situation on the behavior of individual human adults », *in* C. Murchison (ed), *A Handbook of social psychology*, Worcester, Clark University Press, 1935, p. 1097-1158.

5. Par exemple dans Katz et Schanck, *Social psychology*, 1938, p. 291-330.

6. Voir notamment : Dorwin Cartwright and Alvin Zander (ed), *Group dynamics*, Evanston, Ill., Row-Peterson, 1953, 642 p. ; A. Paul Hare, Edgar F. Borgatta and Robert F. Bales (ed), *Small groups : studies in social interaction*, New York, Knopf, 1955, 666 p. ; Michael S. Olmsted, *The small group*, New York, Random House, 1959, 159 p. ; et voir aussi dans Gardner Lindzey (ed). *Handbook of social psychology*, Cambridge, Mass., Addison-Wesley, 1954, 2 vol., 1 226 p. : H.W. Riecken and G.C. Homans, « Psychological aspects of social structure », p. 786-832 ; Harold H. Kelley and John W. Thibaut, « Experimental studies of group problem solving and process », p. 735-785 ; Gardner Lindzey and E.F. Borgatta, « Sociometric measurement », p. 405-448 ; Cecil A. Gibb, « Leadership », p. 887-920.

rants indépendants, contemporains de la période où Dashiell travaillait. On pensera en particulier aux travaux de psychosociologie industrielle à la Western Electric, aux recherches sociométriques de J.L. Moreno et Helen H. Jennings, et au mouvement d'idées déclenché par Kurt Lewin en faveur d'une conceptualisation des phénomènes psychosociaux en termes de champs de force [7], à quoi il y aurait lieu de joindre, bien antérieure, la réflexion formaliste du philosophe sociologue Georg Simmel (*Soziologie*, Berlin, 1908), revendiqué par certains contemporains, sinon comme source, du moins comme modèle.

Cette multiplicité de parrainages permet dans une certaine mesure de s'orienter à travers la diversité des intérêts entre lesquels se partagent les spécialistes. Ainsi pour Bales, le petit groupe est un système social en miniature ; l'analyse conceptuelle et expérimentale des processus d'interaction, permettra de dégager les propriétés des systèmes sociaux, comme cherchait à le faire Simmel [8]. Lewin, ses collaborateurs et ses successeurs, se sont consacrés à l'étude de la « dynamique des groupes », aux motivations et aux influences : forces de cohésion qui maintiennent les individus dans le groupe, formes de l'autorité qui conduisent le groupe à réaliser plus ou moins bien ses tâches, influences qui s'exercent sur les individus lors de leur passage par le groupe. La sociométrie a fourni à beaucoup une voie d'entrée commode dans le problème des relations interindividuelles sous la forme des affinités et des antipathies explicites. Enfin depuis que la productivité du travail industriel est apparue comme dépendant en bonne part de phénomènes de groupe, la psychologie sociale industrielle s'est attachée elle aussi à l'étude des petits groupes.

Il serait commode de pouvoir présenter ces diverses tendances comme la liste des écoles se partageant l'étude des

7. Les œuvres et dates initiales repères sont respectivement les suivantes : Elton Mayo, *The human problems of an industrial civilization*, New York, Macmillan, 1933, 2e éd., Cambridge, Harvard University Press, 1946, 194 p. ; J.L. Moreno, *Who shall survive ?* Washington, Nervous and mental diseases publishing Co., 1934 ; Kurt Lewin, *Principles of topological psychology*, New York, MacGraw-Hill, 1936, 231 p.

8. Robert F. Bales, *Interaction process analysis : a method for the study of small groups*, Cambridge, Mass., Addison Wesley, 1950, 203 p.

petits groupes. La réalité est moins simple. Assurément, certains caractères d'école sont visibles : une relative ségrégation parmi les auteurs, se recommandant de divers chefs de file ; des doctrines, comme la « théorie des champs » ou des techniques, comme le questionnaire et le diagramme sociométriques, ou le « système des catégories d'observation » de Bales, présentées avec une insistance dogmatique, qui frise le pédantisme ; souvent l'usage d'un jargon ésotérique ; parfois (quoique exceptionnellement) la volonté d'ignorer la bibliographie du voisin. Mais d'abord, l'exclusion entre écoles n'est pas totale : par exemple, pour la définition des rôles dans le groupe, Bales est forcé de recourir à la méthode sociométrique. D'un autre côté, multiples sont les auteurs qu'il est impossible de rattacher à l'une ou l'autre de ces écoles : Homans et sa conception de l'interdépendance, Thibaut et Kelley avec leur théorie utilitariste des associations, Cattell avec ses recherches sur la « syntalité », dont le concept et la technique d'analyse transposent aux groupes ses travaux d'analyse factorielle sur la « personnalité » individuelle (cf. *supra*, p. 190-191)[9]. C'est pourquoi il serait encombrant et mal commode de conserver les distinctions d'écoles comme divisions majeures dans un exposé sommaire comme est celui-ci ; il est préférable de se laisser guider par la distinction des thèmes en commençant par celui de la structure des petits groupes.

2. La structure des groupes

Un groupe humain n'est jamais une simple juxtaposition d'unités : des relations définies existent entre ces unités, et ces relations ne paraissent guère, *a priori,* devoir être simplement uniformes, ou symétriques. C'est la disposition de l'ensemble

9. George C. HOMANS, *The human group,* New York, Harcourt Brace, 1950, 484 p. ; John W. THIBAUT and Harold H. KELLEY, *The social psychology of groups,* New York, Wiley, 1959, 313 p. ; Raymond B. CATTELL, David R. SAUNDERS and Glen F. STICE, « The dimensions of syntality in small groups », *Hum. Relat.,* 1953, 6, 331-356, reproduit *in* HARE, BORGATTA and BALES, 1955, *op. cit.,* p. 305-330.

de ces relations à quoi l'on pense quand on parle de la structure d'un groupe. Dans ces groupes artificiellement constitués en vue d'un but déterminé, une structure a été délibérément prescrite ; c'est ce qui se passe dans les groupes militaires et dans les groupes industriels. Cette structure peut être imaginée commodément grâce à un schéma géométrique, qui s'appellera par exemple l'ordre de bataille, ou l'organigramme. Mais même dans ce cas, et même en remarquant que la structure prescrite n'est presque jamais unique, mais double, à savoir structure d'autorité et structure fonctionnelle, il est certain que l'organisation officielle, juridique, n'épuise pas le réseau des relations entre les unités du groupe.

En effet, et c'est probablement à celle-là qu'on pensera d'abord, il existe une certaine structure affective dans le groupe ; tout groupe comporte entre ses membres des relations de sympathie, d'antipathie et d'indifférence. Sous un certain aspect, c'est cette structure affective qu'explorent Moreno et ses disciples. L'instrument est le « test sociométrique » qui demande à chaque individu du groupe d'exprimer ses choix et ses rejets : en vue d'une excursion qui aura lieu dimanche prochain, quel est le camarade, ou quels sont les camarades, que vous souhaitez avoir avec vous ? Quel est celui ou quels sont ceux que vous aimez mieux ne pas avoir ? L'ensemble des réponses dans le groupe à des questions de ce type peut se représenter par un schéma, le « sociogramme », qui fournit une image de la structure affective du groupe : intuitivement on y découvre, selon le cas, une « étoile », individu vers qui convergent les choix positifs, des « isolés », des « rejetés », des « paires mutuelles » avec choix réciproques, des « triangles », des « chaînes ». La comparaison des sociogrammes fait ressortir des structures sociométriques bien intégrées, des structures lâches, etc.

Simple dans son principe et dans ses techniques originaires de recueil de faits et d'analyses, la méthode sociométrique a connu divers perfectionnements et complications. Par exemple, il est intéressant de savoir non seulement si l'individu A choisit ou rejette B, mais encore si B se rend compte qu'il est choisi ou rejeté par A : sous le nom d'empathie Maucorps a étudié cette conscience de l'attitude d'autrui envers soi-même, et même, en compliquant davantage, la manière dont A imagine la conscience que prend B des attitudes de A à son égard [10].

Mais on peut encore compliquer d'une autre manière le schéma des relations entre A et B. Car ce n'est pas seulement A qui choisit ou rejette B, donnant à B l'occasion de spéculer sur l'attitude amicale ou inamicale de A à son égard ; B aussi choisit ou rejette A, permettant à A de spéculer sur son attitude. De plus A et B peuvent ne pas se choisir ni se rejeter, et ils peuvent aussi penser chacun qu'ils ne sont ni choisis ni rejetés par l'autre. Chacune des trois attitudes possibles de A envers B s'associe donc à l'une des trois opinions possibles de B, avec une des trois attitudes possibles de B, et avec une des trois opinions possibles de A, ce qui donne un total de 81 possibilités de relations entre les deux sujets A et B [11].

De telles relations d'affinité étudiées par la sociométrie ne sont qu'un des aspects de la structure des groupes. Un autre aspect est le réseau des échanges d'information, ou des communications. Dans l'organigramme industriel ou militaire, l'organisation prescrite suit les voies de l'autorité et de la dépendance : les ordres descendent en divergeant depuis le sommet, les comptes rendus remontent en convergeant depuis la base. Cette disposition « pyramidale » n'est qu'une possibilité parmi beaucoup d'autres : circulaire, linéaire, radiante, etc. Bavelas a montré que ces dispositions se prêtent à un traitement mathématique, et qu'elles peuvent être réalisées expérimentalement, permettant d'éprouver diverses hypothèses. On constate notamment que les formes qui rendent possible une position centrale (forme linéaire et surtout forme radiante) produisent une exactitude et une rapidité supérieures du travail ; elles tendent à donner à l'occupant de la position centrale une fonction dirigeante, mais elles entraînent de l'insatisfaction chez les individus de la périphérie [12].

10. P.H. MAUCORPS et R. BASSOUL, *Empathies et connaissance d'autrui*, Paris, Centre national de la recherche scientifique, 1960, 93 p.

11. Sur cette « analyse relationnelle », voir Renato TAGIURI, « Relational analysis : an extension of sociometric method with emphasis upon social perception », *Sociometry*, 1952, *15*, 91-104.

12. Alex BAVELAS, « Réseaux de communication au sein de groupes placés dans des conditions expérimentales de travail », *in* H.D. LASSWELL et D. LERNER, *Les Sciences de la politique aux États-Unis* (traduction), Paris,

Mais si la structure des communications tend à produire une stratification dans le groupe, réciproquement l'existence d'une hiérarchie affecte le courant des communications. Dans un groupe sans hiérarchie, on entend plus souvent un échange de critiques personnelles. Dans un groupe hiérarchisé, les occupants des positions supérieures expriment moins leurs propres difficultés aux autres, et les autres transmettent davantage de messages sans rapport avec la tâche. Tout se passe comme si l'existence d'une hiérarchie bloquait certains contenus de communication susceptibles de compromettre la conservation ou l'obtention d'un haut statut [13].

Le système des communications est donc en relation, à la fois comme cause et comme effet, avec un autre aspect de la structure, celui des statuts et des rôles. On devrait probablement ici distinguer deux points de vue, celui de la stratification et celui de la différenciation, correspondant dans les organigrammes officiels, à la distinction entre organisation hiérarchique et organisation fonctionnelle. En fait les deux points de vue sont souvent indissociables, chaque rang entraînant généralement des fonctions, et chaque fonction comportant un rang. Dans les divers types de groupes, les auteurs ont ainsi reconnu l'existence de positions définies : Moreno, on l'a vu, identifie l'« étoile », l'isolé, le rejeté ; dans les bandes d'enfants on a le meneur, le comique, la fillette, le vantard, l'idiot qui se fait prendre [14]. Dans l'atelier industriel on a le creveur de normes, le tricheur, le mouchard, le monsieur [15].

De l'occupation de ces diverses positions, les individus tirent des satisfactions diverses, qui influent sur leur moral, leur productivité, leur désir de rester dans le groupe ou de s'en séparer, et des psychologues seront sans doute enclins à insister surtout sur ces faits. Mais il faut faire une distinction entre les positions générales, telles que l'analyse sociomé-

Colin, 1951, 305 p., p. 185-198. Première publication en 1950, plusieurs fois reproduit.

13. Harold H. KELLEY, « Communication in experimentally created hierarchies », *Hum. Relat.*, 1951, *4*, 39-56.

14. Frederick M. THRASHER, *The Gang*, University of Chicago, 1927, repr. *in* HARE, BORGATTA et BALES, 1955, *op. cit.*, p. 43-44.

15. F.J. RŒTHLISBERGER and W.J. DICKSON, *Management and the worker*, Cambridge, Harvard University Press, 1947, 615 p., p. 522.

trique peut les faire ressortir, et que l'on trouve sans doute en tout groupe, et les positions spécifiques dans des groupes déterminés, par exemple dans la bande ou dans l'atelier. Ici il est visible que non seulement les groupes possèdent leur culture propre, comportant des différenciations préétablies, des normes et des valeurs, des rites, mais encore qu'ils se raccordent à une société plus vaste, et qu'ils s'engrènent dans des rouages plus généraux. C'est pourquoi il est très illégitime, pour le dire d'un mot, de chercher comme le prétendait par exemple Lewin, à comprendre le fonctionnement social et l'organisation sociale en général à partir de ce qu'on observe dans les petits groupes artificiellement constitués [16].

3. Le fonctionnement des petits groupes

L'appartenance à un petit groupe n'est pas indifférente à l'individu : c'est d'abord pour lui une source de satisfactions, comme Durkheim le remarquait déjà au début de ce siècle [17]. C'est aussi un soutien dans les difficultés, par exemple pour le soldat au feu [18]. Mais on peut dire aussi que le groupe forme l'individu, en le mettant en présence de l'autre, en l'incitant à se mettre à la place de l'autre, en lui faisant intérioriser l'autre en général, et ses valeurs [19].

On peut donc s'attendre à voir les petits groupes fonctionner d'une manière relativement uniforme, leurs membres se conformer plus ou moins les uns aux autres : ainsi dans la vie quotidienne, quand un groupe commande un repas, chacun fait son menu pour son compte, et prend cependant en considération les menus commandés par les autres. Les recherches expérimentales ont confirmé ces vues. Dès 1921 Moore cons-

16. Cf. Kurt LEWIN, *Resolving social conflicts*, New York, Harper, 1948, 230 p., p. 72-73 (posthume : Lewin est mort en 1945).

17. Emile DURKHEIM, *De la division du travail social*, Préface de la seconde édition, Paris, Alcan, 1902, 416 p., p. XVII-XVIII.

18. Voir S.A. STOUFFER, etc., *The American soldier*, Princeton University Press, vol. II, 1949, p. 130-131, et Edward A. SHILS, « Primary groups in the American army », *in* Robert K. MERTON and Paul F. LAZARSFELD (ed), *Continuities in social research*, Glencoe, Free Press, 1950, 255 p., p. 17-39.

19. Voir George H. MEAD, *Mind, self and society*, University of Chicago Press, 1934, 401 p., et notamment p. 152-164.

tatait que l'opinion de la majorité rallie un grand nombre d'opinions individuelles. Les travaux ultérieurs de Sherif, Asch, Bovard et bien d'autres, affinant les techniques, la conceptualisation et les conclusions, reviennent à la constatation fondamentale : dans un groupe, les jugements individuels sont affectés par ceux des autres membres du groupe, dans le sens d'une uniformisation [20].

Si le conformisme est un fait dans les petits groupes, comment l'expliquer? L'explication par la « pression sociale » est verbale. Festinger et divers co-auteurs ont fait ressortir l'association entre le niveau de conformisme atteint dans un groupe, et le degré de sa cohésion [21]. Mais les notions de conformisme et de cohésion sont-elles indépendantes? On doit être reconnaissant à tous les auteurs qui ont cherché à dissiper le mystère de cette « influence des groupes ». D'un côté, l'uniformité des attitudes dans un groupe peut être le résultat d'une discussion entre ses membres, ayant abouti à un accord; Lewin, qui utilise des recherches indépendantes aussi bien que les siennes, montre qu'il y a même là une technique efficace autant que légitime pour amener des changements dans les attitudes individuelles [22]. D'un autre côté, on a fait remarquer qu'on trouve souvent dans les groupes des individus, qui n'en sont pas forcément les chefs, qui se chargent, par fonction officielle ou tacite, de faire respecter les « normes », en exerçant au besoin des sanctions contre les non-conformistes. Au surplus, la pression n'est jamais irrésistible, et certains individus refusent ultimement de s'aligner [23].

Les groupes font des choses, ou plutôt des choses se font

20. H.T. MOORE, « The comparative influence of majority and expert opinion on individual judgements », *Amer. J. Psychol.*, 1921, *32*, 16-20 ; M. SHERIF, *The psychology of social norms,* New York, Harper, 1936, XII-209 p. ; S.E. ASCH, « Studies in the principle of judgements and attitudes », *J. soc. Psychol.*, 1940, *12*, 433-465 ; E.W. BOVARD Jr., « Group structure and perception », *J. abnorm. soc. Psychol.*, 1951, *46*, 398-405.

21. Cf. CARTWRIGHT and ZANDER (ed), *Group dynamics,* 1953, *op. cit.*, p. 190-222.

22. Kurt LEWIN, « Group decision and social change », *in* T.M. NEWCOMB and E.L. HARTLEY (ed.) *Readings in social psychology,* New York, Holt, 1947, 672 p., p. 330-334. Pour un texte français, on se reportera à : K. LEWIN, *Psychologie dynamique*, morceaux choisis, Paris, Presses Universitaires de France, 1959, 297 p., p. 228-283, spécialement p. 275-280.

23. CARTWRIGHT et ZANDER, *op. cit.*, p. 140-141, 144.

dans les groupes : qu'il s'agisse d'une production industrielle dans l'atelier, d'une activité de combat dans l'unité militaire élémentaire, de la résolution de « problèmes » par le petit groupe artificiel du laboratoire. On peut donc se représenter que les individus du groupe cherchent à atteindre un but, à s'en rapprocher : c'est la « locomotion du groupe », comme dit l'école de la dynamique des groupes ; il y a ainsi dans les groupes des activités individuelles de « locomotion » spécifiques, qui dépendent de la tâche. Mais elles ne sont pas les seules ; d'autres contribuent au maintien du groupe comme groupe, par exemple les encouragements donnés au voisin ; et d'autres encore visent à satisfaire les besoins psychologiques des individus, en libérant les tendances agressives, en assurant la recognition de chacun et de ses intérêts particuliers. Le plan d'analyse de Bales (cf. *supra*, p. 231) répond précisément au souci de pénétrer avec de tels concepts dans le fonctionnement des petits groupes de discussion.

Mais les groupes fonctionnent de manière plus ou moins heureuse. Une notion souvent utilisée, conjointement avec celle d'organisation, pour expliquer l'efficacité ou l'inefficacité des groupes, est celle du moral. On la rencontre en psychologie militaire, dans la littérature concernant le comportement de la population civile en cas de guerre, et en psychologie sociale industrielle [24]. Dès 1942, un auteur dégageait onze éléments du moral d'une population civile en cas de guerre, tels que la connaissance et l'approbation du but, la confiance dans le succès et dans le chef, la conscience de l'étendue de la tâche [25]. Daniel Katz toutefois a montré, à la suite de travaux d'enquête, qu'appliqué au petit groupe industriel, la notion de moral est une notion confuse, qui comporte quatre aspects indépendants. Un seul de ces aspects est associé, en fait, au rendement du travail : ce n'est ni la satisfaction intrinsèque apportée par la tâche, ni l'identification de l'individu à son entreprise, ni même la satisfaction relative aux conditions matérielles et notamment au salaire ;

24. Cf., F. Columelli et S. Moscovici, « Le moral de l'entreprise », *Bull. C.E.R.P.*, 1957, 6, 204-215, avec bibliographie de 74 titres.

25. John Harding, « The measurement of civilian morale », *in* Hadley Cantril (ed.), *Gauging public opinion*, Princeton University Press, 1944, 318 p., p. 233-258.

mais seulement la fierté d'appartenir à un groupe de travail déterminé [26].

Cette conclusion de Katz ramène de manière naturelle au problème de la cohésion des groupes. L'idée de la cohésion, vive pour l'intuition, mais que l'analyse révèle complexe sinon confuse, ne pouvait manquer de retenir l'attention dans l'école de la dynamique des groupes. Inspirant des observations et des expériences ingénieuses, et souvent ramenées à la notion « d'attractivité » du groupe, ou de « valence », elle est au centre d'une sorte de physique sociale non dépourvue d'intérêt [27].

4. L'autorité et les chefs

Le thème de l'autorité et du chef occupe une place importante dans les préoccupations des auteurs spécialistes des petits groupes. Mais les diverses phases de la vie interindividuelle et collective présentent toutes des phénomènes d'influence et l'on ne peut limiter les études de l'autorité à ce contexte des groupes restreints que si l'on renonce à toute intention de généralisation. Les généralisations sont pourtant assez fréquentes, grâce à l'introduction, explicite ou implicite, d'un postulat d'identité ou au moins de continuité entre groupes restreints et société globale. C'est là une première source de confusions. Il en est d'autres, par exemple lorsqu'on ne distingue pas entre les chefs institutionnellement désignés (par exemple un ingénieur ou un contremaître dans un atelier), qu'on pourrait appeler les chefs de droit, et les chefs de fait, qui s'imposent à un groupe peu ou pas structuré à l'origine, ou qu'un tel groupe se donne. C'est pourquoi on a pu montrer que les études empiriques relatives aux caractéristiques psychologiques des chefs apportent des résultats fort peu concordants [28].

26. Daniel KATZ, Morale and motivation in industry », *in : Current trends in industrial psychology,* University of Pittsburg Press, 1949, 198 p., p. 145-171, cf. p. 160-163.

27. Cf. CARTWRIGHT et ZANDER, *op. cit.*, p. 78-87.

28. C. BIRD, *Social psychology*, New York, Appleton, 1940, XIII-564 p. ; R.M. STOGDILL, « Personal factors associated with leadership : a survey of the literature », *J. Psychol.*, 1948, *35*, 35-71.

Des distinctions d'ordre fonctionnel, structural et sociologique, s'imposent également. Une distinction, encore très grossière, oblige à considérer à part, si l'on veut comprendre la nature de l'autorité et les caractéristiques des chefs, d'un côté les fonctions de direction qui servent dans l'exécution de la tâche et qui ont un caractère plus généralement technique, d'autre part celles qui visent au maintien du groupe en tant que groupe. Ces fonctions sont parfois concentrées entre les mains d'un seul individu, mais ce n'est pas toujours le cas ; il en résulte des effets différents. On doit considérer aussi que la concentration ou la répartition des fonctions directrices dans un groupe n'est pas une variable indépendante, mais trouve ses conditions dans les caractéristiques du groupe et également dans la structure plus large de la société dont le groupe émane, dans ses normes et dans sa culture.

C'est pourquoi les ingénieuses expériences entreprises dans l'école de Lewin avec des groupes artificiels soumis à des conditions « démocratiques », « autoritaires » et « anarchiques », n'ont probablement pas la portée très générale que leurs auteurs tendraient à leur donner [29]. D'une manière très générale, les spécialistes des petits groupes donnent souvent l'impression de s'inspirer d'une idéologie démocratique utopiste de l'autorité, en même temps qu'ils tâchent de résoudre les problèmes pratiques d'une société voulant réaliser une sélection et une formation rationnelles de ses cadres sans renoncer à une conception charismatique du chef.

Lazarsfeld et Katz étudient l'influence personnelle dans les situations les plus quotidiennes de l'existence, où l'institutionnalisation de cette influence apparaît à un minimum : adoption de modes nouvelles ou de produits nouveaux, choix d'un spectacle de cinéma, opinions sur les affaires de l'actualité. Ils ont trouvé qu'il n'existe guère d'individus ayant dans ces matières une autorité générale. En revanche plus de quatre personnes sur dix exercent autour d'elles quelque influence, dans des conditions qui dépendent spécifiquement

29. Cf. Ronald LIPPITT and Ralph K. WHITE, « An experimental study of leadership and group life », *in* NEWCOMB and HARTLEY (ed.) *Readings in social psychology*, 1947, *op. cit.*, p. 315-330 ; *id.*, « Leader behavior and member reaction in three " social climates " », *in* CARTWRIGHT and ZANDER, 1953, *op. cit.*, p. 585-611. Voir discussion dans François BOURRICAUD, *Esquisse d'une théorie de l'autorité*, Paris, Plon, 1961, 422 p.

du thème concerné : par exemple, dans le domaine de la mode, ce sont les jeunes, et surtout les jeunes célibataires du sexe féminin, qui ont le plus d'influence ; quand il s'agit de l'actualité, les moins jeunes, et particulièrement les hommes d'un certain âge, sont ceux qui agissent le plus sur les opinions de leur entourage. L'autorité non instituée s'exerce donc d'un peu partout et pas seulement d'une manière verticale, comme on l'admet parfois. Le courant d'influence ne va pas des individus intéressés à ceux qui ne le seraient pas, mais il s'exerce souvent sans changement d'étage [30].

D'un autre côté, si l'on considère les cas où au contraire l'autorité et le pouvoir sont organisés, on voit que certains individus évitent les positions dominantes, tandis que d'autres les recherchent avec passion : Erich Fromm, suivi par d'autres psychologues, a attiré l'attention sur la première attitude [31], tandis que Lasswell a proposé une théorie compensatoire de la recherche du pouvoir pour soi : ce qu'on attend de la puissance, c'est qu'elle surmonte la mésestime de soi [32]. Ces références cursives à des travaux qui mériteraient un examen détaillé, suggèrent au moins la multiplicité des aspects sous lesquels se présente la psychologie sociale du chef et de l'autorité.

30. Elihu KATZ and Paul F. LAZARSFELD, *Personal influence*, Glencoe, Free Press, 1955, 400 p., cf. p. 321-334.

31. Erich FROMM, *The fear of freedom*, London, Routledge and Kegan Paul, 1942, 257 p.

32. Harold D. LASSWELL, *Power and personality*, New York, Norton, 1948, 262 p., p. 39 sq.

CHAPITRE XV

LES RELATIONS INTERPERSONNELLES

Il serait injuste de ne pas rendre hommage aux études des petits groupes par la contribution qu'elles apportent à l'analyse de l'interaction sociale. Il existe, au sein des petits groupes, une structure qui présente d'ailleurs plus d'un aspect, un déroulement d'activités variées, des influences exercées par certains individus sur d'autres. Sur ces divers points, les auteurs ont précisé les problèmes, élaboré des techniques ingénieuses, rassemblé des faits, proposé des théories.

On doit pourtant remarquer qu'ils sont restés le plus souvent indifférents au contexte social général, et en même temps aux caractéristiques individuelles, et même uniques, des personnes qui interagissent. A leurs frontières sociologiques d'une part, psychologiques d'autre part, les études des petits groupes laissent donc, en ce qui concerne les relations interpersonnelles, une double zone qui mérite également de retenir l'attention.

1. Le cadre social des relations entre personnes

Bien avant l'apparition d'une sociologie scientifique, la littérature morale a aperçu l'existence de distinctions dans les relations mutuelles entre les hommes. « Quel témoignage d'affection et de bonne volonté, demande Montaigne (I, 42) puis-je tirer de celui qui me doit, veuille-t-il ou non, tout ce qu'il peut ? » Et Pascal, sans ironie apparente, se félicite que ces distinctions puissent se faire par les marques extérieures : « Il a quatre laquais, et je n'en ai qu'un : cela est visible ; il n'y a qu'à compter ; c'est à moi de céder, et je suis un sot si je le conteste. Nous voilà en paix par ce moyen ; ce qui est le plus grand des biens » (n. 319).

Dès avant 1930, étudiant les relations interpersonnelles, le sociologue Bogardus montrait qu'on peut donner un sens objectif à l'expression de « distance sociale » : l'expérience fait apparaître un ordre hiérarchique dans les dispositions individuelles à s'associer, qui va des parents et alliés aux étrangers, en passant par les amis et relations, les voisins, les collègues et les concitoyens [1]. L'idée a fait fortune et a suscité maintes études.

Les notions centrales restent pourtant celles de statut et de rôle. Déjà rencontrées dans l'examen des comportements de la personne (cf. *supra*, p. 206 sq.), ces notions n'apparaissent pas moins pertinentes quand on étudie l'aspect interpersonnel des comportements. Les sociologues soulignent en effet que la mise en présence de deux ou plusieurs personnes déclenche des mécanismes de conduite qui dépendent des positions de ces personnes : position de parent, d'élève, d'ami, de vendeur, de malade, et ainsi de suite. Ces positions sont, non pas absolues mais relatives, réciproques, complémentaires : il faut parler par exemple des couples de position parent-enfant, ou maître-élève. Et il faut aussi remarquer, d'une part qu'une position n'entre pas dans un couple seulement, mais dans un nombre indéfini de couples, tels que parent-non-parent, parent-maître, parent-malade ; d'autre part qu'une même personne peut occuper, et occupe en fait diverses positions, non seulement par rapport à diverses personnes, mais même par rapport aux mêmes personnes ; c'est ainsi que deux personnes déterminées, A et B, peuvent se trouver parfois dans le rapport de parent d'élève à instituteur, parfois dans le rapport de médecin à malade. Mais dans chaque occasion, A et B connaissent leurs positions mutuelles, lesquelles règlent dans une large mesure leurs comportements interpersonnels : chacun escompte un comportement déterminé de l'autre à son endroit (c'est son statut) et il sait que l'autre attend de lui-même un certain comportement (c'est son rôle).

1. Emery S. BOGARDUS, *Immigration and race attitudes*, Heath, 1928, 268 p., cf. p. 25.

Un exemple concret de ce jeu compliqué de règles et d'expectations est fourni par Parsons quand il analyse le couple malade-médecin [2]. La condition de malade s'analyse en quatre éléments principaux : exemption des responsabilités, droit inconditionnel à l'aide, obligation de désirer guérir, obligation de coopérer à la guérison ; celle du médecin, de son côté, s'analyse de la manière suivante : compétence technique instituée, universalisme du rôle (le médecin ne choisit pas ses clients), spécificité professionnelle (sa compétence, son autorité, ses privilèges, ses obligations sont limités au domaine de la santé et de la maladie), neutralité affective (le médecin s'interdit d'éprouver des sentiments personnels envers ses malades), désintéressement et altruisme (le motif du profit est exclu du rôle du médecin). Ces divers éléments de la position du malade d'une part, du médecin d'autre part, sont engrenés avec toutes les autres positions occupées dans la société, pour autant que celle-ci constitue un système : par exemple avec celle de parent, d'ami, d'employeur, ainsi qu'avec diverses institutions, telles que l'autorité civile ou militaire. Mais ils sont aussi naturellement engrenés les uns par rapport aux autres et trouvent leur fondement et leur justification les uns dans les autres.

C'est ainsi que Parsons a pu montrer comment les éléments de la position du médecin s'expliquent fonctionnellement par ceux de la position du malade : par exemple la compétence technique est essentielle, parce que le malade est ignorant et qu'il a le devoir de s'en remettre au médecin ; l'attitude universaliste est corrélative du caractère contingent de l'état de malade ; la spécificité fonctionnelle est une protection du malade contre les privilèges du médecin : s'il jouit du privilège exorbitant de l'accès au corps et à l'esprit du malade, il faut que ce soit seulement en tant que médecin ; la neutralité affective protège le médecin contre le risque d'être entraîné affectivement avec ses clients, lui permet de mettre à part sa vie privée, et le préserve des expériences boulever-

2. Talcott PARSONS, « Social structure and dynamic process : the case of modern medical practice », *in : The social system*, Glencoe, Free Press, 1951, 575 p., p. 428-479 ; trad. fr. *in : Eléments pour une sociologie de l'action*, Paris, Plon, 1955, 355 p., p. 193-255.

santes qui l'entourent, en particulier celle de la mort. Enfin le désintéressement et l'altruisme du médecin garantissent au malade qu'il ne sera pas exploité dans une situation où il est complètement désarmé : tandis que dans les relations commerciales le client, présumé compétent et vigilant, est averti de veiller à ses intérêts (*caveat emptor*, cf. art. 1642 du Code civil).

Il s'en faut donc de beaucoup que les relations entre personnes se développent sans contexte ni règles, et c'est une illusion de penser qu'on pourrait, comme l'écrivent certains, observer des groupes « à l'état naissant ». Il est vrai que les rôles sont socialement, suivant le cas, plus ou moins bien définis ; que les expectations des rôles des autres sont plus ou moins certaines ; que la personne dispose pour elle-même d'un répertoire de rôles plus ou moins riche. Mais on peut prévoir, et dans une certaine mesure l'expérience confirme, que là où c'est l'hypothèse « moins » qui se réalise, le comportement sera plus difficile, plus hésitant, moins adapté, jusqu'à atteindre le niveau de la pathologie [3].

2. Aspects culturels

C'est avant tout à la sociologie qu'il appartient de préciser le contenu des remarques générales qui précèdent. Divers auteurs s'y sont essayés [4]. Mais il serait imprudent de ne pas faire appel en même temps, pour ce chapitre comme plusieurs précédents, à l'expérience de l'ethnologie. Elle fait ressortir la relativité culturelle des formes prises par l'interaction. C'est par un ethnocentrisme naïf que les premiers psychologues sociaux ont cru voir dans les « instincts » de la « nature humaine » les « forces sociales originaires » [5]. A chaque pays,

3. Cf. L.S. COTTREL Jr, « The adjustment of the individual to his age and sex roles », *Amer. sociol. Rev.*, 1942, *7*, 618-625 ; N. CAMERON, « Role concepts in behavior pathology », *Amer. J. Sociol.*, 1950, *55*, 464-467 ; A.M. ROSE, « The adequacy of women's expectations for adult roles », *Soc. Forces*, 1951, *30*, 69-77 ; Theodore R. SARBIN, « Role theory », *in* G. LINDZEY (ed), *op. cit.*, p. 223-258, cf. p. 227-233.

4. Voir par exemple E.T. FILLER, *Social relations and structures*, New York, Harper, 1947, 692 p.

5. Par exemple E.A. ROSS, *The principles of sociology*, New York, Century, 1920, 708 p., cf. p. 41-50.

l'ethnologie rend évidentes, au contraire, les variations de contenus dans les statuts et les rôles. Pour prendre un seul exemple les infirmes sont tantôt traités en parias, tantôt considérés comme une charge économique, tantôt employés avec indulgence, tantôt admis à une participation sociale limitée, tantôt traités sans discrimination particulière. Ces différences de traitements apparaissent en liaison avec les caractères généraux de la société où ils se rencontrent ; le degré de protection s'élève quand le niveau de la productivité est plus haut et plus également réparti, quand la concurrence entre les individus ou les groupes est plus faible, quand les critères du succès sont moins formellement définis, quand les structures sont moins hiérarchiques, quand on se préoccupe davantage des capacités individuelles [6]. Les relations avec les infirmes ne se ramènent donc pas seulement à une question individuelle de bon cœur.

Les ethnologues ont aussi attiré l'attention sur ce qu'on pourrait appeler « les relations interpersonnelles insolites », telles que celles qui résultent de « l'interdit de la belle-mère » ou de la « parenté à plaisanterie » [7]. Nous avons fait d'autre part allusion aux formes diverses que prennent les instruments des relations, notamment aux variations culturelles dans l'usage institutionnalisé du langage (cf. *supra*, p. 225).

Mais surtout l'ethnologie montre l'importance du contexte général pour comprendre les relations interpersonnelles dans une société donnée. Que l'on considère brièvement ce qui se passe dans un peuple de Nouvelle-Guinée, les Arapèches des montagnes [8].

Les Arapèches des montagnes sont des cultivateurs, des chasseurs et des commerçants-colporteurs, mais ils s'acquittent de leurs activités économiques de bien étrange manière. Le colporteur arapèche marche pendant un jour dans une

6. J.R. HANKS and L.M. HANKS Jr., « The physically handicapped in certain non-occidental societies », *J. soc. Issues*, 1948, *4*, n° 4, p. 11-20.

7. Cf. A.R. RADCLIFFE-BROWN, Introduction à A.R. RADCLIFFE-BROWN et Daryll FORDE (dir.), *Systèmes familiaux et matrimoniaux en Afrique*, 1950, trad. fr., Paris, Presses Universitaires de France, 1953, 527 p., p. 67-75.

8. Voir Margaret MEAD, *Sex and temperament in three primitive societies*, New York, William Morrow, 1935, 335 p., p. 3-161; ID., *Cooperation and competition among primitive peoples*, New York, Mc Graw-Hill, 1937, 531 p., p. 20-50.

direction et visite un ami ; il reçoit de lui en cadeau un objet que celui-ci a fabriqué et il l'en remercie. Il repart dans l'autre direction, marche deux jours, porte le cadeau à un autre ami, qui se trouve en avoir besoin. Il en reçoit un autre cadeau, dont il garde une partie, le reste étant destiné à aller au premier ami. Échange classique, dira-t-on? Nullement, car aucun échange formel n'a lieu sur place, car on ne tient pas de comptes exacts, car à chaque étape on insiste sur la gentillesse de celui qui donne, sur la joie et la gratitude de celui qui reçoit. A la chasse, qui se fait par groupes de deux ou trois, c'est celui qui a vu le gibier, non celui qui l'a tué, qui l'emporte. Mais on ne partirait plus avec un chasseur qui verrait trop souvent le gibier le premier. Un homme fait partie de plusieurs groupes de jardinage, peut-être quatre ou cinq. Il va donc cultiver avec les uns et les autres divers jardins, passablement distants : dans l'un il est l'invitant, dans les autres il est l'invité. Mais nul ne tient un compte exact du temps passé, et d'ailleurs les groupes n'ont pas de stabilité. Au surplus, si quelqu'un a fait une très belle récolte, il aura l'honneur de distribuer son surplus solennellement.

On pourrait dire du peuple arapèche qu'il a une culture pacifique, aimable, faite de gentillesse et de bonhomie, pénétrée d'esprit de coopération. Mais ce n'est pas exactement cela. On l'a vu, l'image occidentale de la personne est celle d'un moi autonome, cohérent, identique, qui peut avoir sa complexité et même ses contradictions, mais toujours à l'intérieur de limites précises. De même nous concevons les relations interpersonnelles comme bien définies, même dans les contradictions. Chez les Arapèches au contraire l'idée d'une réciprocité précise manque, les individus se choisissent, mais d'une manière qui n'est ni exclusive ni durable, les liens sont flous et la personne elle-même a quelque chose de diffus. Assurément on pourra souligner, comme le font certains auteurs [9], que sous la surface harmonieuse on voit apparaître dans les descriptions de Mead des motivations de haine, de peur, d'anxiété et d'agressivité, qui trouvent leurs débouchés dans certaines institutions, notamment dans la sorcellerie ; et

9. Ernest BEAGLEHOLE, « Interpersonal theory and social psychology », *in* Patrick MULLAHY (ed.), *A study of interpersonal relations*, New York, Grove Press, 1949, 507 p., p. 50-79, cf. p. 76-77.

que surface et profondeur, modèles normaux de conduites et institutions de sécurité ou compensatoires forment un système intégré dont le plan universel constitue la nature humaine. Il n'empêche, peut-on répondre, que le caractère diffus et indéterminé de la personne et des relations interpersonnelles en pays arapèche est essentiel à la réalité vécue. C'est le contexte culturel des Arapèches et non le nôtre qui permet de comprendre les relations qu'ils ont entre eux.

3. La perception d'autrui

Quand deux personnes sont mises en présence, chacune se forme une idée de ce qu'elles sont, l'une et l'autre. Pour ne pas compliquer, on laissera ici de côté ce qui concerne, dans une telle circonstance, la prise de conscience de soi-même, qui apparaît comme un cas particulier, d'ailleurs tout à fait important, de conduites étudiées antérieurement (cf. *supra*, chapitre XII). Mais il se produit aussi une certaine prise de conscience de l'autre, ce qu'on peut appeler dans un sens assez lâche du mot, une perception d'autrui.

L'expression de perception d'autrui englobe un certain nombre de conduites, qui selon le cas peuvent exister ensemble ou isolément. La perception d'autrui peut concerner l'état affectif, l'humeur de la personne perçue ; il peut s'agir aussi de définir la « personnalité » que le sujet trouve en face de soi, et pour cela il peut recourir à diverses notions, types, traits, attitudes. Percevoir autrui, c'est encore le classer dans certaines catégories culturellement significatives, prendre conscience de son statut et de son rôle. Ces diverses conduites du sujet percevant présupposent donc des cadres conceptuels, un double système de notions psychologiques et sociologiques, qui dans chaque circonstance dépendent à la fois de la culture de la société et de l'information et de l'expérience personnelles du sujet.

Sur plusieurs de ces points des recherches ont été entreprises très tôt dans le champ de la psychologie sociale et les divers manuels en ont présenté des mises au point [10]. Précé-

10. Voir notamment Gardner MURPHY, Loys Barclay MURPHY and Theodore NEWCOMB, *Experimental social psychology*, revised ed., New

demment on a déjà évoqué les études sur la perception des états affectifs (cf. *supra*, p. 102-103 et p. 218-219). Les études sur la perception de la « personnalité » font ressortir l'importance, pour l'exactitude des « jugements », de facteurs tels que ressemblances entre juge et jugé, relations entre eux, caractère ouvert ou peu pénétrable du jugé ; et aussi la présence à un plus ou moins haut degré de certaines caractéristiques personnelles chez le juge : intelligence, expérience, détachement affectif, sensibilité esthétique, adaptation sociale, complexité personnelle, connaissance de soi-même. Très tôt on a noté l'existence d'un « phénomène de halo » dans le jugement d'autrui (Thorndike, 1920), à quoi sont venus s'ajouter des mécanismes tels que « l'erreur logique » et « l'indulgence ». Dénoncé dès 1929 par Ichheiser comme source d'illusions dans le jugement sur la personne [11], la perception du rôle a fait plus récemment l'objet de recherches systématiques [12].

Mais, de même que dans les études sur les petits groupes, l'intérêt s'est déplacé de la question de l'efficacité à celle du fonctionnement, les études sur la perception d'autrui se sont infléchies dans le sens d'une préoccupation de ses mécanismes. Un sujet qui se forme une impression d'une autre personne part en effet de données très partielles ; comment parvient-il à une impression générale ? Apparemment par des inférences. C'est ce que concluent Bruner, Shapiro et Tagiuri d'une expérience où l'on demande à des sujets si un individu donné comme « intelligent », « respectueux d'autrui », « indépendant », etc., sera aussi agressif, actif, gauche, apathique, vantard, etc. Il est visible qu'à partir d'un trait on infère, plus ou moins facilement selon le cas, la présence ou l'absence d'autres traits. La combinaison de deux ou trois traits supposés donnés permet encore plus facilement d'inférer un autre

York, Harper, 1937, 1121 p., p. 139-154 ; Gordon W. ALLPORT, *Personality, a psychological interpretation*, New York, Holt, 1937, 588 p., p. 499-548 ; Jerome S. BRUNER and Renato TAGIURI, « The perception of people », *in* G. LINDZEY (ed.), 1954, *op. cit.*, t. II, p. 634-654.

11. G. ICHHEISER, « Die Ueberschätzung der Einheit des Persönlichkeit als Täuschungsquelle bei dem psychologischen Beurteilen der Menschen », *Zeitschr. angew. Psychol.*, 1929, *33*, 273-287.

12. Cf. Theodore R. SARBIN, « Role theory », *in* LINDZEY (ed.), 1954, *op. cit.*, p. 223-258 ; voir p. 229-232.

trait si chacun des traits donnés appelait à lui seul l'inférence de cet autre trait [13].

Visiblement ces inférences présupposent l'existence d'une théorie implicite de la personnalité, qui est elle-même d'un très grand intérêt pour la psychologie sociale, et à laquelle il a plusieurs fois été fait allusion dans les chapitres précédents. Mais l'impression d'autrui repose aussi sur des comparaisons incessantes qui sont faites par chacun entre les personnes dont il a l'expérience, et sur le jugement de la ressemblance de X avec A, ou avec B, déjà connus et jugés [14]. On doit aussi tenir compte du fait, remarqué expérimentalement dès 1946 par Asch et précisé ultérieurement par divers auteurs et Asch lui-même, que certains traits sont, pour la psychologie populaire, plus « centraux » que d'autres (par exemple le trait de « chaleur » ou de « froideur ») ; ils jouent un rôle très important pour la constitution des systèmes de personnalité qui sont à la base de la perception des personnes [15].

D'intéressantes recherches ont aussi été entreprises pour préciser la nature et les mécanismes des interprétations populaires de la physionomie. Ces interprétations s'appuient essentiellement sur des indications, des « clefs », lues dans la structure du visage ou l'expression des mouvements et de la mimique; elles sont souvent stéréotypées culturellement. Divers mécanismes ont été identifiés avec précision, par exemple « l'extension temporelle » : une caractéristique momentanée est prise pour un attribut permanent (une personne a souri, on conclut qu'elle est aimable; elle s'est étonnée, en ouvrant de grands yeux, on conclut qu'il s'agit d'un naïf, d'un ingénu); ou encore « la généralisation métaphorique » : une peau grossière signifiera un individu brutal et peu raffiné [16].

13. Jerome S. BRUNER, David SHAPIRO and Renato TAGIURI, « The meaning of traits in isolation and in combination », *in* R. TAGIURI and L. PETRULLO (ed.), *Person perception and interpersonal behavior,* Stanford University Press, 1958, 390 p., p. 277-288.

14. Cf. William L. HAYS, « Approach to the study of trait implication and trait similarity », *in* R. TAGIURI and L. PETRULLO (ed.), *op. cit.*, p. 289-299.

15. S.E. ASCH, « Forming impressions of personality », *J. abnorm. soc. Psychol.*, 1946, *41*, p. 258-290.

16. Voir Paul F. SECORD, « Facial features and inference processes in interpersonal perception », *in* R. TAGIURI and L. PETRULLO (ed.), *op. cit.*,

L'image de la perception d'autrui telle qu'elle résulte de l'analyse objective et de la mise en évidence des éléments stéréotypés et culturels, et des mécanismes communs qu'elle comporte, ne doit cependant pas faire oublier son caractère ultimement personnel. La malade de Sullivan cessa seulement à la trois centième visite de le voir comme un vieillard blanchi et bedonnant [17], et si le président Grant détestait son ambassadeur Notley, c'est seulement parce que celui-ci portait la raie au milieu [18]. Dans les relations interpersonnelles, les interprétations réciproques des partenaires poussent parfois leurs racines dans l'histoire intime de chaque percevant, qui ne peut plus ainsi s'accorder avec aucun autre ; ces représentations strictement personnelles sont appelées par Sullivan « parataxiques » (cf. Sullivan, *ibid.*).

4. Les conditions de l'association interpersonnelle

Un grand nombre de relations entre individus sont « accidentelles » : rencontres de voyage ou de vacances, voisinage professionnel ou résidentiel, échanges commerciaux réguliers ou suivis. Certes, même dans de tels cas, des questions intéressantes peuvent être posées et l'on peut par exemple présumer qu'il existe des facteurs objectifs de la clientèle, ou chercher à analyser les discriminations établies par des compagnons de voyage. Mais certaines associations de personnes apparaissent plus spécialement électives, telles que les associations amicales ou amoureuses. L'intensité des sentiments mis en jeu donne alors souvent l'impression que ces associations n'ont plus rien de contingent par rapport aux personnes

p. 300-315. Une étude spécialement intéressante est celle, inédite, de Linda Johnson, qui prend le problème des interprétations physiognomoniques à rebours. Elle décrit psychologiquement deux personnes à ses sujets, et leur demande d'imaginer pour ces personnes trente-deux traits physiques, tels que la distance entre les yeux, la largeur du nez, la plénitude des lèvres, etc. Pour sept traits seulement, elle ne constate pas de différences significatives entre les deux portraits (cf. Secord, p. 305-306).

17. Harry Stack SULLIVAN, « Conceptions of modern psychiatry », *Psychiatry*, 1940, *3*, p. 1-117, p. 101-103.

18. E. BEAGLEHOLE, *op. cit.*, p. 74.

concernées, mais qu'au contraire elles sont à la fois libres et nécessaires. Sous le nom de théorie « romantique », on a occasionnellement décrit cet aspect de la psychologie populaire [19]. Cette théorie n'a rien de récent car on la rencontre dès l'aurore de notre tradition culturelle chez Platon (cf. le discours d'Aristophane dans *le Banquet*). Elle n'est pas non plus indépendante, et elle se rattache à tout un courant philosophique, dont nous avons précédemment rencontré un autre aspect, la théorie du chef providentiel ou charismatique.

On peut cependant chercher à analyser les conditions de ces associations individuelles électives. Deux voies s'offrent à cet effet : du côté du sujet, la présence de certains « besoins » ; du côté de ses associés, la présence de certaines circonstances matérielles.

C'est ainsi que Sullivan [20] analyse avec pénétration l'expérience de la solitude et le jeu complexe du besoin d'intimité avec l'appétit sexuel dès le moment de l'adolescence ; il souligne les complications supplémentaires que les règles sociales, spécifiques aux diverses cultures, introduisent dans ce jeu ; et il fait aussi ressortir à la fois l'interdépendance et la contradiction de ces deux tendances avec le besoin de sécurité personnelle. On peut donc parler, avec un sens très riche, de conditions bio-psycho-sociologiques des associations interpersonnelles électives.

Mais on peut aussi s'attacher aux circonstances institutionnelles et matérielles de ces associations. Aux États-Unis, les « sorties » des étudiants sont réglées par les fraternités et les sororités, qui exercent une pression pour que leurs membres n'acceptent de sortir qu'avec des camarades d'un « rang » élevé ; ainsi en haut de la hiérarchie estudiantine les sorties tendent à se faire à rang égal ; mais en bas les étudiants sont plutôt découragés de sortir [21]. En France, à Auxerre, les membres des professions libérales, les cadres et

19. Cf. Ernest W. BURGESS, « The romantic impulse and family disorganization », *Survey*, 1926, *57*, 290-294, adapt. *in* E.B. REUTER and J.R. RUNNER (ed.), *The Family*, New York, McGraw-Hill, 1931, 615 p., p. 116-127.

20. Harry Stack SULLIVAN, *The interpersonal theory of psychiatry*, New York, Norton, 1953, 393 p.

21. J.K. FOLSOM, *The family and democratic society*, New York, 1943, 755 p., p. 532.

les techniciens ont connu leur futur conjoint beaucoup plus par l'intermédiaire de leur profession, beaucoup moins par leur famille, que toutes les autres professions [22].

C'est probablement le facteur de distance physique, de « vicinité », qui a été le plus soigneusement étudié, qu'il s'agisse de mariage ou d'amitiés [23]. L'influence de ce facteur apparaît comme certaine et notamment la fréquence des choix sociométriques décroît régulièrement avec l'augmentation du nombre des unités de distance (cf. Festinger, etc., graphiques p. 41 et 44). Toutefois, faisant le point des études de vicinité en matière de mariage, Katz et Hill ont montré que ce facteur se combine avec d'autres variables, telles que le milieu social et la profession, qui définissent la catégorie des « éligibles » car le choix ne se fait pas seulement dans des conditions matérielles, mais tient compte des « normes sociales [24] ».

5. Le fonctionnement de la relation interpersonnelle

Abondante et intéressante quand il s'agit des conditions du lien interpersonnel, de la perception d'autrui et du cadre social des relations entre personnes, la bibliographie psychosociale est au contraire fort pauvre sur le fonctionnement même de ces relations. En dehors de la littérature romanesque et dramatique, qui a une tradition d'intérêt pour ce domaine, c'est à la philosophie morale et à certaines écoles de psychiatrie qu'il faut s'adresser pour une introduction. Les trente-huit « passions » qu'étudie Descartes, par exemple (dans le *Traité des Passions*) concernent pour la plupart des conduites interpersonnelles : estime et mépris, vénération et dédain, jalousie, émulation, moquerie, envie, pitié, reconnais-

22. Ch. BETTELHEIM et S. FRÈRE, *Une ville française moyenne : Auxerre en 1950*, Paris, A. Colin, 1950, 270 p., p. 164.

23. Jean SUTTER, « Évolution de la distance séparant le domicile des futurs époux », *Population*, 1958, *13*, 227-258 ; Leon FESTINGER, Stanley SCHACHTER and Kurt BACK, *Social pressures in informal groups : a study of human factors in housing*, New York, Harper, 1950, 240 p.

24. Alvin M. KATZ and Reuben HILL, « Residential propinquity and marital selection : a review of theory, method and fact », *Marriage and family living*, 1958, *20*, 27-35.

sance, etc., sans omettre naturellement l'admiration, l'amour et la haine qui sont des passions « primitives ». De nombreux mécanismes décrits par les psychanalistes éclairent le fonctionnement des relations avec l'autre, soit qu'ils exercent une action sur la perception de soi-même ou de l'autre (identification et projection), soit qu'ils affectent directement la relation (ambivalence, transfert, agression), soit qu'ils influencent la conduite (refoulement, sublimation, rationalisation).

L'utilisation de tels concepts pour l'analyse des relations interpersonnelles et de leur fonctionnement, risque toutefois de produire des illusions substantialistes, aussi bien que de conduire à des généralités sans précision [25]. Pour comprendre les conduites dans une circonstance interpersonnelle déterminée, il ne suffit pas d'avoir dégagé les modèles idéaux, c'est-à-dire les statuts et les rôles, car les individus ne suivent pas les modèles à la lettre, mais il les interprètent personnellement : il faut donc préciser dans chaque cas ces interprétations personnelles [26]. Mais la conscience de soi ne révèle pas tout et doit être replacée dans le contexte interpersonnel : une fatigue subite peut être l'expression cachée d'un ressentiment, une inquiétude irrationnelle relative à une personne peut être la manifestation déguisée d'une disposition hostile à son égard [27]. L'usage même de la notion de « moi » doit être reconsidéré. « Le moi *(self)*, écrit Sullivan (*ibid.*, p. 101), est une entité qui rend peu de services dans l'étude des relations interpersonnelles. » C'est l'organisation de l'expérience en un système particulier qui porte le nom de « mon corps », qui me donne le sentiment d'être une entité autonome et substantielle (cf. Sullivan, 1953, *op. cit.*, p. 140). Pour comprendre le fonctionnement de relation entre deux personnes il faut cesser de les voir comme deux substances indépendantes et inchangeantes.

Considérons, à la suite de Sullivan (cf. 1949, *op. cit.*,

25. Lee J. CRONBACH, « Proposals leading to analytic treatment of social perception scores », *in* R. TAGIURI and L. PETRULLO (ed.), 1958, *op. cit.*, p. 353-379, cf. p. 375 ; H.S. SULLIVAN, 1953, *op. cit.*, p. 318, 352-353, 359, etc.

26. Cf. BEAGLEHOLE, *op. cit.*, p. 62-63.

27. Harry Stack SULLIVAN, « Psychiatry : Introduction to the study of interpersonal relations », *in* Patrick MULLAHY, 1949, *op. cit.*, p. 98-121 ; cf. p. 100.

p. 103-115) le cas fictif d'un couple d'époux, que nous appellerons M. et Mme Martin. Nous devinons que M. Martin est un commerçant aisé, assez peu cultivé, discutant volontiers de politique avec des amis de sa catégorie. Mme Martin, une prétentieuse férue d'art, n'a que mépris pour les amitiés d'affaires de son mari. Mais cela, on ne nous le dit pas directement. Au contraire, nous prenons contact avec les Martin le soir où M. Martin s'est subitement senti très fatigué, jetant ainsi par terre le programme de Mme Martin pour la soirée. Un psychologue aurait peut-être remarqué que la fatigue imprévue de Martin a suivi une phrase fort désobligeante de Mme Martin à son endroit, et que cette fatigue arrive fort à propos pour faire échouer les projets de la dame. Mais si l'on attire l'attention de Martin sur ces enchaînements, il s'étonnera et s'indignera. Non, il ne s'est pas senti blessé, non il n'a pas eu l'intention de punir sa femme; car ce que peut lui dire sa femme ne le blesse jamais, car elle n'a pas d'intentions mauvaises, car elle est ainsi avec tout le monde. On peut voir qu'il y a dans l'esprit de Martin une image de Mme Martin selon laquelle cette femme a envers lui une attitude inébranlablement amicale; et il a aussi une image de lui-même selon laquelle il n'a pas été offensé, il n'éprouve donc aucune hostilité, mais simplement a été pris subitement d'une grande fatigue. Nous sommes, si l'on veut, en pleine illusion, en pleine « situation parataxique », comme dit Sullivan, mais c'est bien là la seule réalité psychologique du moment; bien plus, les deux images dans l'esprit de Martin, celle de Mme Martin et celle de lui-même, forment un système parfaitement cohérent et doivent être prises ensemble, c'est le système momentané « moi-et-elle » de Martin, son système numéro un, car Martin dispose d'autres systèmes de représentations. Par exemple le jour où M. et Mme Martin se sont mutuellement jetés à la tête leurs amis, elle, la balourdise du chemisier Legrand, lui, la prétention insupportable de ses artistes. Martin est sorti en claquant la porte, et la conversation qu'il a eue au cercle avec son autre ami Dumont, fait ressortir un tout autre système d'images: un brave homme, travailleur, patient, dévoué, confiant est lié à un démon qui l'exploite, le dupe, l'humilie, le néglige et le ridiculise. Martin dispose ainsi d'une série de systèmes d'images interchangeables de lui et de sa femme. Mais naturellement il en va de même pour Mme Martin : elle a par exemple son système « moi-et-lui » numéro un, dans lequel elle est l'épouse maternelle d'un mari maladroit, vaniteux, mais dévoué ; et son système numéro deux, où elle est la victime désabusée d'un parfait égoïste qui regarde les femmes comme des êtres infra-humains.

Les relations entre Martin et sa femme ne dépendent pas seulement de la mise en jeu de l'un de ces systèmes de représentation dans l'esprit de l'un et de l'autre, mais de la nature de leur combinaison. S'il s'agit de la combinaison « moi-et-elle » et « moi-et-lui » de même numéro, les représentations seront compatibles, même si les relations ne sont pas toujours agréables. Mais si par hasard le système « moi-et-elle » numéro un se combine avec « moi-et-lui » numéro deux, les choses deviennent très graves et on peut s'attendre à voir Martin accourir chez le psychiatre : « Je ne peux plus la raisonner, voyez-la. »

Il faut donc parler en termes de « situations interpersonnelles ». Sullivan dit qu'une situation est « intégrée » quand elle prend un sens pour les deux partenaires : une conversation amicale en est un bon exemple ; la situation se « résoud » quand les partenaires arrivent à se satisfaire et l'interaction s'arrête, au moins provisoirement. Une situation se « désintègre » si elle prend fin avant d'avoir atteint sa résolution ; l'anxiété joue ici un rôle très important (cf. Sullivan, 1953, *op. cit.*, p. 92-98). De telles notions doivent permettre de réinterpréter maints aspects des relations interpersonnelles, en écartant souvent les chimères imaginées par les prédécesseurs : l'analyse de la formation de la méchanceté ou celle de l'attitude d'exploitation d'autrui, renvoie dans le domaine de la pensée confuse le « sadisme », le « masochisme », la « dépendance passive » (*ibid.*, p. 213-216, 351-353). L'œuvre de Sullivan fourmille ainsi de pages brillantes sur les « systèmes dynamiques d'interaction » et les situations qui leur sont associées. Il est grandement regrettable que la mort, survenue en 1949 dans sa cinquante-septième année, ne lui ait pas permis de terminer sa tâche.

CINQUIÈME PARTIE

PROBLÈMES DE PSYCHOLOGIE COLLECTIVE

CHAPITRE XVI

LES COMPORTEMENTS DANS LES FOULES

En abordant les problèmes de psychologie collective on parvient enfin à ce qui est souvent considéré comme le domaine par excellence de la psychologie sociale. Que d'autres thèmes relèvent légitimement de cette science, c'est ce que les chapitres précédents auront probablement aidé à comprendre. Mais inversement on doit regretter le manque d'intérêt manifesté désormais par de nombreux auteurs pour les phénomènes collectifs ; d'une part des études récentes ont fait avancer la connaissance ; et d'autre part les problèmes théoriques et pratiques restent posés, et refuser de les aborder serait, comme on l'a justement fait remarquer [1], « décevoir le public dans un de ses espoirs principaux en la science de la psychologie sociale ».

1. La psychologie des foules

On doit reconnaître cependant qu'avec la « psychologie des foules » l'étude psychologique des phénomènes collectifs avait pris un malheureux départ ; et le regrettable succès des idées ainsi lancées dans le public à la fin du XIXe siècle a pour longtemps déformé les perspectives, a découragé les recherches, et a produit chez beaucoup de scientifiques un discrédit de la psychologie sociale des phénomènes collectifs qu'elle ne mérite plus.

1. Roger W. BROWN, « Mass phenomena », *in* LINDZEY (ed.), *op. cit.*, p. 833-876, cf. p. 873.

L'Antiquité classique, source évidente de notre culture politique, nous apporte une profusion d'images de phénomènes de foule, mêlées dans les batailles au corps à corps, massacre en masse des vaincus, célébrations politiques et religieuses cheminant vers les hautes citadelles, épidémies géantes, jeux du cirque, incendies de capitales, consternations des soirs de défaites ; nous croyons de bonne foi avoir lu chez ces auteurs ces descriptions du mouvement des masses humaines, et les commentateurs modernes ne manquent pas de vanter la « psychologie des foules » de tel ou tel Ancien. En fait, le lecteur de la littérature grecque et romaine rencontre bien mille épisodes d'enthousiames populaires, de paniques, d'émeutes; de place en place on y voit souligner le rôle des meneurs, qui excitent (Tite-Live, I, 59; II, 23), ou qui calment (ID., II, 32; XXII, 53), reconnaître et même analyser le processus des rumeurs (ID., XXII, 7; XXVII, 51), dénoncer ironiquement les rationalisations et les inconséquences de la lâcheté des hommes (César, B.G., I, 39).

Mais combien sont sommaires, le plus souvent, les indications des mouvements de foule ! Voici un épisode du difficile siège de Gergovie: les Romains ont attaqué, les Gaulois contre-attaquent, les Romains plient. César envoie ses alliés éduens faire une diversion; mais les Romains les prennent pour des renforts ennemis. « Panique causée par l'arrivée des Eduens », écrit dans le sommaire l'éditeur moderne; César disait seulement: « *hi similitudine armorum vehementer nostros perterruerunt* » (ceux-ci, dont l'armement ressemblait à celui de l'ennemi, épouvantèrent nos troupes) (B.G., VII, 50). Et voici de même présenté l' « exode » des Carnutes: « *desertis vicis oppidisque dispersi profugiunt* » (abandonnant villages et places fortes, ils s'enfuient en se dispersant) (B.G., VIII, 5). Mais bien plus, les comportements décrits restent presque toujours rationnels, ou du moins raisonnables; les conduites sont essentiellement individuelles. Quand la conduite devient franchement collective, c'est après réception d'un message rationnel que tout le monde a reçu et compris en même temps: il y a simultanéité, non interaction (Tite-Live, XXVII, 51; V, 40; Tacite, Ann., XV, 38; Tite-Live, II, 5). Dans tous ces textes, les motivations restent individuelles, le comportement collectif est une juxtaposition de conduites de personnes que l'on s'ingénie à distinguer.

La « psychologie des foules » est vraiment une idée moderne, qui n'apparaît guère qu'au XIXe siècle, avec les romantiques et les naturalistes, et chez les philosophes de la foule. Parmi ceux-ci, la priorité appartient sans doute à Gabriel Tarde qui, dès 1890, abordait la question de la psychologie des foules dans sa *Philosophie pénale* et ne cessa de préciser et de nuancer ses idées jusqu'en 1901 (cf. *L'Opinion et la foule*, Alcan, 1901, 227 pages). C'est pourtant Gustave Le Bon, auteur de la *Psychologie des foules* (Alcan, 1895, 187 pages) qui, avec son assurance, ses formules nettes et bien frappées, inlassablement répétées, se fit lire, et exerça l'influence. Aux nuances près, les deux doctrines sont très voisines.

Pour bien comprendre la nature du phénomène de foule, il faut d'abord se rendre compte que l'expression désigne, en réalité, « la psychologie des hommes en foule ». Mais si l'on peut continuer à parler de psychologie des foules, c'est que la psychologie des hommes en foule diffère essentiellement de leur psychologie individuelle. Le fait seul de faire partie d'une foule modifie l'individu : il ne s'appartient plus, il devient un « simple automate », « un grain de sable au milieu d'autres grains de sable que le vent soulève à son gré »[2]. Par suite, et sans préjudice des affirmations précédentes, le rassemblement d'individus dans une foule, conduit à la formation d'un être nouveau, supra-individuel, d'une « âme collective ». Cette âme, qui est faite d'inconscient, exprime l'influence d'hérédités séculaires ; le psychisme de foule, localisé dans la moelle épinière, est de nature inférieure. Placés dans une foule, même une assemblée d'élite, les individus les plus intelligents acquièrent une mentalité de barbares et de primitifs.

Le Bon analyse en détail les caractéristiques psychologiques des foules. Les neuf aspects qu'il présente peuvent être regroupés autour de trois thèmes. Le premier est celui de

2. *Psychologie des foules, op. cit.*, p. 19. La métaphore du vent qui gouverne les foules est familière aux littérateurs du XIXe siècle : cf. V. HUGO, *L'Expiation*, 1853, v. 142 ; E. ZOLA, *La Débâcle*, 1892, Charpentier, I, p. 74.

l'unanimité: c'est la loi de l'unité mentale des foules; dans une foule, les émotions, les convictions, les interprétations, les intentions, les actions des individus sont unanimes. Et cette unanimité s'accompagne de la conscience d'elle-même, entraînant comme conséquence le dogmatisme et l'intolérance, un sentiment de puissance irrésistible, et aussi une idée d'irresponsabilité. En second lieu, les individus en foule sont toujours sous le coup d'émotions, et ces émotions sont soudaines, simples, extrêmes, intenses et très changeantes, ce qui montre bien la « nature féminine des foules ». En troisième et dernier lieu, les foules pensent et raisonnent, mais leurs pensées sont simplistes et leurs raisonnements rudimentaires, procédant par associations de choses dissemblables n'ayant entre elles que des rapports apparents, et par généralisation immédiate de cas particuliers: la logique collective est d'un ordre très bas.

Les comportements de foule trouvent chez Le Bon, comme d'ailleurs chez Tarde, leur explication dans une cause interne, la contagion mentale, et une cause externe, l'action des meneurs. Dès 1893 [3], Tarde, sans la nommer, avait fait un sort à cette théorie de la contagion mentale : les émotions et les opinions se communiquent, et par là elles se multiplient et se renforcent. Cette idée est importante pour Tarde, car elle permet de montrer, contre Durkheim, que les phénomènes sociaux ne s'expliquent pas par la contrainte, mais par la sympathie et l'imitation. Mais l'imitation est encore un processus trop actif, trop individuel au goût de Le Bon, il lui faut l'automatisme de la contagion. Dans une foule, tout sentiment, tout acte sont contagieux. C'est par la contagion que se propagent les opinions et les croyances; et les paniques doivent précisément leur soudaineté à la contagion des émotions. L'imitation de Tarde n'est elle-même qu'un simple effet de la contagion. Beaucoup de choses s'expliqueront donc par là. Mais ce « mécanisme », si facile à constater, comment s'explique-t-il lui-même ? Peut-être faudra-t-il chercher du côté de l'hypnotisme (cf. p. 17-18)...

L'autre facteur explicatif, ce sera l'existence des meneurs.

3. « Les foules et les sectes criminelles », *Revue des Deux Mondes,* déc. 1893, repr. *in: L'Opinion et la foule, op. cit.*, p. 159-226.

Car toute foule a besoin de meneurs : « La foule est un troupeau qui ne saurait se passer de maître » (p. 98). Mais qui sont ces meneurs, et comment agissent-ils ? Il est bon de relire tout le chapitre (p. 97-118). C'est une source historique d'une section importante de la psychologie sociale, que ceux qui n'aiment pas à traduire l'anglais intitulent la « leadership ».

Le Bon, qui n'apprécie guère les foules, ne cache pas son mépris pour les meneurs. Il y a évidemment de « grands meneurs », mais « assez rares pour que l'histoire en puisse aisément marquer le nombre » (p. 99). La plupart n'ont pas cette envergure et ce sont « surtout ces névrosés, ces excités, ces demi-aliénés qui côtoient les bords de la folie » (p. 98). Le plus souvent, ce sont d'anciens menés qui ont acquis la foi et qui exercent leur autorité d'une manière despotique. Le meneur, qui agit par l'affirmation, la répétition, la contagion, doit son autorité à son prestige. Ce prestige peut être un « prestige acquis », nom, fortune, réputation ; mais il y a aussi un « prestige personnel », celui d'une Jeanne d'Arc ou d'un Napoléon : là, toute explication s'arrête, car ce prestige, c'est une « faculté », indépendante de tout titre, de toute autorité, une « puissance fascinatrice », un pouvoir de « fascination véritablement magnétique » qu'on peut seulement comparer à celle du « dompteur » (p. 111). C'est déjà, on le voit, l'idée du chef charismatique, qui nous revient d'Allemagne, vêtue de grec, via les États-Unis.

2. Violences et enthousiasmes collectifs

On ne chicanera pas les auteurs de la psychologie des foules sur les contradictions et les confusions de détail que leurs écrits peuvent présenter. Les critiques doivent porter sur l'ensemble : ils s'appuient sur une psychologie désuète (quand par exemple ils imaginent comme rationnel le comportement de l'individu isolé) et ils n'ont pas eu d'accès direct aux faits qu'ils se proposaient de décrire et d'expliquer. Certes, il serait absurde de leur reprocher d'appartenir à leur époque. Mais il faut bien prévenir que l'ensemble de leurs doctrines est largement dépassé.

Depuis un certain temps, en effet, les psychologues sociaux sortent de leur cabinet de travail, et même de leur laboratoire. L'observation directe des comportements collectifs a évidemment été rendue possible par la mise en œuvre des enquêtes représentatives sur le terrain, connues sous le nom de sondages. Mais il faut souligner qu'au-delà des possibilités instrumentales, le facteur déterminant a été l'audace et l'imagination des professionnels, lorsqu'ils ont conçu qu'on peut aller au dehors étudier le public, dans les circonstances parfois les plus dramatiques. Et il n'en est que plus intéressant de remarquer qu'une des toutes premières études aura porté sur les effets d'une catastrophe pour rire (cf. *infra*, p. 271).

Le résultat le plus saisissant de ces recherches, c'est qu'on ne peut plus concevoir d'une manière indifférenciée les comportements de foules, ou dans les foules : du point de vue sociologique, comme du point de vue psychologique, ils obéissent à des déterminismes, dont on commence à se faire une idée assez précise.

Considérons pour commencer les études sur ces violences collectives qu'on appelle des lynchages, telles qu'elles ont été présentées, il y a déjà une vingtaine d'années, par Cantril ou Miller et Dollard [4]. Nous emprunterons trois exemples à ces auteurs. Le premier, le lynchage de Edgecombe County est un lynchage « bien ordonné » : une enfant de sept ans, fille de planteurs de tabac, rentre un jour en pleurant parce qu'un jeune domestique noir, Oliver Moore, lui a fait mal en jouant avec elle dans la grange. Les parents concluent qu'il a voulu abuser d'elle. Moore a disparu. On le retrouve un mois plus tard, on l'arrête, on l'enferme dans la prison. Le lendemain, une foule en ordre se fait ouvrir la prison et emmène le prisonnier. On le retrouvera plus tard pendu dans la grange, le corps criblé de balles. – A Leeville, il s'agit d'une affaire aux débuts obscurs qui prit des proportions gigantesques. Un

4. Hadley Cantril, *The psychology of social movements*, New York, Wiley, 1941, 274 p., p. 78-122 ; N.E. Miller and J. Dollard, *Social learning and imitation*, 1re éd. américaine 1941, London Kegan Paul, 1945, 284 p., p. 182-210. Voir aussi : Rudolf Heberle, *Social movements : an introduction to political sociology*, New York, Appleton, 1951, xiii-478 p. ; et Ralph H. Turner and Lewis M. Killian, *Collective behavior*, Englewood Cliffs, Prentice Hall, 1957, x-547 p.

journalier noir, peut-être venu pour réclamer une somme de six dollars, solde de son salaire, à la femme d'un fermier en l'absence de celui-ci, peut-être amant de la femme, surprise par l'enfant de la maison, se trouve au tribunal au matin de son jugement. La foule s'amasse, réclame le nègre, que quatre gendarmes défendent ; par mesure de sûreté, on enferme l'inculpé dans la chambre forte du tribunal. La foule met le feu au bâtiment, fait sauter la chambre forte à la dynamite, s'empare du cadavre, et alors les vraies violences commencent. La foule s'élance vers le quartier noir, entre dans les maisons, enlève les meubles afin d'en faire un bûcher pour le cadavre, puis pille les boutiques, les bureaux, les maisons, incendie, chasse les noirs de la ville. On empêche les pompiers d'intervenir. Seule la force armée mit fin à l'émeute, qui continua de menacer encore plusieurs jours, tandis que la loi martiale était proclamée. – Le lynchage de Belfast enfin combine les deux genres d'atrocités : dans une première phase, une foule d'une centaines d'hommes vient arracher à la prison l'inculpé noir, le ramène sur le lieu de son crime, le mutile, le torture, le pend et le dépend, le tue enfin, et livre le cadavre à une autre foule, qui attend. Celle-ci le frappe du pied, l'écrase sous les roues des voitures, lui plonge des bâtons pointus dans le corps, le traîne derrière une voiture jusqu'au chef-lieu du comté, le pend à un arbre, rentre se coucher. Mais le lendemain, jour de marché, la foule s'assemble à nouveau, un Blanc frappe un Noir, qui tente de se défendre et s'enfuit ; alors on attaque des hommes, des femmes, des enfants de couleur en les chassant de la ville et en les battant. Ici encore, seule la force armée put disperser les manifestants.

Or ce qui frappe d'abord quand on a surmonté l'horreur de ces récits (que nous avons beaucoup atténuée), c'est le caractère régulier, conventionnel, presque rituel des violences. Bien plus, on distingue sans peine deux types de lynchage, l'un bien ordonné « bourbonnien », comme disent les spécialistes, qui est un lynchage de gens riches, se bornant au « châtiment du coupable » ; l'autre désordonné, diffus, frappant au hasard, qui est le fait des pauvres. Le lynchage est une institution, et comme tel il a une histoire, change de caractère, varie en intensité. Il existe toute une littérature sociologique et historique sur le lynchage [5]. Mais on pourrait montrer qu'il en va exactement de même de tous les types de mouvements sociaux et de violences collectives, grèves, émeutes, manifestations diverses. Il faut renoncer à l'idée que les violences de foules sont des comportements improvisés et spontanés. La conduite affective individuelle a ses modèles dans chaque culture, elle est instituée; la conduite affective collective aussi.

L'analyse sociologique pourrait se poursuivre davantage. Les localités où se produisent les lynchages sont parmi les plus pauvres, les années les plus fertiles en lynchages sont celles où le prix du coton est le plus bas. Ces corrélations avec des faits économiques doivent être interprétées dans une perspective de psychologie sociale. Les lynchages tendent à se produire là où et quand le statut des petits Blancs s'abaisse. Le statut est une affaire de position non pas absolue, mais relative. Un principe social essentiel dans le sud des États-Unis, c'est que les Noirs sont au bas de l'échelle sociale: ils doivent y rester. Or une barrière surtout ne doit pas être franchie, c'est la barrière sexuelle: car si les Noirs ont des rapports avec les femmes blanches, ils accéderont au statut des Blancs en pénétrant dans leurs familles. L'interdiction sexuelle n'est donc ni morale ni raciale, elle est sociale, et le lynchage des Noirs pour crime sexuel doit être compris ultimement comme destiné à maintenir le statut supérieur des Blancs, surtout quand il est menacé. En généralisant l'explication, si chaque type de violences collectives se prête à une théorie fonctionnaliste, on montrera combien est insuffisante et inexacte l'invocation du sadisme instinctuel des foules.

Les violences collectives sont instituées et non spontanées; elles ont un sens et une fonction sociologiques, et ne résultent pas des poussées aveugles de l'instinct. Un troisième trait doit être retenu: au sein des foules, les divers rôles ne sont pas exercés par n'importe quels individus, l'unanimité affirmée par Le Bon est une illusion. Sans doute l'influence des situations de foule sur les individus est-elle un fait subjectivement constatable. Dans leur livre, Miller et Dollard (*op. cit.*,

5. L'auteur le plus souvent cité est probablement Arthur RAPER, *The tragedy of lynching*, Chapel Hill, University of North Carolina Press, 1933.

p. 198) écrivent ceci: « L'un des auteurs a lui-même éprouvé, en se trouvant présent lors d'un lynchage, que son intérêt, que sa tendance à marcher avec la foule, au moins pour voir, se mettaient à croître d'une manière morbide. Sans cette expérience personnelle, il aurait juré ne pouvoir éprouver qu'une horreur sans phrase devant un tel spectacle. » Objectivement, en revanche, toutes les fois qu'une enquête a pu supporter un peu de lumière dans les situations de foules, on constate de très grandes différenciations dans les attitudes et les comportements, associées à des situations sociales déterminées. A Leeville, par exemple, l'enquête montra qu'on devait distinguer trois groupes: 1) ceux qui n'étaient pas d'accord avec les lyncheurs, mais ne firent rien pour s'opposer à eux; il s'agissait en général du groupe économique supérieur; 2) ceux qui ne participèrent pas, soit en étant indifférents, soit en étant favorables au lynchage: ces individus appartenaient surtout à la classe moyenne; 3) ceux qui eurent un rôle actif. Cinquante-huit individus identifiés appartenant à ce groupe se répartissent de la manière suivante:

Chômeurs	19
Manœuvres	13
Cultivateurs	8
Ouvriers qualifiés	8
Commerçants	4
Employés	3
Divers	3

Le meneur, Lank Smith, était un illettré de quarante ans, alcoolique, sans profession définie, vivant des lessives faites par sa femme. Il s'agit visiblement dans ce troisième groupe d'individus économiquement et socialement défavorisés [6].

La ségrégation sociologique des individus assumant divers rôles dans les situations collectives laisse supposer l'existence de prédispositions psychologiques différentielles sous-jacentes. De telles prédispositions ont été mises à jour par Merton dans une situation qui n'est plus de violence, mais

6. Cf. CANTRIL, *op. cit.*, p. 106-108.

d'enthousiasme populaire [7]. En septembre 1943, en pleine guerre, une compagnie de radiodiffusion organisait à travers les États-Unis une campagne exceptionnelle pour la souscription aux bons de la Défense nationale : pendant le cours de dix-huit heures consécutives, de huit heures du matin à deux heures du matin du lendemain, une vedette de la radiodiffusion, Kay Smith, reprit soixante-cinq fois le micro pour supplier le public de souscrire. Ce « marathon radiophonique » rapporta un total d'engagements de souscription de trente-neuf millions de dollars. Aussitôt après, Merton organisa une étude psychologique comportant l'analyse des textes radiodiffusés, une enquête par sondage auprès de 978 personnes à New York et dans sa banlieue, et des entretiens approfondis avec cent personnes, dont soixante-quinze souscripteurs.

La série d'émissions était assurément très bien conçue. Elle mettait en jeu des valeurs puissantes, et tout particulièrement le patriotisme sacré ; elle faisait appel à la compétition entre les villes ; elle rendait l'action facile, puisqu'il suffisait de téléphoner aux stations émettrices locales pour faire enregistrer son engagement de souscription. Les auditeurs, d'autre part, étaient personnellement impliqués dans la campagne : ils avaient l'impression d'un contact direct avec la vedette, connue pour son patriotisme et sa bonté, et beaucoup en téléphonant avaient l'espoir qu'ils allaient pouvoir lui parler ; leur sentiment de culpabilité était éveillé (« que fais-je ici, quand les enfants sont sur le front ? ») ; pour certains même, l'émission apportait une crainte superstitieuse et le moyen magique de se prémunir contre le péril (« ma souscription sera peut-être celle qui sauvera mon fils »).

Mais ces données sont très générales, elles constituent seulement la toile de fond de l'explication. Trente-neuf millions de dollars ont été souscrits en une journée, c'est un phénomène collectif remarquable, certes. Mais les décisions ont été prises individuellement, on voudrait comprendre comment. L'étude de Merton fait ressortir que la réalité des faits observés dément de la manière la plus formelle la théorie de l'« unité mentale » proposée par Le Bon : les divers souscrip-

7. Robert K. MERTON, *Mass Persuasion : the social psychology of a war bond drive*, New York, Harper, 1946, 210 p.

teurs se sont décidés pour les raisons les plus variées, comme le montre l'analyse de leurs prédispositions.

On doit d'abord distinguer les souscripteurs d'après leurs attitudes générales et leurs attitudes spécifiques. Cette campagne de souscription aux bons de la Défense nationale n'était pas la première : d'une manière générale, certains sujets apparaissent comme impliqués émotivement d'une manière profonde, avec souvent un vif sentiment de culpabilité ; tandis que d'autres témoignaient seulement d'une attitude d'approbation calme et détachée. Ces attitudes générales d'implication ou de détachement se combinent avec des attitudes spécifiques : avant l'émission, certains sujets avaient l'intention de souscrire, d'autres ne l'avaient pas. On obtient ainsi, en simplifiant les choses, quatre types de souscripteurs : 1) les prédisposés (impliqués avec intention de souscrire) ; 2) les accessibles (impliqués sans intention) ; 3) les indifférents (détachés avec intention) ; 4) les non-disposés (détachés sans intention). On est maintenant en mesure de comprendre le processus final de la décision, et la part prise par l'émission dans cette décision. Sur les « prédisposés », l'émission a peu agi, et d'ailleurs ils ont moins écouté l'émission. C'est sur les « accessibles » que l'émission a agi le plus : peu avaient l'argent disponible (au contraire des prédisposés) et ils avaient bonne conscience avant l'émission. On doit en outre distinguer trois sous-groupes parmi eux : certains ont été frappés du « sacrifice » de Kay Smith et se sont sentis coupables ; d'autres se sont décidés par attachement pour la vedette, sans culpabilité ; les autres enfin ont été frappés par l'idée du sacrifice des soldats et ont agi par culpabilité et même terreur. Les « indifférents » ont été surtout motivés par l'espoir de parler à Kay Smith au téléphone. Les « non-disposés » enfin ont agi par attachement à Kay Smith. Quant aux non-souscripteurs, il apparaît qu'ils ont nettement évité d'écouter les émissions de Kay Smith ce jour-là. Merton conclut en soulignant que la campagne d'émission a produit des effets plus apparents que réels, car dans près des deux tiers des cas elle a seulement déplacé le moment de la souscription. Mais il résulte aussi de son analyse que l'on se tromperait beaucoup en parlant dans cette circonstance d'un comportement de masse : les décisions doivent être interprétées en termes de motivations individuelles, très variables selon les personnes.

3. Comportements dans les catastrophes

Dans l'expérience de la psychologie populaire, les images de la foule se livrant au pillage et au meurtre produisent une horreur qui n'est peut-être pas entièrement dépourvue d'attrait. Mais les situations de danger collectif exercent sur les imaginations une véritable fascination. Les innombrables récits provoqués par l'exode français de juin 1940 évoquent « des embouteillages formidables... des encombrements indescriptibles... un désordre inexprimable... des flots paniques... toutes les misères humaines tordues ensemble... le déménagement hagard de tout un peuple... une ribambelle hallucinante... une caravane apocalyptique... Une vision dantesque [8]... ». Martha Wolfenstein a attiré l'attention sur la séduction puissante ainsi exercée sur les esprits par les images de la panique et a suggéré la possibilité de motivations sous-jacentes dans l'excitation et la satisfaction sado-masochiste que produit l'évocation de la bousculade physique et du piétinement des corps, dans la croyance irrationnelle que la mort d'une personne peut acheter la vie d'une autre, et proposé une interprétation freudienne du mythe du grand Pan [9].

En fait, l'observation objective des comportements dans les catastrophes conduit d'abord à constater l'inexactitude de ces imaginations, et par-dessus tout, l'extrême rareté de la panique [10]. Mais comment peut-on observer objectivement les comportements dans les catastrophes ? Encore en 1936, de bons auteurs soulignaient l'absurdité de l'idée d'une telle entreprise [11]. Deux ans plus tard, cependant, le travail com-

8. Cf. Jean VIDALENC, *L'Exode de mai-juin 1940*, Paris, Presses Universitaires de France, 1957, 440 p., p. 272, 286, 289, 296, 306, 317, 324.

9. Martha WOLFENSTEIN, *Disaster : a psychological essay*, London, Routledge and Kegan Paul, 1957, 231 p., p. 13-14, 87-89.

10. Cf. Shirley STAR, « Scope and objectives of the N.O.R.C. disaster research contract », *in : Conference on field studies on reactions to disasters*, Chicago, National Opinion Research Center, 1953, 204 p., p. 13-25, cf. p. 20-21.

11. Richard T. LAPIERE and Paul R. FARNSWORTH, *Social psychology*, New York, McGraw-Hill, 1936, 504 p., p. 482.

mençait. Il s'agissait, il est vrai, d'une catastrophe imaginaire, un débarquement de Martiens dans l'État de New Jersey ; et qui sait, au cas où il se fût agi d'un désastre réel, si les débuts de l'entreprise n'eussent pas été encore retardés ! En tout cas, si le débarquement n'eut pas lieu, les effets sur le public n'en furent pas moins réels. Le dimanche 30 octobre 1938, une compagnie de radiodiffusion mettait en scène le roman de H.G. Wells, *La Guerre des mondes*. Sur les six millions d'auditeurs, comme l'enquête le montra, près de deux millions se méprirent et crurent à une émission d'informations ; plus de la moitié de ceux-ci furent profondément ébranlés et l'on put parler de panique.

Le Centre de recherches radiophoniques de Princeton, situé en plein dans la zone où le débarquement était censé avoir eu lieu, entreprit aussitôt une enquête, et nous lui devons ainsi la première étude scientifique sur la psychologie des catastrophes [12]. Le résultat peut-être le plus intéressant de ce travail, remarquable à beaucoup d'égards, c'est la mise en lumière d'une idée que Merton retrouvera en étudiant le « marathon radiophonique » de 1943 : pas plus dans un cas que dans l'autre, il ne serait légitime de parler de contagion des sentiments. Ce sont les situations, sociales et psychologiques des sujets, qui ont déterminé leurs réactions : niveau de l'esprit critique, directement associé au degré d'instruction, vulnérabilité psychologique dépendant de la confiance en soi, des soucis, du sentiment de sécurité ou d'insécurité, enfin situation physique et sociale de l'auditeur, c'est-à-dire proximité ou éloignement du lieu supposé de l'événement et du domicile de la famille, et possibilité plus ou moins grande d'un comportement autonome.

Il faudra attendre encore une dizaine d'années après la publication de l'ouvrage de Cantril pour voir s'organiser des études systématiques sur les comportements dans les catastrophes. La circonstance déterminante a certainement été le souci, outre-Atlantique, de se prémunir contre les effets psychosociaux d'une attaque atomique éventuelle. Les débuts du

12. Hadley CANTRIL, *The invasion from Mars*, Princeton University Press, 1940, 228 p. Voir aussi le rapport préliminaire de Herta HERZOG, *in* P.F. LAZARSFELD and Morris ROSENBERG, *The language of social research*, Glencoe, III., Free Press, 1955, 590 p., p. 420-428.

travail, qui paraissent remonter à 1949, sont partiellement obscurcis par le secret militaire. En tout cas nous savons qu'en 1952, un institut de recherche psychosocial de l'université de Chicago, le National Opinion Research Center (N.O.R.C.) disposa cette année-là d'un budget de cent cinquante mille dollars pour étudier les effets psychologiques des catastrophes de tous ordres, et put mettre sur pied une équipe de vingt spécialistes, munis de consignes précises, qui intervenait dans les vingt-quatre heures sur le lieu de toute catastrophe un peu importante. En quatre ans, N.O.R.C. put ainsi étudier soixante-quatorze catastrophes, et plusieurs autres organismes de recherches vinrent par la suite joindre leurs efforts à ceux de N.O.R.C. [13].

Un exemple peut être fourni par l'observation de la catastrophe de Brighton [14]. Brighton est une banlieue de la ville de Rochester dans le nord de l'État de New York. Le 21 septembre 1951, vers une heure de l'après-midi, le détendeur destiné à réduire la pression du gaz de ville arrivant par la canalisation principale pour alimenter les canalisations domestiques, se rompit. La surpression considérable ainsi produite provoqua pendant deux heures, sur une zone de deux kilomètres de long sur huit cents mètres de large, une série d'explosions et d'incendies qui causèrent de considérables dégâts. Les maris et les enfants étaient absents, mais les ménagères étaient chez elles.

Dans la période de crise, les observateurs distinguèrent cinq phases. Au début, les ménagères ne comprirent généralement pas le danger. Dans la seconde phase, elles sortirent des maisons, généralement sans rien faire, certaines criant et pleurant ; mille rumeurs, précises et fausses, commencèrent à circuler. Dans la troisième phase se formèrent les premiers plans d'action : par exemple on allait fermer le compteur du gaz et on prenait les clefs de la voiture ; beaucoup se rendirent chez des parents et des amis, mais la plupart se mirent à

13. Cf. *Conference on field studies on reactions to disasters, op. cit.* ; Lewis M. KILLIAN, *An introduction to methodological studies in disasters*, Washington, D.C., National Research Council, 1956, 35 p. ; pour une bibliographie partielle, voir Ch. E. FRITZ and F.H. MATHEWSON, *Convergence behavior in disasters*, Washington, D.C., National Research Council, 1957, 102 p.

14. Cf. *Conference on field studies*, etc., *op. cit.*, p. 126-163.

l'abri en face des maisons sans équipement au gaz. Une quatrième phase peut être reconnue comme celle où dominent des sentiments de peur et d'impuissance; la peur concerne presque toujours d'abord la sécurité personnelle: on ne pense aux autres, y compris aux enfants, qu'ensuite, et ensuite seulement apparaît le souci des biens. La cinquième phase est marquée par la fin de la crise, avec l'arrivée des employés du gaz et le retour des maris.

Mais postérieurement à la crise, toute une série de manifestations put être observée: crainte du retour des explosions, manifestations physiologiques aiguës, tristesse un peu conventionnelle en apprenant la mort de deux enfants, seules victimes de la catastrophe, gratitude pour l'aide offerte, mais plus vive pour celle des amis que celle des organismes officiels, ressentiment à l'égard de ceux ou celles qui s'étaient abandonnés à des manifestations affectives, à l'égard des curieux, et à l'égard de la compagnie gazière.

Les observations de la catastrophe de Brighton et de bien d'autres convergent assez pour qu'un auteur ait tenté un exposé et une interprétation d'ensemble des comportements dans les catastrophes [15]. Certes des distinctions devraient être faites entre les catastrophes inopinées, comme celles de Brighton, et celles qui s'annoncent progressivement (une inondation); entre celles qui sont instantanées (un avion qui s'écrase dans une foule) et celles qui se prolongent (comme à Brighton). Une présentation synthétique distinguera trois moments : la période préalable, la période critique, la période postcritique.

Dans la période précritique, deux attitudes opposées sont observées: refus de l'idée du danger, crainte exagérée du danger. Elles sont associées à des caractéristiques personnelles très précises. L'incrédulité et le refus sont le fait de ceux que les mesures de précaution pourraient gêner (comme on rejette l'idée qu'on est malade); l'appréhension exagérée est liée à des sentiments de culpabilité, car la catastrophe apparaîtra souvent (on le voyait déjà dans l'étude de Cantril) comme un châtiment individuel ou collectif [16].

15. Martha WOLFENSTEIN, *Disaster*, *op. cit.*

16. Voir aussi les observations de VIDALENC, *op. cit.*, à l'occasion de l'exode de 1940, p. 359 sq.

Dans la période de crise, Wolfenstein distingue trois phases. La première est la phase de choc. Selon les individus, on observe trois réactions typiques: une minorité conserve son sang-froid; une autre minorité présente des réactions extrêmes, de l'anxiété, de la confusion paralysante ; la majorité des survivants, de l'ordre des trois quarts, restent abasourdis, hébétés, frappés de stupeur. C'est en pensant à ceux-ci que les spectateurs, par méprise et incompréhension, parlent de calme et de courage. En fait, dans l'état d'âme de cette majorité, on peut analyser deux sentiments : « l'illusion de la centralité », c'est-à-dire l'impression d'être au centre de la catastrophe et donc personnellement visé; et un sentiment d'abandon par tous. Ce dernier sentiment commande et explique beaucoup d'autres réactions affectives, par exemple le fait que la mort à côté de soi d'un être cher est ressentie comme une désertion; et aussi l'amour intense, l'infinie reconnaissance éprouvés pour les premiers sauveteurs.

Une deuxième phase peut être appelée de réaction ou de recul. La victime s'arrache au présent immédiat, elle se reporte au passé immédiat, et d'abord cherche à comprendre ce qui s'est passé. L'illusion de centralité aidant, la catastrophe est ainsi d'abord sous-estimée. C'est aussi dans cette phase qu'apparaissent les comportements expressifs, par lesquels la tension émotive se manifeste au-dehors, exclamations, pleurs, crises de nerfs, évanouissements. En même temps apparaissent les premières réactions pratiques, destinées à mettre le sujet à l'abri. C'est ici que l'on parlera de panique, le plus souvent inexactement: car si ces réactions apparaissent absurdes et désordonnées au spectateur, c'est qu'il ne tient pas compte des interprétations subjectives de la catastrophe, et qu'il ne voit pas que chaque victime se comporte, indépendamment de tout autre, en vue de buts individuels.

Les deux premières phases sont en effet individuelles. L'interaction apparaît avec la troisième: circulation de rumeurs, apparition de chefs improvisés, actes d'entr'aide et de dévouement. Ces réactions d'entr'aide ont souvent leur source, pense Wolfenstein, dans une impulsion obscure à s'acquitter d'une dette de reconnaissance envers les puissances protectrices, et à reconquérir l'estime de soi après la phase précédente d'apathie et d'abdication : d'où l'euphorie et même l'exaltation des victimes transformées en sauveteurs.

La période postcritique n'est pas moins importante à comprendre à la fois pour l'individu et pour son groupe. En premier lieu, le bouleversement éprouvé laisse des traces, dans la physiologie et le psychisme, qui peuvent durer longtemps et même toute la vie. L'image même de la catastrophe peut inspirer des attitudes opposées : certains y repensent et en reparlent sans cesse, d'autres la repoussent avec horreur. De même certains redoutent le renouvellement de l'épreuve, parfois contre toute probabilité raisonnable, d'autres se croient définitivement immunisés pour l'avenir. En ce qui concerne la rentrée dans la vie normale et dans le groupe, une reconversion se produit. Au cours de la deuxième période, la victime avait fait bon marché de ses biens, pensant obscurément acheter par leur perte son propre salut ; elle débordait d'affection pour les sauveteurs, elle se dévouait à ses compagnons d'infortune. Maintenant elle regrette ce qu'elle a perdu, elle trouve qu'on fait trop peu pour elle, elle revendique et elle accuse. Les institutions de secours ne doivent pas compter sur une reconnaissance durable. Les personnages d'autorité rétrogradent parfois dans leur statut. En un mot les catastrophes laissent des séquelles psychologiques et sociales.

CHAPITRE XVII

LES PHÉNOMÈNES DE MASSE

Quand on examine, comme on l'a fait au chapitre précédent, les comportements dans les foules, on se convainc que les explications par l'unité mentale et par la contagion étaient fort aventurées. Dans les situations de foule, l'individualité des sujets ne se perd pas comme on l'a cru ; leurs prédispositions continuent à produire des effets visibles dans leurs conduites.

Cela ne signifie pourtant pas qu'il soit impossible de mettre en évidence, dans les diverses situations de foule, l'existence de séquences régulières de comportements. On l'a vu dans le cas des catastrophes : les comportements individuels sont loin d'être tous identiques, mais l'analyse distingue clairement des périodes et des phases, et révèle des réactions qui s'enchaînent selon des modes déterminés. Une compréhension d'ensemble des conduites devient possible, fondant à son tour des tactiques d'intervention. En collectant et en systématisant l'expérience diffuse des personnels de police américains et canadiens, dans leur tâche du maintien de l'ordre, un auteur a de même pu esquisser une description générale des phénomènes de foule [1]. Par exemple, au point de vue de leur mode de formation, on peut distinguer trois types de foules, qui ont leurs caractéristiques propres et appellent des formes diverses d'intervention. Les foules organisées à l'avance, telles que les manifestations, se réunissent par décision rationnelle de leurs

1. Cf. William A. WESTLEY, *The formation, nature and control of crowds*, Defence Research Board, Canada, 1956, v-118 p.

membres, elles ont leurs chefs, leur unité, leur durée. En général elles obéissent à leurs chefs, et le service d'ordre a intérêt à prendre contact avec eux à l'avance. Les foules « conventionnelles » ont pour exemples les spectateurs d'un défilé, les baigneurs sur une plage, les auditoires; ce qui est conventionnel dans ces foules, c'est le lieu et le moment du rassemblement. Elles sont sans chef, mais elles ont leurs normes, par exemple la règle « premier arrivé, premier servi » (« ne resquillez pas ! ») ; elles ont aussi un ordre, dû à la disposition physique des lieux. Le service d'ordre prend à l'avance des dispositions pour aider à la satisfaction des intentions des individus. Enfin les foules spontanées ont pour type les rassemblements de badauds, attirés par un événement excitant : sans chef, sans organisation, sans règle, de telles foules sont susceptibles de causer du désordre ; elles peuvent susciter des meneurs. La police intervient en faisant disparaître soit la cause du rassemblement, soit les meneurs.

On peut donc concevoir une psychologie des phénomènes de masse, où l'on ne s'occupera plus des comportements individuels, réservés pour l'étude de la psychologie « dans les foules ». Mais elle ne s'opposera pas moins à la vieille « psychologie des foules » qui, ne distinguant pas entre les individus, se refusait aussi à distinguer, après les avoir cependant classés, entre les divers phénomènes collectifs [2]. Il s'agira au contraire maintenant d'examiner les phénomènes collectifs dans leur spécificité, et non plus dans ce qu'ils ont de général.

1. La psychologie des phénomènes de masse

La période héroïque et essayiste de la psychologie sociale avait vu un vif intérêt se porter sur les phénomènes de masse; il en est resté de nombreuses traces dans les ouvrages généraux de la période ultérieure. Un exemple de ces phénomènes de masse est fourni par les engouements et les modes (comme distinctes de la mode vestimentaire au sens strict, qui se dit au singulier) : pendant un quart de siècle, avec l'aide de plus

2. Cf. LE BON, *op. cit.* : « De même que toutes les foules, les jurés... » (p. 145); « nous retrouverons dans les assemblées parlementaires les caractéristiques générales des foules... » (p. 162).

de cent cinquante correspondants, un auteur a ainsi rassemblé et classé une liste de quelque trois mille de ces usages passagers [3]. Les excitations collectives, dont la mention éveille chez le lecteur français le souvenir des convulsionnaires de Saint-Médard, et qui réapparaissant à diverses époques et en divers pays, de leur côté ont inspiré diverses monographies auxquelles la psychologie sociale fait une place [4]. Les « mouvements sociaux », tels que le parti national-socialiste allemand, ou le « royaume du Père Divine », ont également retenu l'intérêt des psychologues sociaux [5]. Le lecteur fraîchement introduit à ces développements comprend bien qu'il est mis en présence d'une matière riche, provoquant légitimement la réflexion sérieuse de ceux qui veulent comprendre les comportements collectifs des hommes, requérant des investigations systématiques. Mais précisément le domaine apparaît comme se prêtant mal à une systématisation. Le vocabulaire et les notions mêmes sont mal fixés et incertains. C'est sous le nom de *fads* [6] que Bogardus étudie les engouements, dans un usage général et vague qui probablement n'aurait pas été désavoué par Sumner [7]. Mais d'autres auteurs en distinguent les *crazes* [8], emballements populaires plus sérieux, et les *booms*, encore plus spectaculaires et dramatiques [9] ; tandis qu'ailleurs ce sont les *crazes* qui représentent les formes les plus intenses des phénomènes d' « épidémie mentale [10] ». La

3. Emory S. BOGARDUS, « Social psychology of fads », *J. appl. Sociol.*, 1923-1924, *8*, 239-249 ; *Fundamentals of social psychology*, New York, Appleton, 1942, p. 306-309.

4. On cite par exemple J.F.C. HECKER, *The black death and the dancing mania*, New York, Twentieth Century, 1888 ; Marion STARKEY, *The devil in Massachussetts*, New York, Knopf, 1949 ; D.M. JOHNSON, « The " phantom anesthetist " of Mattoon : a field study of mass hysteria », *J. abnorm. soc. Psychol.*, 1945, *40*, 175-186.

5. Cf. Hadley CANTRIL, *The psychology of social movements*, 1942, *op. cit.;* Herbert BLUMER, « Collective behavior », *in* Alfred MCCLUNG LEE (ed.), *New outlines of the principles of sociology*, New York, Barnes and Noble, 1951, p. 167-224.

6. Mot d'origine mal établie, à rapprocher peut-être du dialectal français *fada*.

7. Cf. William G. SUMNER, *Folkways*, Boston, Ginn, 1906, 692 p., p. 57.

8. L'équivalent français le plus proche serait « toquades » ; cf. l'adjectif *crazy*, « toqué ».

9. Richard T. LAPIERE and Paul R. FARNSWORTH, *Social psychology*, New York, McGraw-Hill, 1936, 504 p., p. 444-448.

10. Cf. Herbert GURNEE, *Elements of social psychology*, New York, Farrar and Rinehart, 1936, 467 p., p. 309.

lecture de tels passages fait souvent plus penser à des discussions de mots qu'à des analyses de choses, et cela pourrait expliquer la relative désaffection de la psychologie sociale récente pour l'étude des phénomènes de masse dans son ensemble.

Certains pourtant, on l'a vu (p. 225), s'efforcent de remonter ce courant car, estiment-ils, la psychologie sociale ne peut se désintéresser d'un domaine qui visiblement est de son ressort. Mais il faut commencer par un effort de conceptualisation et de classification. C'est à cette tâche que s'est appliqué par exemple Roger W. Brown [11]. Reprenant l'idée et l'expression même de Le Bon (cf. *Psychologie des foules*, p. 133), Brown propose une classification nouvelle des « collectivités », c'est-à-dire des groupements humains. Elle est basée sur la considération simultanée de quatre critères, la taille, la fréquence de réunion, la focalisation de l'attention, l'identification, ou disposition des individus à se considérer comme membres du groupement ; chacun de ces critères donne lieu à la distinction de trois valeurs ou degrés : par exemple la taille est petite, moyenne ou grande, selon que le groupement peut se réunir dans une chambre, dans une salle de spectacle, ou est si nombreux qu'on ne pourra jamais le réunir. Brown obtient ainsi un tableau à quatre-vingt-une cases, dans lesquelles à titre d'exemple il essaye de ranger une douzaine de « collectivités », telles que la famille, une foule lyncheuse, l'auditoire épouvanté par le débarquement supposé des Martiens (cf. *supra*, p. 271). On constate tout de suite qu'il n'y parvient pas, car plusieurs cases conviennent aussi bien pour le rangement de presque chacun de ses exemples, et d'ailleurs il est obligé d'aller chercher d'autres critères pour distinguer entre les formes de foules qu'il retient (cf. *op. cit.*, p. 840-844).

Mais il ne convient pas de s'attarder aux objections de principe. Même si elle pouvait se réaliser de façon satisfaisante, la classification de Brown, et probablement toute classification des « collectivités », ne servirait pas à grand-chose pour expliquer les phénomènes qui s'y déroulent. Un

11. Roger W. BROWN, « Mass phenomena », *in* G. LINDZEY (ed.), *Handbook of social psychology*, 1954, *op. cit.*, p. 833-876.

processus de psychologie collective, telle qu'une rumeur, peut se produire dans des groupes sociaux appartenant à plus d'un type, quelle que soit la manière dont on détermine les types. Inversement, dans un type donné de groupement, il se produit des phénomènes fort différents. On retrouve donc ici, aggravées par l'addition d'un raisonnement analogique, les illusions qui ont inspiré en psychologie individuelle tant de recherches caractérologiques et typologiques, et contre lesquelles les behavioristes ont justement protesté (cf. *supra*, p. 165 sq.). Le déroulement concret d'un processus ne peut pas dépendre seulement des caractéristiques d'un élément de la situation.

Dans une large mesure, l'étude des phénomènes de masse est restée jusqu'à ce jour l'esclave des distinctions introduites dans le langage par la psychologie vulgaire; quand elle s'efforce de dépasser ce niveau, elle retombe encore souvent dans l'ornière d'une philosophie « chosiste ». Si on désire mettre un ordre rationnel dans l'exposé des phénomènes de masses, ce ne sera pas par le moyen d'une classification, mais par celui d'une théorie. En fait, il n'est pas possible actuellement de présenter une théorie d'ensemble des phénomènes de masse. On devra se contenter de quelques éléments épars de connaissance.

2. Les phénomènes collectifs de la mode

La mode est peut-être celui des phénomènes collectifs qui nous apporte le plus immédiatement, au sein même de notre expérience vulgaire, la révélation qu'il y a du social dans nos comportements. Elle nous apprend en effet qu'il y a des manières de faire, et tout particulièrement de se vêtir, qui sont convenables et approuvées, belles et raisonnables; la mode d'hier est laide et ridicule, celle de demain, telle qu'on l'annonce, est incommode et absurde; seul aujourd'hui est bien. Mais ce qui est hier a été aujourd'hui, et le futur va devenir le présent; par conséquent...

Il n'a pas manqué d'auteurs pour chercher à dépasser le niveau de ces réflexions un peu sommaires et à éclaircir la nature du phénomène de la mode. Herbert Spencer, dans ses

Institutions cérémonielles [12], souligne particulièrement le conformisme que la mode comporte. Si à certains égards elle apparaît comme un rituel, elle se distingue pourtant profondément des comportements cérémoniels qui font ressortir les inégalités et les différences : par exemple les cadeaux et les visites. La mode au contraire produit la ressemblance avec les supérieurs. Elle est une imitation, et même une imitation de rivalité (par opposition à l'imitation d'admiration). Elle tend à produire l'égalité. Elle convient bien à une société qui sort de l'état hiérarchique (militaire) et marche vers la démocratie (société industrielle). Mais la mode a d'autres aspects que le conformisme et l'uniformisation : Kroeber voit dans la mode surtout la différence et le changement [13], changement d'ailleurs d'un caractère très particulier : car si beaucoup de phénomènes sociaux changent par l'effet d'un développement interne ou de causes extérieures, la mode est le changement gratuit, le changement pour l'amour du changement.

Mais d'autres auteurs font remarquer que ces deux aspects de la mode ne doivent pas être opposés, ni pris isolément ; ils doivent au contraire être combinés, c'est le « paradoxe de la mode », comme dit Flügel [14]. La mode ne consiste pas dans un mouvement, mais dans deux : dans celui qui porte les inférieurs à chercher à ressembler aux supérieurs ; et dans celui par lequel les supérieurs abandonnent leur position précédente, afin de ne pas se laisser rejoindre par les inférieurs.

Les recherches empiriques sur les dispositions individuelles à l'égard de la mode paraissent confirmer effectivement les analyses précédentes [15]. D'une part le souci de conformisme

12. *Principes de sociologie*, trad. française, Paris, Alcan, t. III, 1883, p. 282-289 (1re édition anglaise, 1879).

13. A.L. KRŒBER, *Anthropology*, nouvelle édition, New York, Harcourt, Brace, 1948, 856-XXXIX p., cf. §§ 137-138, p. 329-336, § 164, p. 390-393 ; voir aussi : A.L. KRŒBER and Jane RICHARDSON, « Three centuries of women's dress fashions », 1940, *Anthropol. Rec.*, University of California, vol. 5, n° 2, p. 111-154.

14. J.C. FLÜGEL, *Psychology of clothes*, London, Hogarth, 1930, 257 p., p. 140.

15. Cf. Elizabeth B. HURLOCK, « Motivation in fashion », *Arch. Psychol.*, 1929, n° III, 71 p. ; Estelle de YOUNG BARR, « A psychological analysis of fashion motivation », *Arch. Psychol.*, 1934, *26*, n° 171, 101 p. ; J.C. FLÜGEL, « On the mental attitude to present-day clothes », *Brit. J. Psychol.*, Medical Section, 1929, *9*, 97-149.

est fondamental dans le choix des vêtements : dans l'enquête de Hurlock, les trois quarts des femmes interrogées déclarent qu'en suivant la mode, elles cherchent surtout à ne pas se faire remarquer. D'autre part, à l'intention conformiste se mêle l'intention de « se distinguer », généralement traduite en termes d' « expression de soi ». La mode est donc associée, psychologiquement, à un certain exhibitionnisme, à un besoin de se faire remarquer, lequel doit se comprendre, dit Flügel, dans un contexte de compétition à la fois sexuelle et sociale (cf. Flügel, 1930, *op. cit.*, p. 138).

L'observation concrète retrouve donc dans la mode le paradoxe, la contradiction que l'analyse conceptuelle dégageait dans sa nature. Bien entendu, l'une et l'autre intention ne coexistent pas nécessairement toujours, ni avec une intensité égale. Il y a, objectivement et subjectivement, bien des manières de suivre la mode. Une enquête psychosociologique moderne, entreprise avec des moyens moins rudimentaires que ceux de Hurlock, Flügel et Barr montrerait vraisemblablement que certaines femmes se soucient uniquement de passer inaperçues. Il est cependant peu douteux que pour le plus grand nombre, les deux intentions, rationnellement antinomiques, coexistent effectivement. Dès 1905, le philosophe allemand G. Simmel avait eu l'intuition de ce fait, et en proposait une interprétation [16]. Selon Simmel, la mode, précisément, satisfait à la fois le désir de réunion, de communauté avec les autres, et celui de l'isolement, de la différenciation. L'individu à la mode à la fois se sent différent, original, et en même temps l'objet de l'approbation du plus grand nombre, qui se conduisent comme lui. La mode est donc une institution sociale remarquable, qui réalise un heureux équilibre entre le désir de conformité, d'approbation et de sécurité, et le désir de distinction, d'individualisme, de singularité. Elle nous apporte, dira-t-on, l'aventure sans risque.

Les analyses et les observations précédentes toutefois envisagent la mode comme une perspective qui reste essentiellement de psychologie individuelle. Elle n'est pas moins intéres-

16. Georg SIMMEL, « Fashion », *International Quarterly*, 1904-1905, *10*, 130-155, repr. *in Amer. J. Sociol.*, 1957, *62*, 541-558.

sante à étudier comme phénomène de masse, avec ses contenus, ses rythmes, sa diffusion. C'est ainsi que Flügel, pour expliquer la forme que prend le costume à un moment historique donné, suggère qu'il doit exister une correspondance entre la mode et les idées courantes, l'esprit du temps, le *Zeitgeist* (cf. 1930, *op. cit.*, p. 148, 149, 152). Plus récemment, on a attiré l'attention sur la parenté de style, à chaque diverse époque, entre l'architecture et le costume [17]. Mais ces analyses restent bien impressionnistes. Par des mensurations appliquées à une collection de gravures de modes allant de 1787 à 1936, Kroeber est arrivé à des résultats autrement précis et objectifs, et il a montré qu'on peut parler vraiment de rythmes à la mode.

Il convient d'abord, pour s'entendre sur ce qu'on étudie, de mettre à part un premier phénomène, de nature culturelle et sociale, et qui est l'existence de divers systèmes fondamentaux dans le vêtement. Ainsi, pour l'Antiquité classique, le vêtement consiste dans un drapage vague; pour les Occidentaux modernes, il consiste en un ajustement étroit, qui n'exclut pas des survivances telles que le manteau ou la jupe; il y a naturellement d'autres systèmes tels que le système extrême-oriental, ou le système tropical. A l'intérieur de chaque système, des variations légères se produisent, qui sont à la mode. En étudiant ces variations dans notre système occidental moderne, Kroeber constate qu'il doit distinguer, d'une part des variations dans la silhouette d'ensemble, qui change tous les cinquante ans (avec par conséquent une période de l'ordre du siècle), et d'autre part des variations des menus détails, qui donnent l'impression de l'instabilité. En réalité, la mode se déplace entre deux types, l'un qui fait figure de type permanent à une époque donnée (pour nous la jupe large, longue, la taille étroite et placée au-dessus des hanches), et l'autre, opposé, qui fait figure d'aberration (jupe étroite, courte, taille large, remontée ou descendue). Si l'on étudie la variabilité des mesures pendant une durée déterminée, on

17. Franz KIENER, *Kleidung, Mode und Mensch*, Basel, Reinhardt, 280 p., cf. p. 138-139 et les planches 9, 10 pour le roman, 11, 12 pour le gothique, 13, 14 pour la Renaissance, 15, 16 pour le baroque, 17, 18 pour le contemporain. Cet auteur développe une idée de FLÜGEL (1930, p. 149-150).

LES VARIATIONS DE LA MODE
TYPE PERMANENT (ligne supérieure) et TYPE ABERRANT (ligne inférieure)
(D'après A.L. KRŒBER, *Anthropology*, copyright 1923, 1948, by Harcourt, Brace and World, Inc. Reproduit avec l'autorisation des éditeurs.)
(Voir la nouvelle édition revue, 1948, p. 335.)

voit que le type permanent est stable, tandis que le type aberrant est instable pendant cette durée [18].

Bien d'autres processus de la mode vestimentaire, considérée comme phénomène de masse, mériteraient de telles recherches concrètes, tels que sa diffusion à un moment du temps dans l'espace géographique et dans l'espace social (c'est-à-dire selon les âges, les catégories d'habitat, les niveaux socio-économiques) ou encore les cheminements de cette diffusion. D'une manière fragmentaire, certaines données de fait ont été occasionnellement rassemblées [19]. Il y a lieu de poursuivre les enquêtes, et de les étendre à d'autres domaines, dans la mesure où le phénomène de la mode concerne aussi bien la maison, le mobilier, le jardin, l'automobile, les croyances et les institutions, et les sciences elles-mêmes (cf. Krœber, 1948, *op. cit.*, p. 391).

Toutefois jusqu'ici l'étude des phénomènes de masse dans la mode n'a pas paru pouvoir dépasser le niveau de l'observation. Un autre groupe de phénomènes de masse, les rumeurs, se prête à des expérimentations, et c'est ce qui en fait le très grand intérêt.

3. Les rumeurs

Les rumeurs sont un des rares phénomènes collectifs qui aient quelque peu retenu l'attention des Anciens (cf. *supra*, p. 226). Thucydide, racontant la peste d'Athènes, mentionne la circulation de rumeurs : les puits avaient été empoisonnés

18. Krœber calcule le coefficient de variabilité V_x pour l'année *x* par la formule :

$$V_x = \frac{100\,x}{M_x}$$

où M_x est la moyenne des mesures par exemple longueur de la jupe, et x leur écart-type. La valeur relative des variabilités est exprimée par la formule :

$$I_x = \frac{\dfrac{100\,V_x}{\Sigma\,(V_i)}}{150}$$

où le dénominateur est la moyenne des V_i pendant les cent cinquante années sur lesquelles a porté l'étude.

19. Voir par exemple *Le Marché français du vêtement féminin prêt-à-porter*, supplément à *L'Insdustrie du vêtement féminin*, 1953, n° 82, 253 p.

(II, 48). Virgile en a fait une dramatique peinture : messagère de l'erreur et du mal autant que de la vérité, la rumeur, le plus rapide de tous les fléaux, va répandant la terreur, et se fortifie en se diffusant (*Enéide*, IV, v. 173-188). Les modernes ont recueilli ces idées. Tarde cite un texte du préfet de police Gisquet relatant le choléra de Paris en 1832 : on y retrouve la transmission rapide, le thème de l'empoisonnement, le caractère fallacieux et les effets terrifiants des rumeurs (*L'Opinion et la foule, op. cit.*, p. 187). Sur de telles bases, une sorte de théorie commune des rumeurs s'est constituée, que l'on retrouve souvent dans la littérature psychosociologique, et qui est reprise par Allport et Postman dans leur livre [20]. Elle comporte notamment l'idée que l'apparition du phénomène est liée à deux conditions : que les événements d'actualité soient importants, et que les nouvelles les concernant soient rares ou ambiguës.

Des recherches récentes permettent de dépasser ces formules inspirées par le simple bon sens en général, et qui ne sont guère susceptibles de vérification empirique. Plus qu'à leur contenu [21], c'est surtout aux aspects formels des rumeurs, l'altération du message et l'allure de la diffusion, que ces recherches se sont attachées. Elles procèdent soit par analyse de documents, soit par expérience de laboratoire, soit par de véritables expérimentations sur le terrain. Il est indispensable de présenter, au moins brièvement, ces différentes techniques d'étude.

Le médecin anglais Penrose, prenant à la lettre l'expression de « contagion mentale », croit retrouver dans le phénomène de la diffusion des idées, les cinq phases des épidémies [22]. Pour établir sa proposition, Penrose recherche dans *l'Index medicus* le nombre d'articles publiés année par année sur un traitement particulier (il s'agit du traitement des dermatoses par le thallium ; proposé en 1914, vers 1940 il

20. G.W. ALLPORT and Leo POSTMAN, *The psychology of rumor*, New York, Holt, 1948, 247 p. Voir aussi, par les mêmes auteurs, « An analysis of rumor », *Public. Opin. Quart.*, 1946, 47, *10*, 501-517.

21. Sur ce sujet, voir R.H. KNAPP, « A psychology of rumor », *Public. Opin. Quart.*, 1944-1945, *8*, p. 23-37.

22. L.S. PENROSE, *On the objective study of crowd behavior*, London, Lewis, 1952, 74 p.

était totalement abandonné à cause de ses dangers) ; c'est là le type même du travail sur documents.

Les recherches de laboratoire d'Allport et Postman sur l'altération du message dans la transmission, combinent l'usage des « images anecdotiques » telles qu'elles étaient utilisées par Freyd pour évaluer l'aptitude au reportage [23] avec la méthode de « reproduction en série » de Bartlett [24]. Les sujets, au nombre de six ou sept, sont isolés au début de l'expérience, sauf les deux premiers. L'un de ces deux décrit à l'autre, qui ne la voit pas, une image plus ou moins dramatique qu'il a sous les yeux. Cette image, scène de bataille, vol à l'étalage, discussion dans le métro, comporte beaucoup de détails, dont certains peuvent être ambigus, contradictoires, erronés. On fait alors entrer le troisième sujet, à qui le deuxième décrit maintenant une scène qu'il n'a pas vue et ne connaît que par ouï-dire. Puis ce sera le tour du troisième sujet de répéter le récit au quatrième sujet, et ainsi de suite. De répétition en répétition, en variant les conditions de l'expérience, les expérimentateurs peuvent donc suivre les altérations du message au cours de la transmission.

L'expérimentation sur le terrain est illustrée particulièrement par les travaux de Dodd [25]. Ces travaux donnent une juste idée des ambitions de rigueur que l'on trouve chez certains psychologues sociaux contemporains, de la hardiesse et de l'ingéniosité dont fait preuve la conception des expériences, de l'ampleur des moyens qui sont parfois mis en œuvre, et aussi de la variété des obstacles rencontrés. Dodd ne se propose rien moins qu'une théorie générale de l'action sociale, exprimable mathématiquement, et susceptible de fonder des prédictions quantitatives. A cette fin, les rumeurs lui

23. M. Freyd, « A test series for journalistic aptitude », *J. appl. Psychol.*, 1921, *5*, 46-56.

24. F.C. Bartlett, *Remembering*, Cambridge, 1932, x-317 p.

25. Voir Stuart C. Dodd, « Testing message diffusion from person to person », *Public. Opin. Quart.*, 1952, *16*, 247-262 ; « Testing message diffusion in controlled experiments », *Amer. soc. Rev.*, 1953, *18*, 410-416 ; « Diffusion is predictable : testing probability models for laws of interaction », *Amer. soc. Rev.*, 1955, *20*, 392-401 ; « Testing message diffusion in harmonic logistic curves », *Psychometrika*, 1956, *21*, 191-205 ; « A test of message diffusion by chaintags », *Amer. J. Sociol.*, 1956, *61*, 425-432. Cette liste d'articles est un choix très limité dans une œuvre considérable. Un livre d'ensemble est attendu.

paraissent un cas privilégié, et il s'attachera donc à la diffusion de personne à personne. Ayant obtenu un contrat de l'armée de l'air, il mobilisera pendant des années des équipes d'enquêteurs et d'observateurs, imprimera des nombres énormes de tracts, utilisera des avions pour les répandre. Il apprendra à ses dépens qu'un vent inopiné peut désorganiser l'expérience la mieux montée, que le public ne découpe pas le coupon-réponse s'il n'est pas imprimé au coin du journal ; respectueux de la déontologie qui lui interdit de faire circuler des rumeurs dangereuses, il se fera reprocher de se prêter parfois à la dissémination de slogans commerciaux : c'est la rançon qu'il paye pour être sorti du laboratoire, et avoir voulu expérimenter dans les conditions mêmes de la réalité sociale.

Par exemple, dans une colonie de vacances trois enfants reçoivent un joli insigne du camp. Ils s'empressent d'en informer leurs camarades et ceux-ci accourant au bureau du camp donnent le moyen d'étudier la transmission en fonction du temps. Les effets de l'intensité de la stimulation sur la diffusion sont recherchés par l'expérience suivante : des cartes renvoyables par la poste sont lancées par avion au-dessus de huit localités, à raison d'une carte pour quatre habitants dans la première, une carte pour deux habitants dans la seconde, et ainsi de suite en doublant d'une localité à la suivante le nombre de cartes par habitant.

L'ingénieuse expérience intitulée « transmission d'un message à C-ville » mérite d'être rapportée avec quelques détails. Il s'agissait d'étudier la forme de la courbe de diffusion en fonction de l'espace et du temps. Au matin du lundi 16 juillet 1961, dans cette localité d'un millier d'habitants, une ménagère sur cinq reçut un visiteur : elle en apprit un slogan de six mots, prétendument lancé par une nouvelle marque de café ; toute personne de C-ville qui pourrait répéter ce slogan, au cours de la semaine, à d'autres visiteurs, recevrait gratuitement une livre de café. Le lendemain un avion répandit trente mille tracts sur le village : une ménagère sur cinq connaissait un slogan qui vaudrait le lendemain une livre de café gratuit à toute personne pouvant le répéter. C'est effectivement ce qui se passa le mercredi, et les enquêteurs relevèrent en même temps la personne origine de la transmission, le lieu et le moment où elle s'était produite, ainsi que la distance séparant les domiciles des deux ménagères en interaction.

Ces différentes recherches ont permis de dépasser considérablement ce que l'on a appelé plus haut la théorie commune des rumeurs. Certes, au cours de sa transmission, le message s'altère, mais non pas dans le sens d'un enjolivement, comme on le croit souvent, et comme l'écrivent encore en 1936 Lapiere et Farnsworth (*op. cit.*, p. 407-408). Les expériences d'Allport et Postman, confirmées et validées par l'analyse de quelques rumeurs réelles opérée par ces mêmes auteurs, permettent de dégager trois lois de l'altération du message au cours de sa transmission. La première loi est une loi d'appauvrissement ou de nivellement. De répétition en répétition, des détails se perdent. Pour cent détails dans le message originaire, on n'en trouve plus que 67 en moyenne à la première répétition, 54 à la seconde, 36 à la troisième, 30 à la quatrième et à la cinquième. En revanche, et c'est la seconde loi d'accentuation, les détails retenus sont renforcés, et prennent une place centrale dans la signification du récit : la grenade que tient en main un soldat de couleur dans la scène de bataille occupe ainsi longtemps cette place centrale, dans les successives transmissions ; bien plus, dès la deuxième répétition, le « nègre » devient « quatre nègres », et le détail subsiste dans cette formule jusqu'à la sixième et dernière répétition. La troisième loi est la loi d'assimilation. Les éléments insolites sont éliminés, les détails conservés sont réorganisés autour de certains motifs centraux, notamment selon le principe du « bon prolongement » dégagé par la théorie de la forme : toujours dans la scène de bataille, une ambulance était représentée contenant des explosifs ; dans les récits elle contiendra des médicaments. A travers tous ces processus, les agents de transmission manifestent une quête de la signification, un effort pour reconstruire le mal compris en vue de lui donner un sens rationnel.

Quant à l'allure de la diffusion, objet des préoccupations de Dodd, elle se prête effectivement, comme il le souhaitait, à l'établissement de formules mathématiques auxquelles s'ajustent les données numériques recueillies. La « diffusion » D étant définie comme la proportion des individus atteints par le message, on voit qu'elle est proportionnelle au logarithme du nombre P de la population où la rumeur a été diffusée (à taux de stimulation constant par tête d'habitant) :

$$D = a \log P;$$

elle varie aussi avec le logarithme de l'intensité de la stimulation S (mesurée par le nombre de tracts par tête d'habitant) :

$$\frac{\Delta D}{D} = b \log S ;$$

c'est la loi de Weber-Fechner généralisée aux rumeurs. Si on exprime la diffusion par le nombre I des interactions produites au cours de la transmission, on trouve que la diffusion est une fonction harmonique de la distance L entre la source des rumeurs et le lieu de la réception :

$$I = \frac{c}{L^m}$$

Dans toutes ces formules, les coefficients *a, b, c,* et aussi l'exposant *m*, sont des paramètres relatifs au cas particulier étudié, et déterminables empiriquement ; ils sont d'autre part liés à *k*, le « potentiel de la diffusion », notion dont il va être question ci-après.

En 1955, Dodd énumérait déjà plus d'une douzaine de relations de ce type établies par lui. L'exemple peut-être le plus intéressant de ses efforts est la recherche de la forme de la diffusion en fonction du temps. Commençons par éclaircir la notion de potentiel de la diffusion. On conçoit que selon le cas, dispositions plus ou moins favorables de la population, portée plus ou moins grande de la rumeur, une rumeur se transmettra plus ou moins bien, plus ou moins vite. Le potentiel de la diffusion, *k*, se définira comme le nombre de personnes à qui un individu, ayant reçu le message, le retransmet dans l'unité de temps ; en d'autres termes, c'est le nombre T de transmissions par réceptions R par unité de temps, si *t* est la durée pendant laquelle les T transmissions se sont produites :

$$k = \frac{T}{kt}$$

Pour établir l'allure de la diffusion dans le temps, Dodd raisonne de la manière suivante : soit une population N dans laquelle une proportion p d'individus ont été touchés par le message, c'est-à-dire informés. Il y a donc une proportion q de non-informés, telle que $p + q = 1$. Pendant l'unité de temps, les N individus interagissent, chacun avec chacun, mais seules les interactions, en nombre pq, des informés avec les non-informés peuvent produire une transmission nouvelle; elles n'en produisent pourtant pas toutes, mais seulement kpq, car cela dépend précisément du potentiel de la diffusion. C'est là la formule fondamentale : elle exprime le taux de croissance de la diffusion, en d'autres termes l'accroissement de la proportion des informés par un accroissement du temps égal à l'unité. Donc

$$\frac{dp}{dt} = kpq$$

Mais ici les choses se compliquent, car k peut être ou ne pas être constant. Si k est constant il suffit d'intégrer l'équation différentielle précédente par rapport au temps. On aboutit à une fonction de croissance linéaire, qui est en forme de S [26]. En se donnant apparemment beaucoup de mal, Dodd a trouvé une situation expérimentale dont les données s'ajustent à ce modèle théorique (cf. *op. cit.*, 1953, 1955). En général, toutefois, k décroît avec le temps. En admettant que cette décroissance est linéaire, on arrive alors à une fonction de croissance harmonique [27]. Les données de l'expérience à C-

26. C'est

$$p_t = \frac{p_0}{p_0 + q_0 e^{-kt}}$$

où p_0 est le nombre des informés au temps 0; q_0 est le nombre des non-informés au temps 0; t est le temps, variable indépendante, p_t est le nombre des informés au temps t; k est le potentiel de la diffusion; e est l'argument hyperbolique.

27. Cette fonction s'écrit :

$$p_t = \frac{1}{1 + \frac{q_0}{p_0}(t+1)^{-k_0}}$$

avec les mêmes notations qu'à la note précédente; k_0 est la valeur de k au temps 0.

ville, et de l'expérience du camp de vacances s'ajustent bien à ce modèle (cf. *Psychometrika*, 1956, *op. cit.*, p. 201-204).

On ne doit pas s'étonner de voir ainsi les mathématiques envahir la psychologie des phénomènes de masse : on est en effet en présence de comportements nombreux, qui se combinent de manière simple. En raccordant les observations empiriques à une analyse rationnelle de ces phénomènes et en donnant un sens psychologique concret à ses paramètres autant qu'à ses variables, Dodd constitue vraiment une théorie scientifique qui explique et permet de prévoir.

CHAPITRE XVIII

L'OPINION PUBLIQUE ET L'INFORMATION COLLECTIVE

Parmi les phénomènes psychologiques de masse, l'opinion publique est celui dont les effets sociaux sont les plus étendus, et c'est aussi le plus manifeste. Tout au long de notre tradition culturelle, l'existence du phénomène d'opinion publique a donc été, explicitement ou implicitement, reconnue et utilisée comme moteur ou comme substrat. Dès le Ve siècle A.C., Hérodote met dans la bouche du Perse Otanès des propos historiquement peu vraisemblables, mais combien significatifs de sa propre pensée, sur la vertu politique de l'opinion populaire (III, 80) ; Aristote reprendra ces idées (*Polit.*, VI, XI, 8). Chez les auteurs latins on voit à maintes reprises l'opinion publique jouer un rôle éminent pour soutenir ou détruire le pouvoir [1]. Les modernes ne pensent pas autrement. Machiavel le proclame : « C'est du peuple qu'il importe de mériter l'affection, car il est le plus fort et le plus puissant » (*Le Prince*, chap. XIX). C'est exactement ce que dit aussi Henry IV d'Angleterre à l'héritier du trône (Shakespeare, *Henry IV*, Partie I, acte III, scène II). Le monde est gouverné par l'opinion, déclarera Hobbes à peine un demi-siècle plus tard [2] et

1. Cicéron s'adresse au Sénat : « L'appui du peuple vous est acquis contre Catilina » (*Vobis populi Romani praesidia non desunt,* Cat. IV, 18) ; Tibère reçoit l'hommage de reconnaissance des grands du Sénat et de l'opinion publique (*actae ei grates apud Senatum ab illustribus famaque apud populum,* Tacite, Ann. IV, 64) ; après l'affaire de Virginie, les décemvirs se retirent, vaincus, par l'opinion unanime (*victi consensu decemviri,* Tite-Live, III, 52, 10).

2. *Elements of law,* 1640, XII, 6 ; pour les conséquences qu'en tire l'auteur, voir le ch. IX de Raymond POLIN, *Politique et philosophie chez Thomas Hobbes,* Paris, Presses Universitaires de France, 1953, 267 p., p. 205-220.

bientôt sir William Temple fera la théorie de l'opinion publique comme source de fait de l'autorité politique [3]. A partir du XVIIIe siècle, la réflexion sur le phénomène devient courante et même banale [4]. Dans la période récente, la littérature et les recherches qui lui sont consacrées ont pris des proportions considérables d'autant plus qu'on ne peut guère en dissocier ce qui concerne les institutions apparentées, moyens d'information des masses et propagande. Au sein de la psychologie sociale et de la science politique, l'opinion publique est devenue ainsi le thème central d'une sorte de domaine autonome [5].

1. La notion d'opinion publique

Cependant l'abondance des textes relatifs à l'opinion publique n'a pas réussi à dissiper l'obscurité et la confusion originaires de la notion. Pour variés qu'ils soient, les usages populaires et les usages spécialisés, chez les philosophes, les historiens, les psychologues ou les sociologues, prêtent de maintes façons à la critique. Et les critiques, souvent virulentes que les auteurs se sont adressées mutuellement, n'apportent guère d'éléments positifs.

Une méprise fréquente consiste à personnifier soit l'« opinion publique », soit le « public », qu'on appelle encore selon le cas « le peuple » ou « les masses ». Le terme devient alors le sujet grammatical d'un verbe actif : l'opinion pense, le public veut, les masses s'indignent, et l'on prête à cette hypostase un fonctionnement psychologique unifié, susceptible

3. Sir William TEMPLE, *An essay upon the original and nature of government*, 1672, cf. Works of W. Temple, London, 1770, vol. 1, p. 29-57.

4. Cf. Hans SPEIER, « The historical development of public opinion », *Amer. J. Sociol.*, 1950, *55*, 376-388.

5. Pour une bibliographie des bibliographies du sujet, voir Carl. I. HOVLAND, « Effects of the mass media of communication », *in* Gardner LINDZEY (ed.), *Handbook of social psychology*, 1954, *op. cit.*, 1062-1103, notamment p. 1063, 1076, 1079. Voir aussi « L'étude de l'opinion publique et la méthode des sondages », *Sondages, Rev. fr. Opin. publ.*, 1953, *15*, n° 3, p. 25-41 ; Joseph GOLDSEN et Jean DUBOST, « Bibliographie des travaux relatifs à l'opinion publique » (1945-1953), *Bull. internat. Sci. soc.*, 1953, *5*, 541-553 ; « Liste des centres de recherches sur l'opinion publique », *Bull. internat. Sci. soc.*, 1953, *5*, 610-613.

d'effets sociaux immédiats : « la force de l'opinion publique l'a emporté ». Il est banal, mais indispensable de rappeler, quels que doivent être les résultats des analyses subséquentes, que les seuls agents observables dans l'expérience sont les individus [6]. Une autre illusion grave consiste à traiter comme des choses les contenus supposés de ce fonctionnement, émotions, protestations, désirs, croyances, volontés. Qu'on en juge par le texte suivant de J.S. Mill, dans l'introduction de son essai *Sur la liberté* (1859) : « Les préférences et les aversions de la société ou d'une de ses parties, quelconque mais puissante, sont ainsi l'élément majeur qui a pratiquement déterminé les règles établies pour être respectées par tous. » Dans la recherche de l'explication historique il n'est pas rare d'observer le même recours illégitime à la prétendue efficace immédiate de l'agent opinion publique [7]. D'une autre nature, mais non moins fâcheux est le « malentendu journalistique » (F.H. Allport, *ibid.*), qui consiste à identifier l'opinion publique aux affirmations énoncées par les organes de l'information collective. Il y a lieu aussi de prendre note des malentendus possibles dénoncés par Blumer [8] à l'occasion des sondages d'opinion : il est vrai que les sondages ne font pas connaître la nature de l'opinion publique; il est vrai qu'ils ne concernent pas toujours « l'opinion publique »; il est vrai enfin qu'ils ne permettent pas de connaître, du moins pas sans recherche spéciale, l'influence et la puissance de ceux qui entretiennent telle opinion favorable (mais il reste à savoir qui est responsable de ces malentendus). Enfin on trouve ceux qui veulent bien reconnaître que l'opinion publique n'est pas un phénomène unitaire ni autonome; qui

6. Cf. Floyd H. ALLPORT, « Toward a science of public opinion », *Publ. Opin. Quart.*, 1937, *1*, n° 1, 7-23.

7. « L'historien part de l'acte, du fait accompli, et en déduit l'opinion qui a rendu l'acte possible » (Joseph R. STRAYER, « The historian's concept of public opinion », *in* Mirra KOMAROVSKY (ed.), *Common frontiers of the social sciences*, Glencoe, Ill., Free Press, 1957, 440 p., p. 263-268, p. 264). L'auteur ne voit pas le cercle qui consiste à inférer la cause à partir de l'effet, afin d'expliquer celui-ci; pour rendre les choses pires, il reproche aux spécialistes de l'opinion publique d'étudier les opinions *avant* l'événement; selon lui, c'est *après* qu'il convient de demander aux sujets de s'expliquer (cf. p. 267-268).

8. Herbert BLUMER, « Public opinion and public opinion polling », *Amer. soc. Rev.*, 1948, *15*, 542-554.

distinguent l'opinion de la majorité, ou celle de la minorité agissante, ou qui admettent les situations de conflit; qui font entrer dans la notion les influences extérieures, la propagande, le fait accompli; qui même tiennent compte des interactions qui se produisent, par exemple entre l'opinion publique et la législation. Pour se compliquer, la notion n'en devient pas plus claire et l'on a pu remarquer que les critiques les plus âpres sont ceux qui se risquent le moins à offrir une définition.

En 1941, Park donnait un avertissement aux présomptueux : « L'opinion publique est une chose plus complexe que les analystes qui ont entrepris de la disséquer et de la mesurer, n'ont supposé [9]. » Mais si la difficulté tient très certainement en grande partie à la matière, elle est aussi d'ordre historique; le problème a été mal engagé, comme Paul Lazarsfeld l'a fait remarquer : introduite pour représenter un fatras d'observations, de problèmes pratiques et de soucis normatifs [10], la notion d'opinion publique, même dépouillée de tous éléments de valeur, politiques ou philosophiques, ne parvient plus aujourd'hui à raccorder une idée vive mais confuse de psychologie populaire à certains systèmes de concepts scientifiques.

Partons donc de nouveau de l'expérience du sens commun. Visiblement quand on parle d'opinion publique on entend, comme par beaucoup d'autres concepts psychologiques qui ont été précédemment développés (par exemple la perception), certains déroulements de phénomènes, certains processus, et probablement aussi le résultat final de ces processus. Les auteurs psychologues sont d'accord également que l'objet de l'opinion publique ne consiste pas dans l'une des valeurs fondamentales permanentes ou semi-permanentes d'une société ; mais que ce peut être, typiquement, un problème précis et important, pouvant requérir à échéance une action, en offrant au moins une dualité de choix : par exemple, si l'on veut, une proposition de changement du mode de scrutin. Ce

9. R.E. PARK, « News and the power of the press », *Amer. J. Sociol.*, 1941, *47*, p. 1-11, repri. *in* R.E. PARK, *Society*, Glencoe, Free Press, 1955, 358 p., p. 115-125.

10. Paul F. LAZARSFELD, « Public opinion and the classical tradition », *Publ. Opin. Quart.*, 1957, *21*, 39-53, p. 42.

qui se passe alors a été décrit hypothétiquement bien des fois, sans que les divers auteurs aient apparemment surpassé en précision ni en vraisemblance les pages de bravoure que James Bryce écrivit en 1888 [11]. Dans ces pages, on nous propose de considérer un sujet déterminé, le citoyen X. Il apprend la nouvelle par son journal un matin, elle éveille en lui un vague sentiment d'approbation ou de désapprobation. Dans la journée, il retrouve la nouvelle, accompagnée de commentaires, dans les autres journaux, dans les conversations. Il voit mieux où il en est : il comprend qu'il est favorable. Une deuxième phase du processus commence alors, avec des discussions générales, dans la presse et dans le public. Les positions se « cristallisent ». La troisième phase est marquée par l'affrontement de ces positions, chacun ayant pris parti. Dans la quatrième phase, on passera à l'action, par exemple par un vote. Tous les éléments des analyses ultérieures sont présents dans les pages de Bryce : influence des prédispositions individuelles, rôles divers des moyens d'information collective, part prise par les interactions entre individus et entre groupes, idée aussi des groupes de référence. Soixante-dix ans plus tard, quand Davison essayera de synthétiser les résultats acquis, sa présentation ne différera pas substantiellement de celle de Bryce [12].

Toutefois, nous dit-on, cette présentation est simpliste : elle laisse supposer que le processus d'opinion publique fonctionne identiquement partout, or il varie suivant le cadre sociologique où il se produit [13]. Il faut distinguer entre la situation des sociétés rurales et traditionnelles, et celle des sociétés industrielles modernes, entre les sociétés primaires et les sociétés de masse [14]. Les sociétés rurales, en effet, sont

11. James BRYCE, *The American commonwealth*, 2 vol., London, Macmillan, 2e édition, 1889, XIX-724 p., VII-760 p., cf. ch. 76.

12. Cf. W. Phillips DAVISON, « The public opinion process », *Publ. Opin. Quart.*, 1958, *22*, 91-106.

13. Voir par exemple D. KATZ and R.L. SCHANCK, *Social psychology*, New York, Wiley, 1938, 700 p., p. 568.

14. Cf. *supra*, p. 215-216. Le raccordement, direct ou indirect, est évident avec l'opposition dressée par F. Tönnies dès 1887 entre la *Gemeinschaft* et la *Geselschaft*, la « communauté » et la « société ». Voir la traduction française, *Communauté et société*, Paris, Presses Universitaires de France, 1944, 246 p.

caractérisées par le petit nombre de leurs membres, la faible différenciation des rôles sauf en ce qui concerne l'âge et le sexe, le caractère global et personnel des relations entre individus, la pression sociale du groupe, l'importance de la tradition. Certes, au sein des sociétés de cette nature des distinctions doivent encore être faites [15]. Mais les problèmes y restent toujours dans les limites de l'expérience de chacun et les échanges se font de personne à personne. Tout autres sont les conditions de la société industrielle : énorme densité humaine, différenciation très poussée, relations fragmentaires et fonctionnelles entre les individus qui communiquent par leurs rôles spécialisés et non plus en qualité de personnes. Simultanément, la démocratisation politique et philosophique qui s'est produite fait à chacun obligation, en même temps qu'elle en accorde le droit, de se prononcer sur tous les problèmes de la société; or ceux-ci se sont démesurément étendus, dépassant de loin l'expérience personnelle directe, et les valeurs traditionnelles ont éclaté. L'individu se trouve donc dans la situation de devoir opiner, isolément, sans le soutien d'un groupe qui serait le sien, sans données et sans guide. En un mot il est livré, objet des communications de masse qui se font à un seul sens, aux influences des grands organes de l'information collective.

L'analyse du processus d'opinion publique dans les sociétés de masse conduit ainsi directement la psychologie sociale à l'étude du fonctionnement de l'information collective.

2. L'information collective

Le public des sociétés modernes éprouve certainement un grand besoin de contact avec les organes de l'information collective : dans la période récente en France, plus de quatre adultes sur cinq lisent un journal chaque jour et y consacrent

15. Margaret Mead distingue les sociétés primitives en trois types, selon la nature des processus d'opinion publique qui s'y déroulent : le type Arapèche (cf. *supra*, p. 246-247), où chacun donne son avis personnel et engage sa responsabilité, le type Iatmul (Nouvelle-Guinée), où l'on se préoccupe surtout de l'autre phratrie, et le type Balinais (cf. *supra*, p. 96-98), où la tradition a réponse à tout. Voir M. MEAD, « Public opinion mechanisms among primitive peoples », *Publ. Opin. Quart.*, 1937, n° 3, 5-16.

en moyenne plus de soixante minutes [16]. L'association de ce besoin avec l'habitat urbain est bien marquée (cf. *ibid.*, p. 32) : en période de grève, la privation de journaux est beaucoup plus sensible aux urbains (*ibid.*, p. 29); une enquête américaine a même trouvé que dans de tels cas certains sujets relisent les vieux journaux [17]. C'est qu'en effet les institutions d'information collective, c'est-à-dire diffusée impersonnellement, et tout particulièrement la presse, exercent diverses fonctions secondaires importantes pour les personnes des sociétés de masse, à côté de leur fonction principale : récréation, psychothérapie, renforcement de l'appartenance sociale [18].

Mais l'essentiel reste évidemment la diffusion des nouvelles : c'est par les organes d'information collective que la plus grande partie du public est instruite de l'actualité [19]. R.E. Park, qui fut journaliste avant de devenir sociologue, a finement analysé la nature de la nouvelle [20] : ce n'est pas son importance intrinsèque qui fait d'un événement une nouvelle, c'est son caractère surprenant, inhabituel ; mais inhabituel ne veut pas dire inattendu : la nouvelle est de l'imprévisible qui était en même temps attendu. Park remarque encore que les nouvelles ne sont pas de l'histoire, car elles concernent des événements isolés, mais justement par là elles sont aisément et rapidement saisissables par chacun ; il ajoute que, à la différence des rumeurs et des commérages, étant publiée la nouvelle devient une sorte de document public muni d'autorité. Mais avant tout la nouvelle répond à un intérêt, à une tension, à une attente, et la première réaction d'un individu à une nouvelle est le désir de la répandre. On pressent combien elle alimentera les discussions où se forme l'opinion publique.

16. Voir « La presse, le public et l'opinion », *Sondages, Rev. fr. Opin. publ.*, 1955, *17*, n° 3, p. 31, 35.

17. Bernard BERELSON, « What " missing the newspaper " means », *in* P. F. LAZARSFELD and F.N. STANTON (eds.), *Communication research 1948-1949*, New York, Harper, 1949, p. 111-129.

18. J. STOETZEL, « Fonctions de la presse à côté de l'information », *Et. Presse*, 1951, *3*, n° 1, p. 37-42.

19. Des enquêtes répétées ont montré qu'en France une proportion régulière d'environ sept personnes sur dix apprennent soit par la radio, soit par la presse, les événements importants. Cf. *Sondages, loc. cit.*, p. 25.

20. R.E. PARK, « News as a form of knowledge », *Amer. J. Sociol.*, 1940, *45*, 669-686, repr. in *Society, op. cit.*, 71-88.

Pour satisfaire le besoin de nouvelles, les instruments d'information collective, et d'abord la presse, ont donc exploré les domaines, de tous ordres, susceptibles de fournir cet imprévisible attendu ; ils ont exploité les ressources de la technique pour une transmission et une publication de plus en plus rapides. Mais ce faisant, ils n'ont pu échapper aux servitudes qui résultent de leur fonctionnement même, telles que l'altération des messages en cours de transmission (cf. *supra*, p. 286-287), et les lois psychologiques de l'exposé des nouvelles au jour le jour [21]. Bien plus, on leur reproche souvent une présentation tendancieuse, qui peut tenir au choix des nouvelles publiées et omises, au titrage, à l'emplacement, aux commentaires [22]. On tombe vite dans l'accusation de propagande frauduleuse, dont la technique a été maintes fois analysée et dénoncée: utilisation de l'argument de la majorité, invocation d'un nom pourvu de prestige, liaison tendancieuse à une valeur forte, avec comme cas particuliers le recours aux clichés, aux généralités vagues et impressionnantes, aux dénominations laudatives ou injurieuses [23].

L'enchaînement par lequel le thème de la propagande se relie à l'étude de l'opinion publique est donc très visible. Il n'en est pas moins regrettable. Certes, la rencontre de la propagande par le citoyen, et le soupçon chez celui-ci, s'il est quelque peu éclairé, que des groupes d'intérêt cherchent à manipuler ses opinions afin de l'utiliser pour leurs desseins, sont des faits d'expérience banale. Cela ne justifie pas pour autant le changement de ton dans une discipline objective, la substitution de l'évaluation à la compréhension. En réalité, les phénomènes dénommés populairement propagande sont susceptibles d'analyse.

En premier lieu, quand on reproche à la presse et aux autres organes de communication collective, de déformer l'information, on méconnaît qu'un fait n'est une nouvelle, sus-

21. Ces lois sont la schématisation, la dramatisation et la variation cyclique de l'intérêt. Cf. G.W. ALLPORT and Janet M. FADEN, « The psychology of the newspapers », *Publ. Opin. Quart.*, 1940, *4*, 687-703.

22. Voir le travail cité à la note précédente; il a porté sur huit journaux de Boston, étudiés pendant une période continue de soixante-dix jours.

23. Alfred McClung LEE and Elizabeth B. LEE (eds.), *The fine art of propaganda*, New York, Harcourt, 1939, 140 p., cf. p. 23-24.

ceptible d'être communiquée, que si elle a une signification. Les nouvelles donc doivent être interprétées. Mais de plus l'interprétation d'un fait social a lieu dans un monde de valeurs, l'événement qui vient de se produire doit être classé comme bon ou mauvais, rassurant ou inquiétant. Cette évaluation est elle-même relative à une situation déterminée, historique et culturelle, telle qu'elle est saisie par le commentateur et ses lecteurs ou auditeurs. Le seul cadre possible pour l'interprétation de l'actualité est donc l'idéologie. Et de la même manière que les philosophes ont pu instituer une « critique » de la perception et du jugement, il s'institue, sous la forme d'une dénonciation des idéologies et des propagandes, avec bien des ressentiments et des malentendus, une critique de l'expérience sociale et de l'opinion publique. C'est qu'en effet, avec la multiplication des idéologies, leur caractère irréconciliable, et, d'une manière plus générale, la pluralité des philosophies de la vie dans les sociétés modernes, la notion optative d'une interprétation objective des événements sociaux se révèle chimérique et précritique.

Dans ces conditions, et ce sera le deuxième point, il reste comme tâche à la psychologie sociale d'étudier les processus du changement des attitudes, l'influence de la diffusion collective des idées et de l'information. La littérature est ici très abondante [24], on ne peut donner qu'une image très sommaire des résultats des recherches.

Quatre facteurs sont à considérer dans l'influence de la diffusion collective : la source, le message, l'instrument et les sujets. Merton, dans son étude d'un cas de persuasion collective (cf. *supra*, p. 267-268), soulignait dans les effets produits la part importante qui revenait à la vedette choisie. D'une manière générale, il se passe ce à quoi on peut s'attendre : on se fie à qui paraît mériter la confiance, à l'ami, on se défie de l'adversaire. Mais il n'en est ainsi que dans l'immédiat : à terme le souvenir de la source s'efface et l'information, vraie ou fausse, produit son effet.

Les recherches sur le contenu de la communication, sur le

24. Voir la note 5, p. 294; pour une vue d'ensemble, on se reportera à HOVLAND, *op. cit.;* voir aussi Carl I. HOVLAND, Irving L. JANIS and Harold H. KELLEY, *Communication and persuasion : psychological studies of opinion change*, New Haven, Yale University Press, 1953, 315 p.

message, conduisent de même à nuancer ce qu'on croyait savoir. Les premiers expérimentateurs croyaient pouvoir affirmer la supériorité de l'argumentation passionnelle; on voit maintenant que si elle attire souvent davantage l'attention, elle peut avoir moins d'influence sur les actions. De même il n'est pas sûr qu'il faille commencer par l'argument, rationnel ou passionnel, le plus fort : une séquence croissante, si elle agit moins sur l'attention, peut faire plus pour l'acceptation. Enfin il existe, opposée à la partialité grossière, qui affecte surtout les sujets les moins instruits, une forme de présentation qu'on peut appeler « l'impartialité partielle » : elle consiste à exposer les deux aspects contradictoires d'une question, sans cacher où vont les préférences de l'auteur. Cette présentation comparée à l'argumentation partiale, rallie davantage les sujets initialement opposés, mais moins les sujets initialement favorables.

En ce qui concerne l'efficacité des divers instruments de diffusion collective, presse, cinéma, radio, télévision, les comparaisons sont très difficiles, et même parfois dépourvues de sens : les publics sont différents, ils ne sont pas dans les mêmes conditions, on ne peut comparer simultanément tous les aspects de l'influence (attirer l'attention, la retenir, fournir de l'information, modifier les opinions, déterminer les conduites) ni les influences sur les divers types de sujets. Au surplus, dans la réalité sociale, ces divers organes combinent souvent leur action.

En revanche un certain nombre de généralisations paraissent ressortir de l'étude des sujets soumis à la diffusion des informations et des idées. Assurément en ce qui concerne l'intelligence et le niveau d'instruction, éléments que la pratique donne souvent associés, la question n'est pas simple : car si le sujet intelligent perçoit mieux le message, il résiste mieux à la suggestion. Mais certains facteurs de personnalité produisent des effets déterminés : ainsi une basse estime de soi rend plus influençable. L'appartenance à un groupe conduit à résister aux changements d'attitudes que cherchent à provoquer les autres groupes, et cet effet est d'autant plus marqué que la situation met davantage en relief cette appartenance.

3. Les processus intermédiaires

Bien que les auteurs n'en aient probablement pas une claire conscience, les observations et les recherches qui ont été brièvement passées en revue dans la section précédente, s'inspirent d'une interprétation par la notion de société de masse. Comme dans l'économie politique classique, l'individu qui viendra contribuer pour sa modeste part au phénomène de l'opinion publique, est conçu comme autonome et isolé, un atome du grand tout social. C'est à point nommé et par bonne fortune, comme l'a fait remarquer un auteur [25], que se sont développés les moyens d'information collective : sans eux, comment expliquerait-on le lien social, l'unanimité et la possibilité même des différences d'opinion dans la *Gesellschaft*, dans la société de masse [26] ? Avec eux au contraire, tout s'éclaire : soumis aux influences d'une propagande qui ne coule que dans un sens, les individus rassemblés d'abord en une pure juxtaposition amorphe, peuvent alors vivre et penser ensmble. Mais l'utilisation qu'on fait de l'opposition entre *Gemeinschaft* et *Gesselschaft*, que Tönnies lui-même proposait comme « catégories fondamentales de la sociologie pure », nullement dans une intention descriptive, recèle une double méprise : les sociétés rurales ne sont ni si simples ni si homogènes, les sociétés industrielles n'excluent pas les relations primaires. Dans l'atelier industriel, l'ouvrier n'est pas un individu isolé et rationnel, il est pris dans un réseau de relations de personne à personne au sein de l'équipe de travail ; en temps de guerre, la volonté de combattre du soldat ne dépend pas tant de l'endoctrination que des normes de conduite dans la petite unité militaire (voir *supra*, p. 229 et n. 1 ; p. 236 et n. 18).

Il est vrai que bien des auteurs, parmi lesquels on retrouve des partisans des doctrines qui viennent d'être critiquées, ont

25. Richard T. LAPIERE, *A theory of social control*, New York, McGraw-Hill, 1954, 568 p., p. 18.

26. On sait que Durkheim, qui avait bien aperçu le problème en écrivant la *Division du travail social* en 1897, le résolvait en 1898 par la théorie des représentations collectives.

eu le pressentiment d'un rôle des groupes dans le phénomène d'opinion publique : c'est dans le groupe que sont reçues les idées nouvelles, le processus d'opinion s'y produit, les publics ne forment pas seuls l'opinion, mais les groupes organisés ont aussi leur rôle, l'opinion publique se produit en grande partie par l'interaction des groupes, et autres déclarations de semblable inspiration [27].

On ne serait pas en peine, d'autre part, pour citer de nombreux travaux de recherche qui, depuis Moore en 1921 (cf. *supra*, p. 237), s'efforcent de mettre en évidence des phénomènes de pression dans les petits groupes. L'étude de Gorden, en 1952, exprime bien les préoccupations des auteurs [28]. Dans ses conclusions, Gorden souligne en effet : 1) que les individus ont nettement conscience d'une pression qui s'exerce sur eux ; 2) qu'ils apprécient assez correctement les opinions dans le groupe, avec toutefois une tendance à minorer les différences qui les opposent aux autres membres ; 3) qu'en conséquence l'expression individuelle des opinions procède par compromis, une voie moyenne étant cherchée entre ce que l'individu aurait tendance à dire laissé à lui-même, et l'opinion générale qu'il prête au groupe ; 4) quant aux comportements de résistance (attitude indépendante) ou de réaction (prendre le contre-pied des attitudes communes), ils s'expliquent par les attitudes à l'égard du groupe et par des traits personnels tels que le négativisme.

Cette attitude globale à l'égard du groupe avait déjà été analysée par Newcomb entre 1935 et 1939 dans son étude au collège de Bennington [29]. Ce que Newcomb soulignait, c'est

27. Voir H.D. Lasswell, *Psychopathology and politics*, Chicago, University of Chicago Press, 1930, 285 p., p. 187 ; William Albig, *Public opinion*, New York, McGraw-Hill, 1939, 485 p. (second ed., *Modern public opinion*, *ibid.*, 1956, 518 p.), p. 4-5 ; Kimball Young, « Comments on the nature of " public " and " public opinion " », *Internat. J. Opin. Attit. Res.*, 1948, *2*, 385-392 ; Herbert Blumer, « Public opinion and public opinion polling », *Amer. soc. Rev.*, 1948, *13*, 542-554, p. 554 ; Hovland, etc., 1953, *op. cit.*, p. 3.

28. Raymond L. Gorden, « Interaction between attitude and the definition of the situation in the expression of opinion », *Amer. soc. Rev.*, 1952, *17*, 50-58.

29. Theodore M. Newcomb, *Personality and social change : attitude formation in a student community*, New York, Dryden, 1943, 225 p. Cf. *supra*, p. 197.

que l'influence du groupe, dans les limites de ses observations, se présente moins comme une pression exercée de l'extérieur, que comme une adaptation de l'individu à un milieu social, qu'il peut ou non considérer comme le sien, et cela en fonction de diverses conditions parmi lesquelles on retrouve toujours des facteurs personnels. A côté de la notion de groupes d'appartenance, la notion de groupes de référence se révélait ainsi comme non moins utile, impliquant l'existence de mécanismes d'identifications à la fois positives et négatives de la personne à des groupes. L'œuvre de Newcomb, très remarquée, a fait l'objet de nombreuses présentations dans la littérature psychosociale.

Mais, même dans ce dernier cas, on ne sort pas du dilemme : ou psychologie, ou sociologie ; ou c'est l'individu qui produit ses opinions, ou c'est le groupe ; ou bien le processus est individuel, ou il est supra-individuel. L'hypothèse complètement laissée de côté est celle du processus interindividuel. Or précisément il apparaît de plus en plus que tout un ensemble de phénomènes, dont font partie notamment ceux que l'on conçoit plus ou moins vaguement en parlant d'opinion publique, sont des phénomènes résultant d'interactions entre personnes au sein de groupes primaires [30]. Les études préélectorales conduites par Lazarsfeld et ses collaborateurs montrent en effet qu'il y a des conversations politiques nombreuses entre les électeurs. Or ces conversations ont des effets : on constate qu'une conversation avec un

30. On observera les étapes du développement de cette théorie dans les travaux suivants : Paul F. LAZARSFELD, Bernard BERELSON and Hazel GAUDET, *The people's choice,* New York, Duell, Sloan and Pearce, 1944, 178 p.; Robert K. MERTON, « Patterns of influence : A study of interpersonal influence and communication behavior in a local community », *in* Paul F. LAZARSFELD and Franck N. STANTON (eds.), *Communication research 1948-1949*, New York Harper, 1949, 332 p., p. 180-219 ; B.R. BERELSON, P.F. LAZARSFELD and W.N. MCPHEE, *Voting*, University of Chicago Press, 1954, 395 p.; Elihu KATZ and Paul F. LAZARSFELD, *Personal influence,* Glencoe, Ill., Free Press, 1955, 400 p.; Herbert MENZEL and Elihu KATZ, « Social relations and innovation in the medical profession », *Publ. Opin. Quart.*, 1955, *19,* 337-352; Elihu KATZ, « The two-step flow of communication : an up-to-date report on an hypothesis », *Publ. Opin. Quart.*, 1957, *21,* 61-78; William N. MCPHEE, « Note on a campaign simulator », *Publ. Opin. Quart.*, 1961, *25*, 184-193. En langue française, on se reportera à Edward A. SHILS, « L'étude du groupe élémentaire », *in* Harold D. LASSWELL et Daniel LERNER (dir.), *Les « sciences de la politique » aux États-Unis,* Paris, A. Colin, 1951, 305 p., p. 65-104; cf. p. 95-96.

interlocuteur d'opinion contraire est suivie plus souvent d'un changement d'opinion qu'une conversation avec une personne de même opinion.

Cependant, en vertu de ces observations mêmes, la stabilité des opinions devrait être très grande dans les groupes. En effet, les conversations ont lieu surtout entre personnes de même opinion. Ce n'est pas, comme on pourrait le croire, parce qu'on recherche pour parler de politique des interlocuteurs de même opinion que soi. En fait, les conversations sont réparties au hasard à l'intérieur des groupes déjà constitués, qui fournissent les occasions des rencontres. Mais ces groupes sont déjà homogènes au point de vue des opinions, ou du moins ils comportent des opinions majoritaires, et qui le resteront [31]. Donc quand dans un groupe primaire il se produit une conversation entre deux individus, elle a plus de chances de se produire entre deux individus de même opinion. En outre, le processus d'interaction à l'intérieur d'une société, d'un public si l'on veut, n'est pas universel, tous ne causent

31. Il se produit sûrement des changements individuels d'opinions à l'intérieur des groupes, mais souvent, en fait, avec échange nombre pour nombre entre la majorité et la minorité. Si c'est bien le cas, cela entraîne une probabilité plus grande de changements dans la minorité. Comment comprendre ce phénomène? Un modèle simple permet de s'en faire une idée. Il suffit de supposer que la probabilité de changement d'opinion pour un individu d'une opinion donnée est proportionnelle à la probabilité qu'il a de converser à l'intérieur de son groupe avec un individu de l'opinion opposée. Soient m et n les nombres d'individus qui forment respectivement la majorité et la minorité. La probabilité pour un individu de la majorité de rencontrer un individu de la minorité sera

$$\frac{n}{m + n}$$

et pour un individu de la minorité la probabilité de rencontrer un individu de la majorité sera

$$\frac{m}{m + n}$$

Les probabilités de changement pour l'un et l'autre seront donc respectivement (si k est le coefficient de proportionnalité) :

$$\frac{kn}{m + n} \quad \text{et} \quad \frac{km}{m + n}$$

Mais dans l'ensemble de la majorité, formée de m individus, le nombre des changements sera :

$$m \frac{kn}{m+n}$$

et dans la minorité, ce sera :

$$n \frac{km}{m+n}$$

Ces deux nombres sont évidemment égaux. Cf. *Voting, op. cit.*, p. 126, n° 2.

pas avec tous : il y a des discontinuités entre les groupes, des frontières où l'interaction s'arrête [32]. En fonction des observations précédentes, cette nouvelle remarque renforce apparemment les raisons d'escompter une grande stabilité générale du phénomène collectif d'opinion.

Comment donc comprendre que des changements se produisent ? Les études de Lazarsfeld et de ses associés attirent l'attention sur deux séries de faits. La première concerne l'influence personnelle, dont il a déjà été question de manière générale (cf. *supra*, p. 240-241). Dès 1944, Lazarsfeld constatait que les conversations apparaissent dans les enquêtes comme un élément décisif plus souvent que le contact avec n'importe quel mode de diffusion collective (*op. cit.*, p. 150-151). Les travaux ultérieurs ont confirmé cette observation. Certains individus ont de l'influence sur les autres dans les relations interpersonnelles, ils sont écoutés et suivis quand ils parlent. Mais cette aptitude à se faire écouter n'a rien d'un trait personnel. C'est un rôle dévolu à certains individus, limité pour chacun d'eux à un certain domaine, dépendant de ce qu'est l'individu, c'est-à-dire des valeurs qu'ils représente, de ce qu'il sait, c'est-à-dire de sa compétence, de ses relations à la fois avec ceux qui le suivent et avec le reste de la société. En particulier les individus influents sont généralement plus ouverts aux diffusions collectives, et plus influencés par elles. Ce n'est pourtant pas toujours le cas, et il peut se trouver qu'ils sont eux-mêmes soumis à des influences personnelles ; ce qui montre que la chaîne des influences est plus longue et complexe qu'on n'aurait pensé d'abord. Mais dans tous les cas les individus influents apparaissent comme servant à relier, immédiatement ou médiatement, les membres de leur groupe avec le milieu extérieur, et notamment avec les idées et informations diffusées collectivement. Ils jouent un rôle, direct ou indirect, de relais. Et le processus d'ensemble, qui va de la diffusion de masse à l'individu, au lieu d'être un processus simple et direct, apparaît maintenant comme un processus étagé, comme un cheminement en deux étapes, comme un courant d'eau à deux biefs (en anglais, *a two-step flow of communication)*.

32. C'est pourquoi les schémas de Dodd sur l'interaction sociale (cf. *supra*, p. 291-292) apparaissent trop simples et devront être compliqués.

Telle est la première et la plus importante retouche apportée par Lazarsfeld et son école à la théorie de l'opinion publique et de l'information collective. D'un autre côté, il y a lieu de considérer que tous les individus ne se trouvent pas placés dans les mêmes conditions interpersonnelles. Particulièrement intéressant est le cas de ceux qui sont soumis à des influences contrariées, soit parce que leurs opinions sont minoritaires dans leur groupe, soit parce qu'ils ont des appartenances chevauchantes. On constate alors que leurs opinions sont plus instables et leurs décisions plus tardives (les décisions les plus tardives sont celles qui résultent du conflit entre les opinions de la famille et celles du groupe d'amis, cf. *Voting, op. cit.*, p. 131). La considération des relations interpersonnelles permet donc non seulement de préciser le processus de la diffusion collective, mais encore d'expliquer les différences dans l'intensité et la rapidité des effets produits dans le public. On est très loin d'une image où une multitude d'individus indépendants seraient exposés directement et sans écran à un mitraillage à sens unique d'informations et d'idées.

4. Les phénomènes collectifs d'opinion

Il est temps de revenir aux phénomènes collectifs d'opinion. Remarquons d'abord qu'il n'est pas raisonnable d'exiger des chercheurs scientifiques, comme le faisait Blumer (*loc. cit.*, p. 542), qu'ils commencent par définir « le concept abstrait ou générique » d'opinion publique. L'opinion publique est une expression du langage vulgaire, il n'est pas sûr qu'il lui corresponde une réalité dont on puisse définir la structure ni marquer les frontières. Sa fonction est d'attirer l'attention sur un domaine de phénomènes. Ce sont ces phénomènes qui pourront être étudiés, si l'on dispose des instruments intellectuels et techniques appropriés [33]. Il faut seulement se souvenir que les phénomènes d'opinion publique sont

33. Les discussions prématurées sur la nature de l'opinion publique font penser aux développements que Bacon consacrait à l'essence de la chaleur. Cf. *Novum organum*, livre II, chap. XI à XXI.

des phénomènes collectifs et que c'est sous cet aspect seulement qu'ils apparaîtront dans la recherche [34].

La psychologie sociale est loin d'être arrivée à un système de connaissances satisfaisant sur les phénomènes collectifs d'opinion. Mais par rapport à la situation de totale ignorance empirique et d'impuissance théorique qui pouvait régner il n'y a guère plus d'un quart de siècle, les progrès ont été considérables. La première contribution, base de tous les autres développements, est celle des sondages d'opinion. Les sondages d'opinion ont fait l'objet de nombreuses critiques, souvent moins considérées que celles de Blumer (cf. *supra*, p. 294-296). Ce qui fait la valeur de la documentation immense qu'ils ne cessent d'accumuler, c'est sa représentativité à l'intérieur du cadre social choisi (généralement la nation). Ils ont ainsi porté un coup d'arrêt définitif, du moins à l'égard des auteurs prudents, aux interprétations arbitraires et essayistes des sentiments dans les publics. Diverses publications, de caractère sociologique ou historique, montrent qu'on peut dès à présent édifier des synthèses sur les données constituées par les sondages d'opinion [35].

Bien entendu, les phénomènes collectifs d'opinion ne se produisent pas spontanément ni dans le vide. La cause, ou l'occasion, en est l'événement, l'actualité, dont le caractère contingent est irréductible. Mais dans l'annonce de l'événement, l'élément efficace à l'égard de l'opinion publique est sa signification, ainsi qu'il a déjà été remarqué (*supra*, p. 301); et cette signification est véhiculée par un langage dont les éléments et leur groupement (le style) constituent des

34. Bien entendu, les opinions sont toujours des comportements d'individus. Si tous les individus se comportaient identiquement, le raccord entre les phénomènes individuels et le phénomène collectif serait aisé. Comme ce n'est pas le cas, il faut aborder le problème collectif autrement que par une juxtaposition de comportements individuels. On se souvient que la question des comportements individuels d'opinion a été discutée précédemment, p. 194-198.

35. Voir par exemple Jerome S. Bruner, *Mandate from the people*, New York, Duell, Sloan and Pearce, 1944, 278; trad. fr. : *Ce que pense l'Amérique*, Paris, Presses Universitaires de France, 1945, 171 p.; Russel E. Planck, « Public opinion in France after the liberation », 1944-1949, *in* Mirra Komarovsky (ed.), *Common frontiers of the social sciences*, Glencoe, Ill., Free Press, 1957, 439 p., p. 184-241.

ensembles idéologiques et de valeur. Ce langage n'est pas seulement la forme sous laquelle les informations et les idées sont transmises dans le processus collectif de diffusion, mais aussi celle dans laquelle les problèmes sont posés, et finalement il constitue « l'univers du discours » de l'opinion publique. L'étude de ce langage, souvent appelée, de façon pas très heureuse, « analyse du contenu », est donc susceptible d'éclairer certains aspects des phénomènes collectifs d'opinion [36].

On remarquera que l'analyse du contenu, comme les sondages, rencontre des problèmes d'échantillonnage, car l'une et l'autre techniques sont tenues à l'obligation de représentativité. S'il en est ainsi, c'est que leurs objets sont hétérogènes. Le « langage de la politique », pour reprendre l'expression de Lasswell, ou, plus généralement, le langage de la communication et de l'opinion collectives, est très différencié, et les phénomènes collectifs d'opinion ne le sont pas moins. En ce qui concerne plus spécialement ceux-ci, les études par sondages ne se contentent pas de la présentation d'un tableau global, mais au contraire se font une règle, aidées en cela par les instruments électromécaniques et électroniques d'analyse rapide, d'analyser la différenciation de l'opinion publique. Cette différenciation des comportements d'opinion ne suit pas seulement les lignes de la division démographique et sociologique la plus évidente selon les sexes, les âges, les types d'habitat, les professions, les niveaux socio-économiques; mais on la trouve également associée à des distinctions plus fines, par exemple aux niveaux de la pratique religieuse, à ceux de l'information et de l'intérêt pour les affaires de l'actualité, aux positions prises sur certaines questions clés. Bien entendu, les associations entre la diversification des opinions et les divers facteurs ne sont pas indépendantes les unes des autres, mais donnent au contraire l'impression de comporter des interrelations très complexes. A partir de ces analyses, des synthèses particulières ont été tentées, qui cherchent à combi-

36. Voir Harold D. LASSWELL, Nathan LEITES and associates, *Language of politics : studies in quantitative semantics*, New York, Stewart, 1949, 398 p.; Bernard BERELSON, *Content analysis in communication research*, Glencoe, Ill., Free Press, 1952, 220 p.

ner les multiples données des sondages, en y incorporant parfois celles des analyses de contenu [37].

Il apparaît pourtant que le simple bon sens et le langage discursif, même appuyés par l'illustration de tableaux statistiques comparatifs, deviennent insuffisants pour rendre compte de la complexité de plus en plus ressentie de l'opinion publique. Le recours aux modèles se révèle nécessaire.

Un premier type de modèle, bien établi, repose sur la considération de la distribution des opinions sur une question au sein d'un groupe [38]. Si une distribution se révèle « normale » (au sens statistique du terme), on peut montrer qu'elle serait obtenue dans les conditions suivantes : 1) chaque sujet produit sa réponse par des choix qu'il fait dans un grand nombre de raisons, qu'on peut supposer dichotomiques, indépendantes les unes des autres, susceptibles de la motiver les unes dans un sens, les autres dans l'autre; 2) la probabilité pour un sujet de faire choix d'une raison plutôt que de l'autre est déterminée (bien qu'inconnue) et identique pour tout couple de raisons ; 3) les différents choix faits par chaque sujet (et qui déterminent sa réponse) sont indépendants de ceux de tout autre sujet. Le modèle ne veut pas dire que cette situation s'est réellement réalisée. Il donne seulement une image de ce qui peut s'être passé, par exemple en juillet 1948, quand il a été demandé au public français d'établir un ordre de priorité entre les diverses tâches nationales, et que les rangs accordés à la tâche de reconstruction se sont distribués d'une manière « normale [39] ». En revanche, toute infraction aux conditions précédemment énoncées amènera une forme de distribution différente et, par voie de réciproque, la rencontre d'une autre forme – notamment de formes en J ou en L, si fréquentes dans l'expérience – pourra « s'expliquer » par le fait qu'une au moins des conditions n'est pas remplie. Ainsi interrogés sur les moyens d'améliorer les transports dans

37. Voir par exemple, sur le comportement politique des femmes en France, Mattei DOGAN et Jacques NARBONNE, *Les Françaises face à la politique*, Paris, A. Colin, 1955, 192 p.

38. Pour qu'on puisse manier la notion de distribution d'opinions, il faut que les opinions soient repérables sur les graduations d'une échelle; un exemple simple est celui d'une échelle de rangs de préférence.

39. Cf. *Sondages*, 1948, *10*, p. 168-169.

Paris, les conducteurs d'automobiles donnent leur préférence par une courbe en L à l'amélioration de la circulation des voitures, tandis que les usagers du métro préfèrent, eux aussi par une courbe en L, l'amélioration du transport souterrain[40]; on pourra supposer que c'est la condition 2) qui n'est pas remplie. Un deuxième exemple pourrait mettre en cause la condition 3) : c'est le cas où un homme politique jouit d'une grande popularité; la distribution des rangs de préférence qui lui sont accordés prend en effet alors une forme en L.

Mais ce genre de modèle, qui dépasse pourtant déjà de très loin la simple constatation empirique d'un pourcentage, reste encore bien global. Il comporte aussi, on n'a pu manquer de le remarquer, l'introduction hypothétique d'abstractions sans précision, l'idée d'un réservoir de « raisons » dans lequel les sujets puiseraient, raisons auxquelles on ne donne aucun contenu. Or par l'analyse factorielle on peut chercher à remédier à cette carence. Ainsi Duncan MacRae analyse une matrice de distributions de rangs de préférence pour dix personnalités politiques françaises en janvier 1955. Il trouve que ces opinions peuvent s'expliquer par des choix faits dans cinq dimensions indépendantes, qu'il pense pouvoir identifier, à savoir : une combinaison de deux facteurs qui est relative à la distinction droite-gauche, un facteur qui concerne les problèmes de l'Union française, un facteur qui concerne l'unification européenne, et un dernier facteur qui ne s'applique qu'à la distinction entre deux des personnalités considérées[41].

Des travaux, d'un caractère à la fois théorique et empirique, qui à notre connaissance n'ont jamais été entrepris ni même envisagés, permettraient peut-être de raccorder ces deux types de modèles, en ce qui concerne les conditions 1) et 2) énoncées ci-dessus. Mais de toute manière cette tentative de synthèse ne pourrait concerner les cas où la condition 3) ne s'applique pas. Or ce sont précisément ceux qui mettent en jeu les processus intermédiaires analysés dans la section pré-

40. *Sondages*, 1957, *19*, n° 1, p. 50.

41. Duncan McRae Jr., « Une analyse factorielle des préférences politiques », *Rev. fr. Sci. polit.*, 1958, *8*, 95-109; les données de base se trouvent dans *Sondages, Rev. fr. Opin. publ.*, 1955, *17*, n° 1, p. 40.

cédente. A cet égard des possibilités toutes nouvelles s'ouvrent avec les techniques de « simulation », rendues possibles pratiquement par les instruments de calcul électronique à grande capacité (ordinateurs). Les premiers essais dont il a été rendu compte [42] justifient de grands espoirs, aussi bien dans le domaine théorique que dans le domaine pratique.

42. Ithiel de Sola Pool andd Robert Abelson, « The simulmatics project », *Publ. Opin. Quart.*, 1961, *25*, 167-183; William N. McPhee, « Note on a campaign simulator », *ibid.*, 184-193.

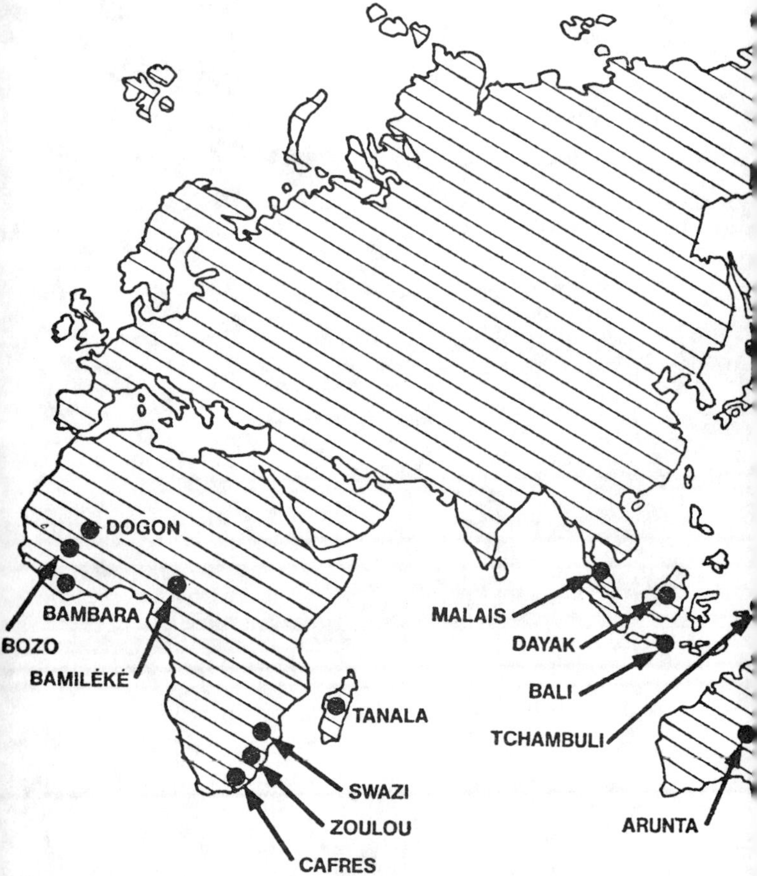
DOGON
BAMBARA
BOZO
BAMILÉKÉ
TANALA
SWAZI
ZOULOU
CAFRES
MALAIS
DAYAK
BALI
TCHAMBULI
ARUNTA

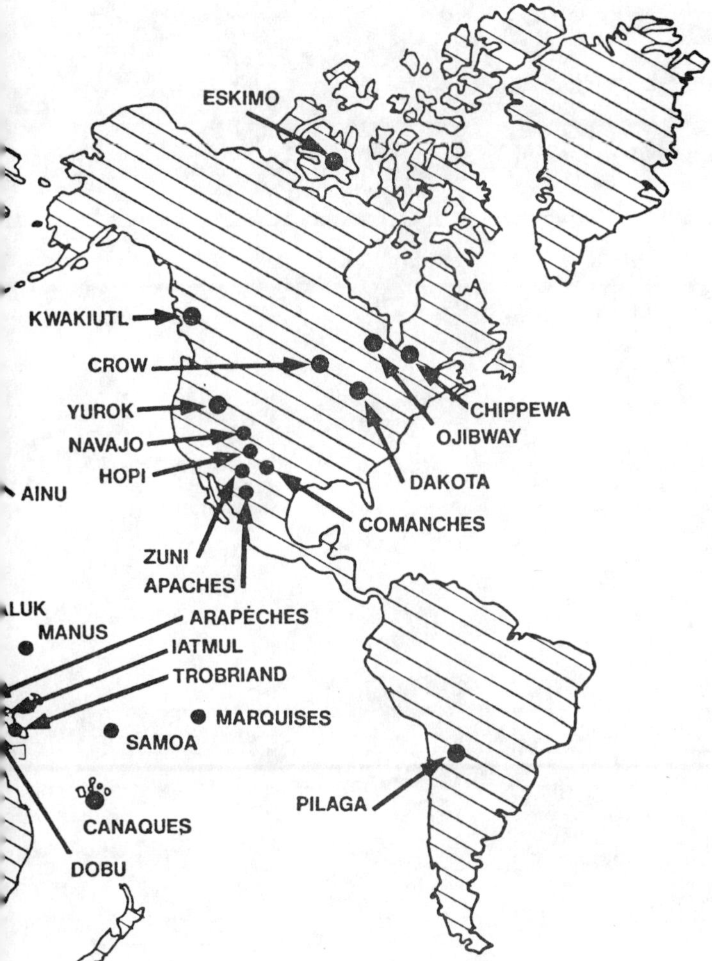
ESKIMO
KWAKIUTL
CROW
YUROK
NAVAJO
HOPI
CHIPPEWA
OJIBWAY
DAKOTA
COMANCHES
AINU
ZUNI
APACHES
LUK
MANUS
ARAPÈCHES
IATMUL
TROBRIAND
MARQUISES
SAMOA
PILAGA
CANAQUES
DOBU

INDEX DES AUTEURS

INDEX DES MATIÈRES

INDEX ETHNOLOGIQUE

(La première référence renvoie aux coordonnées de la carte, p. 314-315.)

TABLE DES MATIÈRES

DEUXIÈME PARTIE

LES COMPORTEMENTS DANS LES CONDITIONS SOCIALES

TROISIÈME PARTIE

LA PERSONNALITÉ

QUATRIÈME PARTIE

L'INTERACTION ENTRE LES PERSONNES

CINQUIÈME PARTIE

PROBLÈMES DE PSYCHOLOGIE COLLECTIVE

Achevé d'imprimer en décembre 1993
sur presse CAMERON
dans les ateliers de la S.E.P.C.
à Saint-Amand-Montrond (Cher)

N° d'éditeur : 14867.
Dépôt légal : 4e trimestre 1978.
N° d'impression : 2943.
Imprimé en France